中国文化消费指数报告（2016）
编委会

主　编：彭　翊

副主编：李方丽　宋洋洋　曾繁文

顾问编委：江　林　赵彦云

编　委（按姓名拼音排序）：

陈　丹　陈勇男　冯　格　郭林文　韩　昱

李　丽　刘一琳　秦　金　邱子亿　石　俊

辛婷婷　俞彦超　云　虹　张　浩　朱晓琼

China
Cultural Consumption
Index Report
2016

中国文化消费指数报告

2016

中国人民大学创意产业技术研究院◎编

彭　翊◎主编

人 民 出 版 社

目　　录

第一章　中国文化消费指数概述

当前中国经济发展进入新常态,拉动经济发展的"三驾马车"中以投资为主导的经济发展方式难以为继,消费日益成为拉动经济增长的主导因素。作为文化产业发展的内生动力,文化消费的研究变得极为重要。

一、文化消费及其重要性

随着社会的进步,文化消费对人的价值观的形成产生着潜移默化的影响,认真研究文化消费的内容、方式和特点,不仅可以使我们准确地了解和把握现代人的文化偏好、发展的基本趋向,同时积极的文化消费方式还能够引导人们树立一种健康的消费理念。

(一)文化消费内涵与外延

文化消费是一个跨文化与经济两个领域的交叉概念,文化消费的主体是有精神文化需求的个人或群体,对象是以文化为载体的物质产品或者非物质产品。随着社会生产力水平的发展和人均可支配收入的不断增加,人们的消费诉求层次逐渐提高,因而文化消费的经济促进作用也日渐突出。

西方研究文化消费比较早,可追溯至 20 世纪 50 年代。1980 年,美国未来学家托夫勒认为,人类社会经历了农业社会和工业社会后,开始步入后工业经济社会,将进入一个物质财富极为丰富,并开始向更高层次的精神层次追求发展的阶段,这一阶段是文化消费发展的基础[1]。洛威尔从文化消费与物质

---

[1]　阿尔文·托夫勒:《第三次浪潮》,中信出版社 2006 年版。

消费对比的角度去解释文化消费:"文化产品是一种特殊的商品,精神的需要与物质需要不同。满足物质需要的商品的变化程度,取决于它们被使用时消耗的程度,文化产品的变化则取决于它们满足'来自幻想'的需要的能力与它的物质形式之间的密切程度。"①

我国学者对文化消费的研究始于20世纪80年代中后期。在1985年召开的全国消费经济研讨会上,有学者首次提出了"文化消费"一词,之后,文化消费成为消费经济学研究领域的一个重要课题。早期文化消费的研究主要集中于精神层面:尹世杰教授将消费分为物质消费和精神消费两大类,并认为"精神消费"就是消费者为了满足自己精神文化层面的需要而进行的消费行为②;苏志平、徐淳厚(1997)认为文化消费的实质是对社会及他人提供的物质化形态和非物质化形态的精神财富的消耗③。后期文化消费的研究在广度、深度上都有所扩展。曹俊文(2002)认为,文化消费是指人们为了满足自身的精神文化生活而采取不同方式来消费文化产品和文化服务的行为④;王文成(2009)提出,文化消费是以精神文化商品为消费对象的一种消费活动,是人们为了满足精神文化生活的需要,采取不同的消费方式消耗精神文化产品和相关劳务(或劳动)的过程⑤。

随着文化产业的发展,文化领域与经济领域的相互融合愈加明显,商品的生产消费越来越重视商品的符号价值和文化内涵,加之互联网的出现,文化产品消费方式越来越多样化,消费渠道越来越便利,呈现出主流化、科技化、大众化、网络化、全球化的特征,文化消费被赋予新的内涵。伴随着互联网的发展,文化传播的方式逐渐多元化、扁平化,文化产品的消费方式也随之变革,传统媒介更多地依托于移动智能设备、移动应用,从而促进文化产品消费的网络化、大众化、科技化、全球化,文化消费与互联网的联合将会创造出新的经济增长点。本书在借鉴国内外学者研究成果的基础上,将文化消费定义为:人们为满足自身精神文化需求而采取不同的方式或通过不同的渠道来消费文化产品

① 特里·洛威尔:《文化生产》,译林出版社2001年版。
② 尹世杰:《消费经济学》,高等教育出版社2003年版。
③ 苏志平、徐淳厚:《消费经济》,中国财政经济出版社1997年版。
④ 曹俊文:《精神文化消费统计指标体系的探讨》,《上海统计》2002年第4期。
⑤ 王文成:《消费文化与文化消费》,《消费导刊》2009年第1期。

和文化服务的行为,是对文化类产品及文化性劳务的消费。

文化消费的目的是满足消费主体的精神文化需求,消费的对象主要是文化产品或文化服务。文化产品是能够传达生活理念、表现生活方式的消费品,具有传递信息或娱乐的作用。21世纪以后,科技的发展尤其是互联网的发展与普及,使得文化产品能够大量生产并广泛传播,包括图书、杂志、多媒体产品、软件、唱片、电影、录像、视听节目、工艺品和设计品等多种形式;文化服务是指消费者通过消费非文化实物产品的形式或他人以劳动形式提供的文化产品,从而获得的某种文化需求或其他文化利益需求。常见的文化服务形式包括艺术表演、文化活动本身,如观看文艺演出、文化旅游等。

联合国教科文组织将文化产品分为文化商品和文化服务两大类,并对文化产品进行了详细的分类,编制《1994—2003年文化商品和文化服务的国际流动》,具体明细如下表。

表1-1　联合国教科文组织文化产品分类表

	文化商品核心层	(1)文化遗产:古董; (2)印刷品:图书,印刷读物,报纸,期刊和其他印刷品; (3)音乐和表演艺术:唱片、磁带等录音媒介; (4)视觉艺术:绘画、雕塑品; (5)视听媒介:摄影、电影和新型媒介。
文化商品	文化商品相关层	(1)音乐:乐器、声音播放或录音设备、录音媒介; (2)影院和摄影:照相机、电影摄影机、照相馆和电影院使用的产品; (3)电视和收音机; (4)建筑和设计:建筑、工程、工业、商业、地形规划和制图; (5)广告:广告材料、广告目录及相关产品; (6)新型媒介:用于复制的磁带,其他用于生产目的的已录制的媒介。
文化服务	文化服务核心层	(1)视听及相关服务:录音服务、声音后期处理服务、动作片及录像磁带和电视节目生产服务、收音机节目生产服务、视听生产支持服务、发行服务、胶片和磁带的后期制作服务、其他与电视节目和收音机节目生产相关的服务、动作片放映服务、录像带放映服务、广播服务、租赁服务; (2)特许使用税和许可费:计算机软件使用权的许可服务、娱乐设施、文学作品和听觉原著使用权的许可服务、其他无形资产使用权的许可服务;

续表

文化服务	文化服务核心层	(3)娱乐、文化和运动服务:表演艺术活动的推广和组织服务、表演艺术活动的生产和表演服务、设施的运转服务、其他表演艺术和现场娱乐服务、表演艺术家提供的服务、作者以及作曲家和其他艺术家提供的服务; (4)个人服务:图书馆服务、档案馆服务、对历史遗址和建筑物进行的保存服务。
文化服务	文化服务相关层	(1)广告及市场研究和民意调查:广告的规划以及创造和布置服务、其他广告服务、交易会和博览会的组织服务; (2)建筑、工程和其他技术服务:建筑咨询和设计前服务、建筑设计和合同管理服务、其他建筑服务; (3)新闻机构服务:新闻机构对报纸和期刊提供的服务、新闻机构对视听媒介提供的服务。

　　唐秀丽(2006)在《上海市民旅游消费文化研究》中提出:"文化消费从地域范围讲既包括本地、本民族、本文化体系(如东方文化)的文化产品和劳务,又包括世界范围的、外民族的、其他文化体系(如西方文化)的文化产品及劳务。具体内容包括:文化教育、绘画、雕塑、书法、影视、戏剧、音乐、舞蹈、杂技及手工艺品,以及烹饪、中医保健、文物、出版、音像、休闲、娱乐等,广义的还包括健身、体育表演和赛事观赏等。"李施玥(2013)在《消费者需求视角的文化产品分类》中,从消费者需求感知角度将文化产品分为文化核心产品、文化相关产品、文化延伸产品。文化核心产品即狭义的文化产品,如艺术品、工艺品、书籍、电视、电影、演艺节目等;文化相关产品是为了实现文化核心产品的消费的配套产品、场所和服务,如乐器、播放或录音设备、照相机、电视和收音机、健身器材等;文化延伸产品是具有文化特性的服务产品和实物产品,动漫周边产品是这类产品的典型代表。

　　另外,国家统计局在《居民消费支出分类(2013)》中,将文化和娱乐消费分为文化和娱乐耐用消费品、其他文化和娱乐用品、文化和娱乐服务、一揽子旅游度假服务四类;《文化及相关产业分类(2012)》中,将文化产业分为新闻出版发行服务、广播电视电影服务、文化艺术服务、文化信息传输服务、文化创意和设计服务、文化休闲娱乐服务、工艺美术品的生产、文化产品生产的辅助生产、文化用品的生产、文化专用设备的生产十大类。

本书在借鉴以上研究的基础上,以文化产品和文化服务消费为分类基础,结合当前文化消费的主要特点,将文化产品分为十大类,即:图书、报纸、期刊,电影,广播电视,文艺演出,动漫,文化娱乐活动(如歌舞厅、KTV、游乐园、室内娱乐活动、公共文化设施等),游戏,文化旅游,工艺美术品和收藏品,网络文化活动(如网络音乐、电子小说、浏览新闻、社交平台等)。

(二) 我国居民文化消费发展概况

近年来,在各项政策措施的推动下文化体制改革不断深入,文化产业快速发展,产业规模逐步扩大,产业结构渐趋优化,传统文化产业逐渐转型升级,新兴文化业态不断涌现。文化产业园区逐步成为文化产业的重要载体,催生了大批充满活力的中小微文化企业和具有较高竞争力的大企业、大集团,产业集聚效应日益凸显。文化越来越成为国民经济发展新的增长点,2014 年文化产业增加值 23940 亿元,比上年增长 12.1%,占 GDP 的比重由上年的 3.63% 提高到 3.76%[①],文化产业正向国民经济支柱性产业的方向迈进。

随着居民收入和生活水平的提高,居民越来越多地参与文化休闲娱乐活动,更加关注自身的精神文化需求,文化消费进入快速增长时期。丰富了文化娱乐活动和文化消费产品,极大地扩展了文化消费市场,文化消费由过去的结构单一、层次低向多样化、多层次转变。当前,文化和科技融合成为文化产业发展主流,数字技术与互联网通讯支撑了文化产业创新升级,"文化+"概念催生出新兴文化产业业态,涌现出许多新生文化消费热点。

1. 文化消费支出快速增长

随着人们收入水平的不断提高和物质生活质量的逐步改善,城乡居民越来越重视精神文化生活,加之社会医疗保险等各项保障水平的不断完善,除了满足基本的生存需要,居民能够且愿意利用空闲时间和闲置金钱进行文化产品和服务的消费,文化消费需求逐步得到释放,居民的文化消费支出逐渐提升。国家统计局数据显示,2014 年我国居民人均文化消费支出 671

---

① 2014 年我国文化及相关产业增加值比上年增长 12.1%,http://www.stats.gov.cn/tjsj/zxfb/201511/t20151126_1281575.html。

元,相比 2013 年增加 95 元,同比增长 16.4%,超出总消费支出增速 6.8 个百分点。在居民的各项消费支出中,文化娱乐消费支出增长相对较快,所占比重也越来越高。在文化消费支出增长的同时,城乡居民的文化消费支出差距也在缩小,2014 年农村居民文化消费支出增速为 18.4%,高出城镇 3.4 个百分点。

2. 文化消费日益个性化与多样化

随着居民自我意识的不断增强,文化消费需求呈现个性化特征,人们注重个人价值的体现,而对关系消费、情感消费关注度降低。许多消费者希望通过文化产品和服务展现自己独特的风格,尤其是 90 后、00 后,受互联网影响比较大,他们有自己的文化、语言、消费观念、价值体系,喜欢标新立异、追求个性发展,乐于接受新鲜事物。在生活水平、互联网、信息、通讯等各种因素推动下,居民对文化产品和服务的需求越来越多样化,不再局限于纸质图书、广播电视等这些传统的文化产品和服务,旅游、动漫、电影、电子图书、数字音乐等消费已进入大众的日常生活中。根据美国心理学家马斯洛的需求层次理论,人类需要总体上由较低层次到较高层次依次为:生理需求、安全需求、社交需求、尊重需求和自我实现需求,当较低层次的需求基本满足后,较高层次的需求将会涌现。目前,我国居民生存性消费需求基本满足,消费者更加注重更高层次的消费需求,文化消费需求不断升级。

3. 移动互联网文化消费呈指数级发展

在物联网、云计算、移动互联网等新一代信息技术的推动下,数字技术与移动互联网平台所支撑的数字娱乐、数字文化产业高速发展,相应的消费领域已越来越多地受到消费者青睐。当前,我国的文化消费已经拓展到手机、平板电脑等移动终端上,移动互联网技术与移动设备的结合有效利用了居民的碎片化时间,极大的推动了文化消费。互联网技术催生了数字影音、网络游戏、数字阅读、动漫等新兴文化消费形态,而随着智能手机的普及与 3G/4G 网络制式的全面铺开,居民文化消费更为方便。新的消费方式又促使文化产品向网络化、易用性、便捷性等方向转移,用户在新媒体平台上消费最近的文化产品、进行评论跟贴、下载及购买相关产品,通过微信、微博等社交平台进行人际传播,形成了一种特殊的文化现象。以旅游业为例,微信、微博、点评网站等即时通讯工具已成为旅游企业广泛使用的新平台,为消费者带来了更好的出游体验。

4.体验式、娱乐式等大众文化消费成为市场主流

外来文化消费理念的引入、大众文化消费和个性文化消费理念的产生,改造着传统文化消费方式,而居民收入普遍提高、中等收入阶层形成也为文化消费方式的转变提供了条件,体验式、娱乐式等大众文化消费逐渐推广。文化创意街区在各地涌现,文化休闲游、实景演出、主题公园等新的文化产品也迎来了良好的发展前景,通过产品体验、服务互动满足消费者的精神需求,进而推动文化消费。例如,改造后的北京前门大街主推"文化体验式消费",整体改造布局思路为"以文化型旅游、体验式消费、定制式服务、多维度发展"为方向,改造完成后取得较大成功,国内外游客在前门大街体验北京文化、进行文化消费。而近些年来以《非诚勿扰》《了不起的挑战》《最强大脑》等为代表的大众综艺节目相比于传统的娱乐节目而言,更强调大众参与、个人精神满足,因此创下了巨高的收益率。

(三) 文化消费的重要性

随着我国经济社会的迅速发展,文化消费不断升级,日益成为居民消费的重要组成部分,扩大文化消费对推动文化产业发展、促进经济结构转型升级、构建和谐社会等具有重大意义。

推动文化产业发展。文化消费作为产业链的终端环节,是文化产业发展的最终目的,是推动文化产业发展、文化事业繁荣的关键环节和内生动力。文化消费与文化生产相对应,是社会生产与社会消费这一基本经济关系在文化经济领域中的体现。就发展文化产业而言,文化企业能否做强做大,投资是否有效益,从根本上讲,取决于是否有发达、成熟和旺盛的消费市场。文化消费内容的不断增长将有效促进文化产品供给的增加,新技术革命和现代传媒为文化功能的扩展提供了新的手段和市场空间,更使得文化产品和服务的经济属性日益凸显;文化消费内容的变化与载体的拓展必将带动文化产业的发展升级,进而调节文化产业资源配置和供给,并通过延伸产业链提升文化产品的附加值,带动相关产业发展,广泛吸纳高素质的劳动力创业就业,进而形成一个庞大的文化产业市场;作为创意和内容产业,文化产业的巨大市场需求同时对上游的新技术、新工艺的创新发明有强烈的诱导作用,推动文化产业供给侧

改革。

促进社会经济结构转型升级。在物质产品越来越丰富、物质资源却越来越紧张,物质消费的开发空间越来越小、边际效益逐步递减的情况下,经济发展亟待转型。根据马斯洛理论,文化消费作为满足人们物质消费的更高层次的精神需求,发展文化消费,可促进居民消费结构的优化升级,衍生出更多形式、层次的消费需求以此来改善目前不合理的消费结构。促进文化消费,推动文化产业发展,并逐渐改变以重工业为主导地位的产业结构模式,优化国家产业结构,促进经济结构和产业结构的调整,是促进我国成功跨越"中等收入陷阱"的关键举措。同时,文化消费对资源的消耗远低于物质消费,对精神文化产品的消费,将有利于缓解日趋沉重的资源压力和环境压力,促进国民经济的良性循环,维护社会的可持续发展。

有利于社会和谐发展。文化消费的水平是衡量一个国家历史文化积淀、社会文化氛围和国民文化素养的重要标志。发展文化消费,能够满足人们的精神文化消费需要,提高人们的消费质量,对促进人的自由全面发展具有重要作用,扩大和满足人民群众的文化消费需求才能提高全民族整体素质。文化消费在一定程度上可以满足马斯洛层次需求理论中的社交和尊重需求及自我实现需求,属于较高层次的消费。生产力的发展极大地满足了国民的物质消费需求,物质需求得到满足后,人类便开始追求生存的意义和价值,而优秀的文化产品则丰富了消费者的精神生活并潜移默化提升了消费者的综合素质。例如,音乐不仅仅是一种娱乐性消费,更是一种有效的保健养生方法,具有生理、心理和社会适应等多方面的作用,是个人综合素质和涵养的具体表现之一。文化消费还可以促进国民创新能力提升,文化消费的过程本身就是消费主体接受教育的过程,换言之,文化消费是教育体系和社会培训之外的国民再教育手段。人的价值观的构建、精神品质的塑造、科学文化水平的提高、艺术修养的培育等都有赖于高品位的精神文化消费。

二、中国文化消费指数的理论基础

中国文化消费指数是在当前文化消费成为经济发展的重要引擎和国家高

度重视、倡导的大背景下应运而生的。该指数以社会学、心理学、经济学、统计学等相关理论为依据,并借鉴国内外著名的文化消费相关评价体系,结合我国当前文化消费的发展情况,进行构建的。

（一）理论依据

中国文化消费指数在构建过程中是以社会心理学的"消费行为模式理论"、市场营销学的"营销刺激—消费者反应"理论、消费者行为学的"消费者购买意愿与消费能力理论"、"消费者满意度理论"为理论依据的。

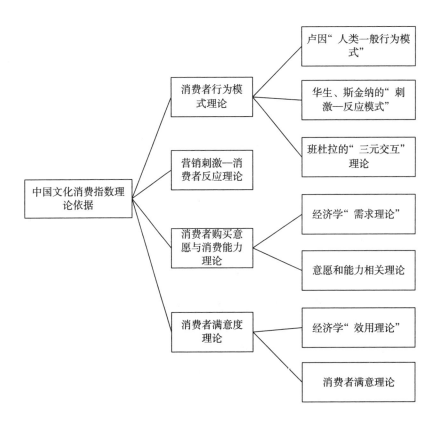

图1-1　中国文化消费指数理论依据

1.消费者行为模式理论

（1）卢因"人类一般行为模式"

美国社会心理学家库尔特·卢因（KurtLewin）在大量分析试验的基础上,

提出了著名的人类行为模型。其公式如下所示：

$$B = f(P, E)$$

其中，B（Behavior）指人的行为；P（Personal）指人的内在条件和内在特征，$P-P_1, P_2, \cdots, P_n$ 是构成内在条件的各种生理和心理因素，如生理需要、生理特征、能力、气质、性格、态度、偏好等；E（Environment）是个人所处的外部环境，$E-E_1, E_2, \cdots, E_n$ 指构成环境的各种因素，如自然环境、社会环境等。

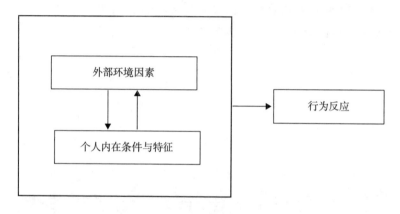

图1-2　人类一般行为模式

该模型表明，人类的行为是个人与环境相互作用的结果，人类的行为方式、指向和强度，主要受两大类因素的影响和制约，即个人的内在因素和外部环境因素。其中，个人内在因素包括生理和心理两类基本因素，而外部环境因素又包括自然环境和社会环境两类因素。

卢因的行为模型在一定程度上揭示了人类行为的一般规律，并对影响行为的多种因素进行了最基本的归纳和划分，其结论具有高度概括性和广泛适用性。消费行为是人类行为的重要组成部分，因此，卢因关于人类行为模型及其基本影响因素的研究，同样也适用于对文化消费行为的分析，并可以据此推导出消费者的文化消费行为是外部环境因素和个体因素共同作用的结果。

（2）斯金纳的操作性条件反射理论

美国的心理学家和行为科学家斯金纳则进一步将人类的行为分为应答性行为和操作性行为两类，并指出应答性行为是由刺激引发的反应，强调环境对行为反应的决定性作用；而操作性行为是由人类本身发出的反应，更强调人类本身的对于环境的主动作用。斯金纳的思想提出了"强化"的概念，即对前一个行为的效果刺激,并且这种刺激可以决定之后的行为。更重要的一点是,斯金纳强调了在人类行为形成的过程中起重要作用的不是反应前出现的刺激,而是反应后得到的强化。如果强化效果良好,则行为结果是积极的、正向的,反应被增强;如果强化效果是消极的、负向的,则反应被削弱。

将斯金纳的这一理论应用到消费者行为的解释中,消费者在环境刺激等因素的影响下采取某种消费行为,而消费行为结果的评价(比如满意或不满意)将会影响消费者后续的消费行为反应。

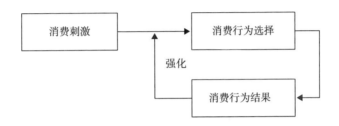

图1-3　斯金纳的操作性条件反射理论在消费行为领域的应用示图

(3)班杜拉的"三元交互"理论

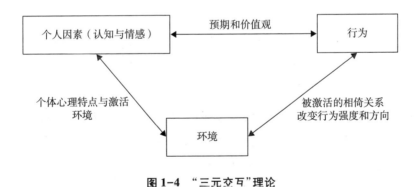

图1-4　"三元交互"理论

著名心理学家班杜拉在卢因模型研究的基础上,提出了关于人类行为的三元交互作用理论。班杜拉认为,人类的行为既不是单由内部因素决定的,也不是由外部环境刺激所控制的,而是由个人因素与人类行为、环境因素三者互相影响和作用的。

根据班杜拉的"三元交互"理论,消费者个人的认知和情感、消费者的行为、消费环境之间的作用都是双向的。以文化消费为例,消费者本身对于某一文化产品的兴趣、其所处的文化氛围都会影响他对该产品的消费时间和消费金额,同时他对某一产品的消费满意程度会作用于他的个人喜好,以及他对环境因素的刺激反应。

2. 营销刺激—消费者反应理论

现代营销学之父菲利普·科特勒认为,消费者行为是消费者对刺激的反应,刺激因素主要是企业的营销因素和外部的环境因素,所有这些刺激在进入了消费者的"暗箱"后,经过了一系列的心理活动,产生了人们看得到的消费者反应。科特勒所说的外部环境因素是指自然、经济、科技、政治、文化等大环境因素。

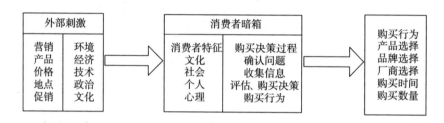

图 1-5　营销刺激反应模型

3. 消费者购买意愿与消费能力理论

(1)经济学的需求理论

经济学家在研究消费行为时,强调个人支付能力、购买意愿和价格等因素对消费行为的影响,并由此形成经典的需求理论。所谓的消费需求是指个人在某一特定期间内,在各种可能的价格下,愿意而且能够购买某种商品的各种数量。个人要消费某种商品必须具有两个条件,第一是个人具有购买意愿,第二是个人具有支付能力。一般而言,消费需求可用下列函数表达式表示:

$$Q_d = f(P, P_c, P_s, I, T, P^e, \cdots)$$

上式中,Q_d ——消费需求;

P ——商品本身的价格;P_c ——互补性商品的价格;P_s ——替代性商品的价格

I ——个人收入水平;T ——个人嗜好和意愿;P^e ——个人对未来价格的预期。

一般而言,消费者需求遵循需求法则,即商品或劳务的价格与其需求量成反比。

（2）消费行为学中关于意愿与能力的研究

在经济学领域,通常把消费意愿视为与消费倾向相类似的概念,表现为消费嗜好和意愿;而在消费者行为学中,消费意愿是指消费者个体发生消费行为的主观几率或可能性。国内外的学者基本一致地认为消费意愿是处于消费者购买过程中的决策阶段,即在产生需求、搜集信息的基础上,经过对备选方案的评价选择,消费者就形成了关于购买内容、数量、品牌和时机等方面的消费意愿,并进入制定购买决策和实施购买的阶段。特定的消费意愿是由消费者心理需求和生理需求引发的,并会随着外部情境因素的变化而变化。长期以来,大量的实证研究检验了消费者意愿对行为的影响,学术界也普遍承认了消费者意愿对消费行为的预测作用。比如 Young et.al（1998）证明了用购买意愿预测消费者未来的购买行为是有效的,Newberry et.al（2003）也认为消费意愿是衡量消费者是否会产生购买行为的重要指标。张中科[①]（2011）认为消费者只有具备了一定的资源条件才能完成其消费行为,进而获得需求和欲望的满足。江林[②]（2011）指出,消费者的个体资源包括很多方面,最主要的是消费能力。消费能力是指消费者为了有效、顺利地实施和完成消费行为所必须具备的相应能力。可以说,消费能力是实施消费活动的必备条件,也是导致消费者行为存在差异的直接原因,其大小直接影响了消费行为的效率和效果。

4.消费者满意度理论

（1）经济学的效用理论

效用是一种主观的心理评价,是消费者在购买或消费商品时得到的心理满足程度。每一个精明的消费者都会根据自己的有限收入及其获得的市场价格信息,一方面量入为出,另一方面去购买对自己最有价值的东西,即追求最大效用水平或满足程度。因此,消费者在购买文化产品之后,往往会比较对产品或服务的期望与可感知效果,对其效用水平进行评价。效用水平的高低决定了消费者满意的水平,产品或服务的效用水平高,消费者就对其持积极的态度;反之,如果效用水平低或无效用,消费者就持消极的态度。

---

① 张中科、杨智、李开:《消费者行为学》,中国人民大学出版社 2011 年版。
② 江林:《消费者心理与行为》,中国人民大学出版社 2011 年版。

（2）消费者行为学的"满意度"理论

江林（2011）认为，消费者在购买产品后，根据对产品或服务的期望和可感知效果，可能出现三种水平的满意度：如果可感知效果低于期望，消费者就会不满意；如果可感知效果与期望匹配，消费者就会感到满意；如果可感知效果超过期望，消费者就会高度满意或完全满意。因此，消费者满意度水平是可感知效果和期望值之间差异的函数。

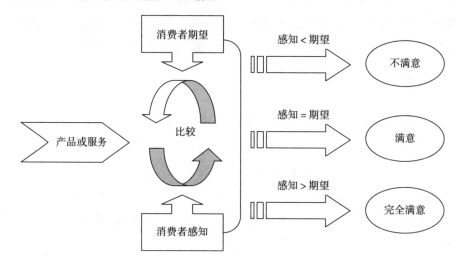

图1-6　消费者满意决定图

满意水平对后续消费意愿和消费行为产生直接影响，满意的消费者不仅会重复购买，还会利用一切机会向亲朋宣传和推荐，主动进行正面的口碑传播；反之，不满意的消费者则会感到失望、悔恨、愤怒，不仅会通过抱怨和负面口碑传播来发泄不满，还有可能采取投诉行为，甚至直接诉诸舆论和法律。

综上所述，首先，关于消费者行为模式及其影响因素的研究中，卢因指出了影响人类行为的两大因素，即个人的内在因素和外部环境因素；班杜拉认为行为既不是单由内部因素决定，也不是由外部刺激所控制，而是由个人的认知与情感、个人的行为等内部因素与环境交互作用所决定的。其次，消费行为学的相关研究则明确了消费意愿的内涵及其对消费行为的预测和影响，并突出了消费能力作为消费意愿及行为的先决条件的角色。最后，斯金纳的操作性条件反射理论则强调消费行为结果状态作为一种强化刺激对后续行为的重要决定作用；经济学中的效用理论强调消费者对产品或服务的效用的追求；而消费者行为学中关于消费者满意度的相关理论也进一步指出,消费者基于效用和感知而对消费行为结果进行满意与否的评价,最终的满意度水平会对后续消费行为产生重要影响。

(二) 相关指数模型

中国文化消费指数的构建借鉴了美国顾客满意度指数、全国文化消费民生效应景气指数等指数模型。下面对这几项指数进行简要介绍。

1. 美国顾客满意度指数(ACSI)模型

ACSI 模型由国家整体满意度指数、部门满意度指数、行业满意度指数和企业满意度指数四个层次构成,是目前体系最完整、应用效果最好的一个国家顾客满意度指数模型。它是在瑞典 SCSB 模型的基础上做了进一步的修正而形成的,其主要创新之处在于增加了一个潜在变量——感知变量。将感知质量从感知价值中分离出来,由顾客满意度与其决定因素感知质量[1]、顾客预期、感知价值以及结果因素顾客忠诚、顾客抱怨 6 个结构变量构成其基本框架。

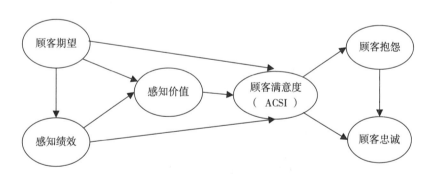

图 1-7　美国顾客满意度指数模型

模型中的感知价值用来测量感知绩效的 2 个显变量:相对于价格的质量评价和相对于质量的价格评判,感知质量是通过质量的定制化、可靠性和总体评价度量。其中,定制化是指企业提供的产品或服务满足异质化的顾客需要的程度;可靠性是指企业的产品或服务可靠、标准化及零缺陷的程度。增加感

---

① 杨道田:《公民满意度指数模型研究》,经济管理出版社 2012 年版。

知质量这个概念和相关路径有两个优势:一个通过感知质量的测度变量,可以清楚知道定制化和可靠性在决定顾客的感知质量中所起到的不同作用;另一个是感知质量侧重于单纯的质量评价,而感知价值偏重于价格因素。通过比较可以明确地分辨出顾客满意的原因何在,是质量制胜还是成本优先,以便管理者采取相应的措施。

为了和感知质量的测量保持一致,顾客期望的测度变量也相应地有 3 个:关于定制化的期望、关于可靠性的期望和关于总体的期望。

对于顾客忠诚,模型采用 2 个测度变量:首先以 10 个等级的李克特量表测量顾客重复购买的可能性。如果结果显示会重复购买,则进一步调查使得该顾客绝对会停止购买的最大涨价幅度;反之,则会调查该商品或服务降价多少才会使原本打算停止购买的顾客回心转意。ACSI 模型中的结构变量和观测变量如下表所示:

表 1-2　ACSI 模型中的结构变量和观测变量

结构变量	观　测　变　量
顾客期望	对质量的总体期望
	对产品顾客化的期望
	对产品可靠性的期望
感知质量	对产品质量的总体评价
	对产品顾客化质量的评价
	对产品可靠性的评价
感知价值	给定产品质量下对产品质量的评价
	给定价格下对产品质量的评价
顾客满意度	总体满意度
	产品质量同预期的比较
	产品质量同理想产品的比较
顾客抱怨	正式或非正式抱怨
顾客忠诚	重复购买的可能性
	价格承受度

2.全国文化消费民生效应景气指数

云南省社会科学院文化研究中心研制推出"全国文化消费民生效应景气指数"评价体系。

基于对我国城乡文化消费民生需求增长的中长期实证分析,该评价体系在人所共知的人均文化消费绝对值之外,精心构思设置了人均文化消费与人均产值比例值、占人均收入比重值、占人均总消费比重值、与人均非文化消费剩余比例值,以及人均文化消费城乡比、地区差测评指标,依据《中国统计年鉴》发布的基础数据演算得出。

(1)基础指标:人均文化消费绝对值

各地省域大小、人口多少存在差异,地区经济规模、产业基础和居民收入水平、消费水平也存在差异,文化消费需求总量数值不具可比性,人均数值则具有一定可比性。同时,文化消费的各项比例值,文化消费城乡比和地区差,均依据人均文化消费绝对值加以演算,因而这是一项基础性的指标。

(2)基本指标:人均文化消费比例值

文化消费与产值比例值。正如城乡总消费与 GDP 的比例可以衡量出消费拉动 GDP 的效应一样,文化消费与 GDP 的比例也可衡量出文化消费拉动 GDP 的效应,反过来看则是经济增长带动民生和文化民生增进的效应。国家统计局"国家统计数据库"也全面校订了历年各地人均产值数据。

文化消费占收入比重值。类比食品消费与收入比例关系的"恩格尔定律",文化消费占收入比重可视为一种"文化民生系数"。

文化消费占总消费比重值。把总消费分为非文化消费与文化消费,文化消费与非文化消费的关系即表示为文化消费占总消费的比重。类比食品消费占消费支出比重的"恩格尔系数",文化消费占总消费比重更可视为一种"文化民生系数"。

文化消费与非文化消费剩余比例值。对应于"非文化消费"便有"非文化消费剩余",文化消费与积蓄之和即为非文化消费剩余。对应于文化消费与非文化消费的关系处理,文化消费与积蓄的关系表示为文化消费与非文化消费剩余的比例。

　　此文化消费指数填补了国内文化消费类指数的空白,对于了解我国民生文化消费宏观情况具有重要意义。但应该看到该指数仅反映了文化消费总量的绝对值和相对值,它对于更深一层的文化消费需求、消费环境与消费者满意度等指标均未涉及,并不系统,不能全面反映我国文化消费的各方面情况。

三、中国文化消费指数模型

　　中国文化消费指数是由中国人民大学创意产业技术研究院独立研究并发布,全面测量了我国居民文化消费的整体发展情况,并分析各个文化业态的市场需求状况及未来发展方向。旨在通过监测、评价和比较全社会、各行业文化消费的发展变化状况,为政府部门制定文化消费和文化产业政策提供更精准的决策依据,也为文化企事业单位促进居民文化消费提供直观性的指标指导与参照。

(一) 中国文化消费指数指标体系

　　消费者在特定的文化消费环境下,根据消费能力以及消费需求、期望,产生对文化产品(或服务)的购买行为,通过对文化产品(或服务)的感知进行评价,并反馈到消费行为上,同时,消费者一系列的购买行为机制又反作用于消费环境,环境、意愿、能力等相互作用,共同推动文化消费发展。

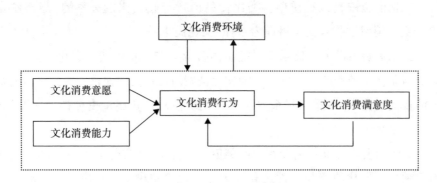

图 1-8　文化消费指数模型框架

中国文化消费指数全面测量了我国居民文化消费的整体情况,由文化消费环境、文化消费意愿、文化消费能力、文化消费水平和文化消费满意度5个一级指标,10个二级指标,16个测度变量构成。指标体系框架如下表:

表1-3　中国文化消费指数指标体系

一　级　指　标	二　级　指　标
文化消费环境	市场环境
	政策环境
文化消费能力	文化消费支出能力
	文化消费时间能力
文化消费水平	文化消费支出水平
	文化消费时间水平
文化消费意愿	文化消费支出意愿
	文化消费时间意愿
文化消费满意度	质量满意度
	价格满意度

文化消费环境测量了居民进行文化消费的条件,包含市场环境和政策环境,其中市场环境包含文化产品种类丰富度和渠道便利性等内容,政策环境包含政府针对文化消费制定的各项扶持政策或激励措施以及居民对于政策或者措施的体验程度。

文化消费能力表示居民能用于文化消费的最大水平,由于文化消费的特殊性,即"有钱"还得"有闲",所以从支出金额和时间两个角度分析,即居民可支配的金钱和时间。

文化消费能力是指居民进行文化消费时实际付出的水平,包括金钱和时间,并用绝对值和比重来测量,全面反映居民文化消费的真实水平。

文化消费意愿表示对于文化消费,居民希望付出的水平,包括金钱和时间付出,反映了居民的文化消费潜在需求。

文化消费满意度反映了居民进行文化消费的一种体验评价,主要从质量和价格的角度进行测量。

（二）研究内容

1. 研究对象

中国文化消费指数反映的是全国居民的文化消费情况,因此研究对象应为全国居民的文化消费行为,涉及城乡、区域、年龄、性别、学历、不同产品等多个维度,全方位剖析文化消费状况。

2. 研究方法

我国居民文化消费研究涉及领域广、层次多,因此本研究采用了经济学、社会学、心理学、统计学等多学科的研究方法,定性分析与定量分析,理论分析与实证分析相结合,借鉴文献分析法,确定中国文化消费指数模型,并用调查问卷法获得数据,运用统计分析法、经济统计法,分析文化消费指数结果。

3. 数据来源

本书研究的对象为全国居民的文化消费行为,因此样本量数量应该能足够体现出全国人民的消费特征,再考虑了研究内容、数据费用后,最终确定研究样本量为 10000 份。当前国内文化消费的相关数据比较少,且有效性差,故主要采用问卷调查法获得研究数据。

研究人员在文献探讨和专家讨论的基础上确定了中国城乡居民文化消费调研问卷,为准确测量数据的变异性,问卷中涉及的主观性、评价性问题采用李克特 7 级量表进行测量,并且调研对象中涉及的城乡、区域、年龄、性别、学历等结构比例按照我国的实际情况进行调查,为了确保样本的代表性和质量,调研方法采用以网上调研为主,线下调研为辅,包括电话调查、上门访问等。同时,问卷调研委托专业的市场调查公司开展,既保证了数据质量,又提高了工作效率。

问卷的设计和调查工作主要分三个阶段:第一阶段,在相关研究资料的基础上形成初步问卷,通过专家访谈讨论对问卷进行修订,通过小样本测试,完成调查问卷;第二阶段,进行预调查,收集样本数据,并根据研究结果进一步修订和完善问卷;第三阶段,正式调查,进行大样本的问卷调查,验证并检验指数模型的有效性,并得出相关结论和启示。

4. 计算方法

本书在全国文化指数相关指标研究时,采用的是无量纲化处理方法,即根据指标的本身的特点,主要采用功效系数法和相对标准化法。指数计算采用加权平均方法,权重通过层次分析法来确定。

（三）样本结构

样本结构分析主要是针对于 2015 年中国文化消费指数数据,具体样本结构如下:

1. 区域分布

样本数据覆盖全国 31 个省（自治区、直辖市）,并且每个省调查不少于 3 个地级市、区或者县。除西藏、新疆之外,其他省区市按照各省区市人口数占比,结合人均 GDP,确定各省区市问卷数量。西藏、新疆由于地区偏远,成本限制等原因,同时考虑样本的代表性,对两个地区分别发放并回收调查问卷 50 份。通过对有效问卷汇总,东部[①]地区样本量占 40.56%;中部地区样本量占 31.19%;西部地区样本量占 28.25%。

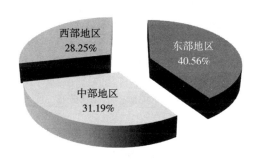

图 1-9　调研样本区域分布

2. 城乡分布

根据消费者消费文化产品的市场环境及特点,按照消费者所在区域并非户籍进行界定城镇居民或农村居民,城镇、农村地区的划分参照国家统计局标准[②]。本次文化消费调查城镇地区样本量占 51.23%;农村地区样本量

---

①　东部地区包括北京、天津、河北、辽宁、上海、江苏、浙江、福建、山东、广东和海南 11 个省、市;中部地区包括山西、吉林、黑龙江、安徽、江西、河南、湖北、湖南 8 个省;西部地区包括重庆、四川、贵州、云南、西藏、陕西、甘肃、青海、宁夏、新疆、广西、内蒙古 12 个省、区、市。

②　《国家统计局:关于统计上划分城乡的暂行规定》。

占 48.77%。

图 1-10　调研样本城乡分布

3. 性别分布

此次文化消费调查男性样本量占 49.59%;女性样本量占 50.41%,如下图所示。

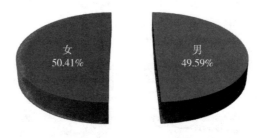

图 1-11　调研样本性别分布

4. 年龄分布

参照联合国卫生组织以及我国年龄段划分标准,将年龄划分 5 个阶段,即 17 岁以下、18—25 岁、26—40 岁、41—65 岁和 66 岁以上。结合我国年龄人口分布情况,确定各年龄段调研数量。17 岁以下样本量占 8.94%;18—25 岁样本量占 19.73%;26—40 岁样本量占 26.77%;41—65 岁样本量占 36.13%;66 岁以上样本量占 8.43%。

5. 学历分布

本次文化消费调研覆盖各个学历层次,其中初中以下样本量占 17.22%;高中(含中专、技校)样本量占 27.24%;大专样本量占 39.13%;大学本科样本量占 14.21%;硕士及以上样本量占 2.19%。

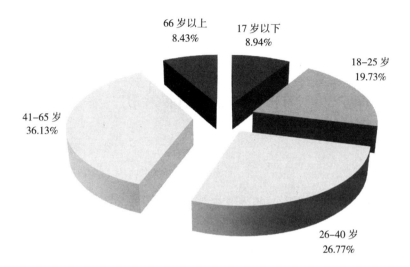

图 1-12　调研样本年龄分布

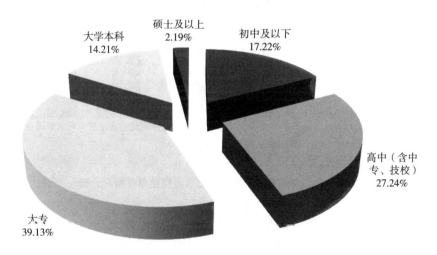

图 1-13　调研样本学历分布

第二章 2013—2015 年中国文化消费指数总体分析

近年来,我国居民文化消费整体情况有了较大幅度的改善。2013—2015年文化消费综合指数持续增长,文化消费综合指数得分由 2013 年的 73.70 上升至 2015 年的 81.18,平均增长率为 4.98%。

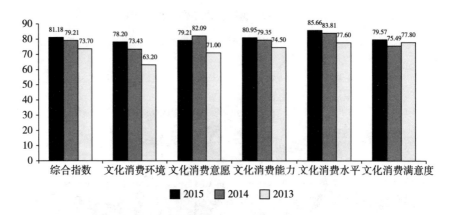

图 2-1 2013—2015 年中国文化消费指数总体情况分析

具体而言,横向看,2015 年文化消费能力指数、文化消费水平指数得分较高,均在 80 分以上,文化消费环境、文化消费满意度指数得分则较低,在 80 分以下。这说明我国文化消费环境以及文化产品和服务的满意度有待提高。

纵向看,大多数一级指标整体上均有不同程度的提升。其中,2013—2015 年,文化消费环境、文化消费水平和文化消费能力持续增长,文化消费环境指数增长幅度最大,由 2013 年的 63.20 增长至 2015 年的 78.20,年均增长11.33%,这主要得益于文化消费市场环境的大幅度改善。2015 年文化消费市场环境指数得分(79.68)相比 2014 年,增加 9.43 分;2015 年文化消费政策

环境指数变化不大,与 2014 年相比,仅增长 0.1 分。2015 年文化消费能力指
数得分(80.95)相比 2013 年增加 6.45 分,年均增长 4.26%,其中,2015 年文
化消费时间指数上升较快,相比 2014 年增长 5.76 分;文化消费水平指数得分
从 2014 年开始在 80 以上,年均增长 5.10%。二级指标中,2015 年文化消费
支出水平相比上年有所增长,而文化消费时间指数有一定幅度的下降。可以
发现,虽然我国文化消费环境整体水平较低,但是近年来我国文化消费环境有
了很大的改善,文化产品种类不断丰富,消费渠道也越来越多样化、便捷化,同
时,随着居民收入提高和经济社会环境发展,居民文化消费能力和消费水平也
在不断提高。

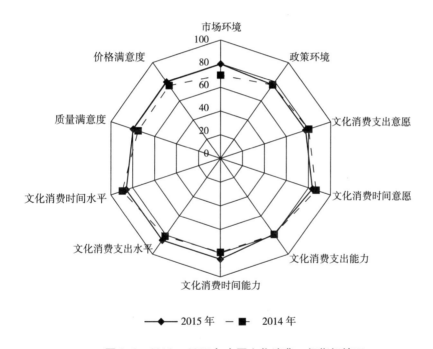

图 2-2　2014—2015 年中国文化消费二级指标情况

此外,2013—2015 年,文化消费意愿和文化消费满意度指数有一定的波
动,其中,文化消费意愿指数由 2013 年的 71 上升至 2014 年的 82.09,于 2015
年又下降至 79.21,具体来看,2015 年文化消费时间意愿和文化消费支出意愿
指数均下降 3 分左右;文化消费满意度指数则在 2014 年下降至 75.49 后,于
2015 年上升至 79.57,其中,价格满意度和质量满意度均有一定程度的增长。
文化消费满意度指数先降后升,以及文化消费意愿指数不升反降,说明我国居

民对文化产品有了更高层次的追求,而我国目前文化产业的发展、文化产品的改善还不能满足居民日益增长的文化消费需求,居民对文化产品价格、质量、性价比不是很满意,说明文化消费领域还有很多方面亟待完善,文化消费潜力有待进一步释放。

一、文化消费指数城乡分析

由于我国经济社会发展进程中存在明显的城乡二元结构特征,长期以来我国城乡居民在收入、社会保障、受教育水平、消费水平等方面差距较大,这导致城乡之间文化消费状况也存在较大差异。对城乡文化消费的比较研究可以反映城乡文化消费的不同特点,体现城乡文化发展差距,从而制定相应政策措施,促进城乡文化消费协调发展。

近年来,我国城镇居民文化消费整体情况好于农村地区,但差距有所缩小。2014—2015年,城镇居民文化消费综合指数均高于农村,但文化消费综合指数得分差距由2014年的1.62缩小至2015年的1.19。此外,2015年城乡居民文化消费综合指数均有所增长,农村居民文化消费综合指数增速为2.29%,略高于城镇(1.71%)。

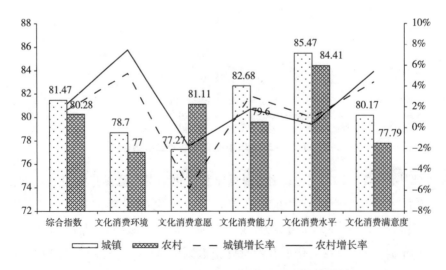

图2-3　2015年城乡居民文化消费综合指数变动分析

（一）文化消费环境指数城乡分析

2014—2015 年,城镇居民文化消费环境指数得分均高于农村。城乡居民文化消费环境差距为 1.7,较 2014 年(3.14)显著缩小;2015 年城乡居民文化消费环境指数均有所增长,农村居民文化消费环境指数增长较快,增长率为 7.47%,高出城镇地区 2.24 个百分点。具体到二级指标,就文化消费市场环境指数而言,2014—2015 年城镇居民文化消费市场环境指数得分均高于农村,2015 年城乡居民文化消费市场环境指数得分差距(2.49)较 2014 年(3.52)有所缩小;2015 年城乡文化消费市场环境指数增长率较高,均超过 10%,农村增长率高于城镇 2.02 个百分点。就文化消费政策环境指数而言,2014—2015 年城镇文化消费政策环境指数得分均高于农村,2015 年城乡居民文化消费政策环境指数差距(0.92)较 2014 年(2.78)缩小;2015 年城乡文化消费政策环境指数均有所增长,农村文化消费政策环境指数增长率为 2.79%,明显高于城镇(0.26%)。

城乡之间在文化消费产品种类、市场机制、消费渠道、市场秩序等市场环境方面以及政府各项文化消费扶持措施、居民对于政策和措施的感知等方面存在一定差距,但随着近年来农村文化设施建设和服务网络投入的不断增加,资源、要素快速流动,农村文化消费市场环境有了一定程度的改善。同时,政府近年来实施的促进文化消费的各项政策措施得到了切实的落实,农村居民对文化消费政策的了解程度增加,农村文化消费政策环境改善明显。继续制定相关政策,提高城乡居民对相关文化消费政策的了解程度,加大农村文化设施和服务网络的投入,提高文化消费渠道的便捷程度,是提高农村文化消费的必然选择。

（二）文化消费意愿指数城乡分析

2014—2015 年,农村居民文化消费意愿指数得分均高于城镇。2015 年农村居民文化消费意愿高出城镇 3.84 分,较 2014 年(0.53)显著增加;2015 年城乡居民文化消费意愿指数均出现负增长,城镇居民文化消费意愿出现 5.80%的负增长,明显高于农村 1.76%的负增长。具体到二级指标,就文化消费支出意愿而言,2014—2015 年农村居民文化消费支出意愿指数得分均高于城镇,2015 农村居民文化消费支出意愿指数得分高出城镇 5.65,比 2014 年

（0.93）显著扩大；2015年城乡文化消费支出意愿增长率均出现负增长，城镇出现6.60%的负增长，明显高于农村（—0.68%）。就文化消费时间意愿而言，2014—2015年城乡文化消费时间意愿指数得分差距均不大，且变化也很小；2015年城乡文化消费时间意愿指数均出现负增长，农村文化消费时间意愿指数增长率为—4.08%，与城镇（—4.09%）基本相同。

近年来，随着农村居民收入水平提高，农村居民文化消费意愿提高，农村市场存在巨大的文化潜在需求，但是2015年我国城镇居民和农村居民文化消费支出意愿均出现不同程度下降，其中城镇居民消费支出意愿下降明显。城镇居民虽然每天可自由支配的时间少于农村居民，但每天愿意花在文化消费上的时间却多于农村居民。这是因为我国农村居民文化程度相对偏低，文化消费观念相对滞后，制约了文化消费需求的提高，使得农民愿意花在文化产品（或服务）上的时间减少。此外，农村文化设施以及文化产品的匮乏，也制约了农村居民文化消费需求的释放。因此，政府相关部门应该制定相关政策，提供更多喜闻乐见的文化产品，以丰富居民的文化生活，既要提高城乡居民整体的文化消费意愿，又要缩小城乡居民在文化消费意愿上的差距。

（三）文化消费能力指数城乡分析

2014—2015年，城镇居民文化消费能力指数优于农村居民，2015年城乡居民文化消费能力差距（3.08）较2014年（2.03）略有增加；2015年城乡居民文化消费能力指数均有所增长，城镇居民文化消费能力指数增长较快，增长率为3.05%，高出农村地区1.26个百分点。具体到二级指标，就文化消费支出能力指数而言，2014—2015年城镇居民文化消费支出能力指数得分均高于农村，2015年城乡居民文化消费支出能力指数得分差距（4.48）较2014年（3.95）略有增加；2015年城镇居民文化消费支出能力指数增长率较低，仅0.14%，农村则出现负增长。就文化消费时间能力指数而言，2014—2015年农村文化消费时间能力指数得分均高于城镇，2015年农村居民文化消费时间能力指数比城镇高0.19分，比2014年（2.43）有所下降；2015年城乡居民文化消费时间能力指数均出现大幅度增长，城镇居民文化消费时间能力指数增长率10.09%，明显高于农村居民（7.01%）。

文化消费是居民消费支出的重要组成部分，收入则是消费的前提和基础，农村的经济发展水平低于城镇,农村居民收入水平偏低。虽然近年来农村居民收入水平有了一定程度的提高,但是城乡收入差距依然较大,受经济下行等各种因素影响,2015年农村文化消费支出能力指数出现负增长。农村居民文化消费时间能力指数要高于城镇居民,说明农村居民每天可支配时间明显多于城镇居民,这与工作内容相关,农村居民以农业活动为主,时间灵活自由,城镇居民每日工作时间较为固定,可支配时间较少。且农村居民文化消费时间能力指数高于城镇,说明城乡文化消费支出能力长期以来存在的差距,以及城镇居民可支配时间的增加使得城乡居民文化消费能力差距呈现扩大的趋势。

（四）文化消费水平指数城乡分析

2014—2015年,城镇居民文化消费水平指数得分均高于农村,2015年城乡居民文化消费水平差距(1.06)较2014年(0.51)略有增加;2015年城乡居民文化消费水平指数略有增长,城镇居民文化消费水平增长率高出农村0.65个百分点。具体到二级指标,就文化消费实际支出指数而言,2014—2015年,城镇居民文化消费实际支出指数均高于农村,2015年城乡居民文化消费实际支出指数得分差距(2.28)较2014年(0.42)出现较大幅度增加;2015年城镇居民文化消费支出能力指数增长率较低,仅0.14%,农村则出现负增长。就文化消费实际时间指数而言,不同于2014年,2015年农村居民文化消费实际时间指数得分高于城镇;2015年城乡居民文化消费实际时间指数均出现负增长,城镇居民文化消费实际时间指数出现5.02%的负增长,负增长的幅度明显高于农村居民(—2.26%)。

城乡文化消费实际支出水平和实际时间水平及其增长率的差异,首先是因为城乡居民收入差距,相对于城市居民而言,农村居民收入水平偏低,加之农村公共服务和社会保障体系尚不完善,农村居民要增加储蓄以"自我保障",在一定程度上抑制了消费,而文化消费作为"非必要"消费被压缩;其次受消费理念、生活习惯的影响,农村居民对于文化消费的重视程度偏低,因此文化产品和服务的实际支出偏小。农村居民可支配时间要多于城镇居民,且文化消费主要用于传统的广播、电视、图书等金钱花费小、时间比较长的文化产品和服务上面,城镇居民则是利用零碎的时间进行各种文化消费。

（五）文化消费满意度指数城乡分析

2014—2015年,城镇居民文化消费满意度指数得分均高于农村,2015年城乡居民文化消费满意度指数差距(2.38)较2014年(3.00)略有缩小;2015年城乡居民文化消费满意度指数均出现较大幅度增长,农村居民文化消费满意度指数增长率(5.39%)高出城镇(4.37%)1.02个百分点。具体到二级指标,就文化消费质量满意度指数而言,2014—2015年,城镇居民文化消费质量满意度指数得分均高于农村,2015年城乡居民文化消费质量满意度指数得分差距(2.45)较2014年(3.11)略有下降;2015年农村居民文化消费质量满意度指数增长较快,增速(5.86%)高出城镇1.11个百分点。就文化消费价格满意度指数而言,2014—2015年,城镇居民文化消费价格满意度指数得分均高于农村居民;2015年城乡居民文化消费价格满意度指数增长率在4%以上,农村居民的增长率高出城镇居民0.91个百分点。

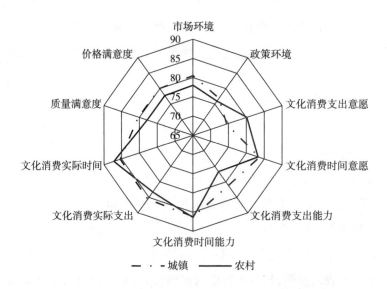

图2-4　2015年我国城乡居民文化消费二级指标得分情况

城镇居民对于文化产品质量和价格的评价都高于农村居民。农村居民对文化产品质量满意度较低,一是由于农村文化产品相对匮乏,供给远远小于需求,现有的文化产品的数量难以满足农村居民日益增长的文化需求;二是农村文化产品供应脱节,文化产品种类少,不能满足农村居民多样化的文化需求;三是相对于城市的文化产品而言,农村文化产品质量相对较差,性价比较低,因此农村居民对文化消费满意度低于城镇。随着政府加大对农村地区的政策扶持,农村地区文化产品和服务的质量有了很大的进步,但相比城镇地区,还需要有长足的发展。

二、文化消费指数区域分析

由于经济发展水平和资源要素禀赋不同,我国文化消费发展呈现区域性差异,东部地区凭借独特的区位优势、健全的基础设施和雄厚的经济实力,文化消费发展水平优于中西部地区。

近年来,全国文化消费整体情况持续改善,2013—2015 年全国文化消费综合指数均呈上升态势,其中,中部地区增长最快,年均增长 4.36%,东部地区紧跟其后,达到 3.85%,西部地区增长最慢,年均增速为 3.52%。同时,区域文化消费存在一定程度的不平衡现象,东部地区文化消费总体情况优于中西部地区。2013—2015 年,东部地区文化消费综合指数一直处于领先地位,其次是中部地区,最后是西部地区,且东部地区 2014—2015 年综合指数得分一直在 80 以上,中西部地区一直在 80 以下。

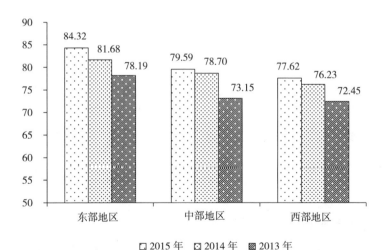

图 2-5 2013—2015 年东中西部地区文化消费综合指数变动情况

在全国 31 个省、区、市中,就 2013—2015 年文化消费综合指数排名情况看,除山西在2013年、2015年,重庆、四川在2013年,安徽、江西在2014年,湖北在2015年进入文化消费综合指数前十外,其他前十的省份(北京、天津、河北、上海、江苏、浙江、福建、山东、广东)均来自东部地区,截至2015年,东部地区仅河北、海南未进入过全国前十,其中,河北一直保持在接近全国前十的水平,海南则在近三年文化消费发展速度较快,其排名由以往的20多名上升至2015年的第16名;辽宁地区的文化消费综合指数排名从20多名一直上升至15名左右,湖北在2015年首次进入全国前十,文化消费整体状况有待进一步巩固;西部地区的广西、新疆、甘肃、青海、宁夏排名变化不大,文化消费整体情况相对其他省份没有太大变动。

表 2-1　2013—2015 年文化消费综合指数全国前十的省份

排名	2015 年		2014 年		2013 年	
1	北京	89.08	北京	85.61	上海	86.02
2	上海	87.31	天津	85.06	北京	84.50
3	山东	87.04	上海	84.69	天津	80.50
4	广东	86.64	福建	82.89	广东	80.28
5	福建	86.25	广东	82.47	江苏	79.86
6	浙江	84.48	江苏	82.41	山东	79.45
7	天津	84.11	浙江	81.60	山西	79.41
8	山西	82.39	山东	79.80	浙江	78.62
9	江苏	82.20	安徽	79.62	四川	77.80
10	湖北	80.83	江西	79.50	重庆	77.29

就文化消费综合指数得分来看,2013—2015年,全国大多数省份都有不同程度的增长,其中辽宁、福建、海南、河南、西藏、青海、吉林、内蒙古等省份得分增长速度较快,年均增长率在5%以上。可以发现,虽然西部地区文化消费整体情况相对较落后,但其发展速度较快,通过改善西部地区的经济水平、基础设施条件等措施,文化消费就会有很大的上升空间。此外,2013—

2015 年,31 个省份之间文化消费综合指数差距最大达到 15 分左右,说明地区差距较大。

(一) 文化消费环境指数区域分析

2013—2015 年,全国文化消费环境指数整体呈上升趋势,,中西部地区文化消费环境指数增速较快,年均增长率在 11.5%左右,东部地区增速相对较慢,在 6.92%。除了 2014 年,东部地区文化消费环境指数小幅落后中西部地区外,2013 和 2015 年,东部地区文化消费环境指数均高于中西部地区。中西部地区本身经济基础相对较为薄弱,文化消费设施偏少,文化产品/服务市场发展刚起步,经过近几年的努力,文化消费环境有了快速发展,有些做到了从无到有,从有到好的成就,各方面都有了很大的提升;东部地区则文化消费环境各方面逐步得到完善,文化消费市场循序渐进走向繁荣。

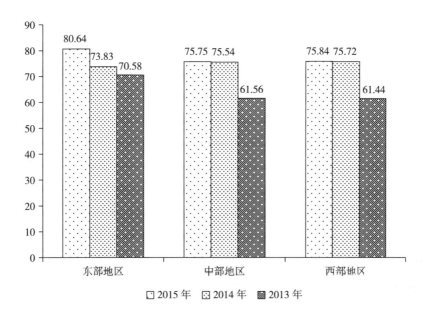

图 2-6　2013—2015 年东中西部地区文化消费环境指数变动情况

全国 31 省、区、市中,就排名来看,2013—2015 年,全国各省、区、市的文化消费环境指数排名波动较大,其中,2015 年进入全国前十名的省市有福建、浙江、上海、天津、广东、陕西、北京、河北、山东和江苏。就得分来看,2013—2015 年,大部分省市的文化消费环境指数整体上有一定程度的增长,黑龙江、安徽、福建、江西、海南、贵州、陕西、甘肃、青海、宁夏、新疆等地区文化消费环境指数增速较快,年均增速在 12% 以上。

表 2-2 2013—2015 年文化消费环境指数全国前十的省份

排名	2015 年		2014 年		2013 年	
1	福建	86.46	宁夏	83.51	北京	93.65
2	浙江	84.25	海南	83.18	上海	85.57
3	上海	83.68	甘肃	82.03	浙江	74.81
4	天津	82.23	吉林	81.79	广东	70.38
5	广东	81.70	贵州	81.45	天津	69.32
6	陕西	81.21	黑龙江	81.12	江苏	68.08
7	北京	80.38	内蒙古	81.11	福建	67.26
8	河北	78.81	青海	80.46	山东	63.87
9	山东	78.71	上海	78.62	重庆	63.72
10	江苏	77.93	云南	77.22	湖北	63.51

具体到二级指标,从文化消费市场环境来看,2015 年,文化消费市场环境指数前十名的省份有上海、福建、浙江、广东、北京、天津、陕西、江苏、重庆和湖北,且排名前 15 的省、区、市文化消费市场环境指数得分均在 80 以上,上海连续两年文化消费市场环境指数排名第一,得分从 2014 年的 84.7 分上升到 2015 年的 87.1 分。相对于 2014 年,2015 年有 21 个省、区、市文化消费市场环境指数得分有不同程度提升,其中,北京、广东、山东、江苏、陕西、福建、重庆、新疆的文化消费市场环境指数增长较快,增长率在 15% 以上。

从文化消费政策环境来看,2015 年,文化消费政策环境指数前十的省份有福建、浙江、陕西、天津、上海、安徽、广东、山东、河北和北京,其中,福建、浙江、陕西、天津、上海的文化消费政策环境指数得分均在 80 以上。与 2014 年相比,2015 年 18 个省、区、市文化消费政策环境指数均有一定程度的提升,浙江、新疆、福建、陕西、上海的文化消费政策环境指数增速较快,增长率在 10% 以上。

（二）文化消费意愿指数区域分析

2013—2015 年,东部地区的居民文化消费意愿指数一直高于中西部地

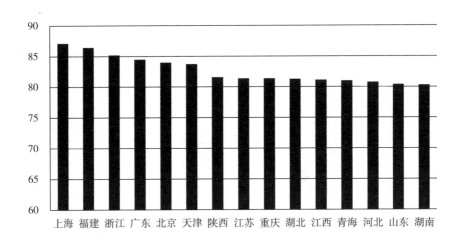

图 2-7　2015 年我国部分省、区、市文化消费环境指数得分情况

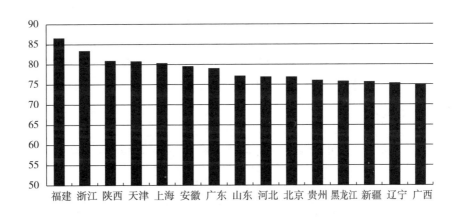

图 2-8　2015 年我国部分省、区、市文化政策市场环境指数得分情况

区,且三大区域的文化消费意愿指数皆在 2014 年经历了大幅上涨之后,于 2015 年有了小幅回落。东部地区社会保障体系相对健全,居民生活水平较高,消费观念、生活理念等有了很大的改善,对文化消费的需求越来越高;中西部地区居民的消费观有待进一步转变,文化消费的需求有待进一步释放。

　　全国 31 省、区、市中,从排名来看,2013—2015 年,全国各省、区、市文化消费意愿指数排名有一定的浮动,山东、福建连续三年,以及北京、江苏、广东、河北、天津连续两年,进入过全国前十名。就得分来看,2013—2015 年,全国

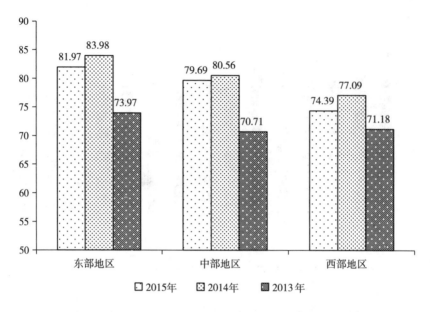

图 2-9　2013—2015 年东中西部地区文化消费意愿指数变动情况

有 24 个省、区、市的文化消费意愿指数总体上是上升的,但是,2015 年仅西藏、海南、山西、甘肃、吉林、贵州、山东、浙江、福建、江西的文化消费意愿指数保持不同程度的增长。

表 2-3　2013—2015 年文化消费意愿指数排名全国前十的省份

排名	2015 年		2014 年		2013 年	
1	山西	95.09	北京	91.85	重庆	80.20
2	北京	89.35	天津	89.53	福建	80.09
3	山东	87.59	江苏	87.94	湖南	78.26
4	海南	86.80	陕西	87.08	浙江	76.83
5	福建	85.00	山东	86.04	河北	76.82
6	江苏	84.90	安徽	85.85	天津	75.51
7	西藏	84.33	广东	85.70	上海	74.93
8	广东	84.26	辽宁	84.58	江西	74.90
9	甘肃	83.52	福建	84.36	四川	74.56
10	吉林	83.22	河北	83.48	山东	74.56

具体到二级指标,从文化消费支出意愿来看,2015年全国文化消费支出意愿均有一定幅度的下降,2014—2015年,东部地区文化消费支出意愿指数得分最高,西部地区最低。2015年文化消费支出意愿指数排名前十的省、区、市有山西、福建、北京、山东、海南、新疆、江苏、甘肃、广东、吉林,得分均在80以上,得分最高与最低的省份之间相差30多分。与2014年相比,2015年31个省、区、市中有11个省、区、市文化消费支出意愿有不同程度的增长,分别为山西、西藏、海南、甘肃、新疆、福建、浙江、吉林、贵州、山东、内蒙古。其中,山西、西藏、海南、新疆、甘肃增长率较高,在10%以上。

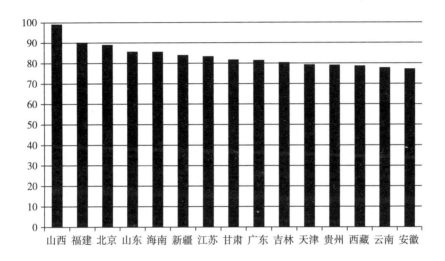

图2-10　2015年我国部分省、区、市文化消费支出意愿指数得分情况

从文化消费时间意愿来看,2015年,仅中部地区文化消费时间意愿指数略有提升,且东部和中部地区得分相差不大,西部地区得分相对较低。2015年,文化消费时间意愿指数排名前十的省、区、市有西藏、江西、湖北、山东、上海、广东、北京、吉林、海南、湖南,排名较低与较高的省份差距较大,得分差距最高达30多分。与2014年相比,2015年有13个省、区、市文化消费时间意愿指数有所增长,西藏、吉林、湖南、上海、吉林、海南增幅较大,在10%以上。

(三) 文化消费能力指数区域分析

2013—2015年,东部地区居民文化消费能力指数最高,中部地区略高于

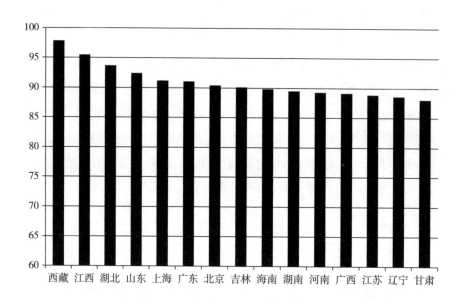

图 2-11　2015 年我国部分省、区、市文化消费时间意愿指数得分情况

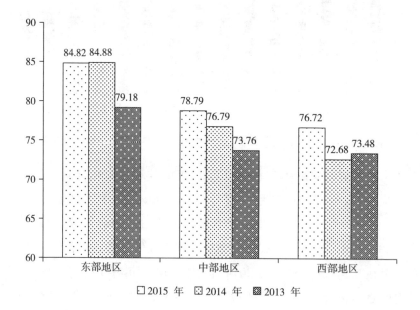

　□ 2015 年　▨ 2014 年　▩ 2013 年

图 2-12　2013—2015 年我国东中西部地区文化消费能力指数变动情况

西部地区,且三大区域文化消费能力指数年均增长率都在 3% 以上,东部地区增长较快,于 2014 年开始指数得分在 80 以上,其次是西部地区。东部地区经

济比较发达,居民生活水平较高,消费支出相应较高,中西部地区经济发展相对落后,居民收入较低,消费支出也偏低。

全国31省、区、市中,就排名来看,2013—2015年,全国各省市文化消费能力指数排名有小幅浮动,北京、上海、广东、山东、江苏、江西连续三年,天津、浙江连续两年,安徽、四川于2013年,重庆于2014年,吉林、甘肃、湖北、山西于2015年,文化消费能力指数进入前十。就得分来看,2013—2015年,全国大多数省份整体上出现了不同程度的上升。其中,北京、辽宁、吉林、山东、河南、湖北、广东、广西、海南、西藏、青海上升幅度较大,年均增速在5%以上。

表2-4　2013—2015年文化消费能力指数全国前十的省份

排名	2015年		2014年		2013年	
1	北京	97.58	北京	94.82	上海	99.27
2	上海	95.63	浙江	92.67	江苏	85.43
3	广东	90.15	上海	92.66	北京	82.21
4	山东	89.50	广东	88.95	天津	81.52
5	江苏	85.35	福建	87.27	安徽	80.73
6	吉林	82.69	江苏	86.49	广东	80.36
7	甘肃	82.52	天津	85.95	四川	80.11
8	湖北	81.95	山东	85.52	江西	79.67
9	山西	81.15	江西	78.87	山东	79.47
10	江西	80.81	重庆	78.45	浙江	78.74

具体到二级指标,从文化消费支出能力来看,中西部地区与东部地区差距较大。2014—2015年,在全国前十名的省、区、市中,除吉林、宁夏外,北京、上海、广东、山东、江苏、浙江、福建、湖北、天津九个省市连续两年进入前十。与2014年相比,2015年有17个省、区、市文化消费支出能力指数呈现不同程度的增长,其中,河北、贵州、河南、青海、甘肃、新疆增长较快,增长率

在5%以上。

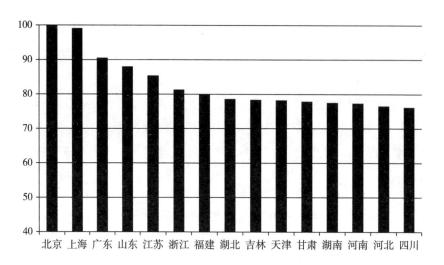

图 2-13　2015 年我国部分省、区、市文化消费支出能力指数得分情况

从文化消费时间能力来看,东中西部地区文化消费时间能力指数差距不大。2015 年,文化消费时间能力指数排名前十的省、区、市有西藏、宁夏、甘肃、山东、山西、吉林、江西、辽宁、贵州、北京,与 2014 年相比,25 个省、区、市的文化消费能力指数有不同程度的增长,其中西藏、宁夏、海南、吉林、辽宁、青海、湖北增速较快,在 20%以上。

(四) 文化消费水平指数区域分析

2013—2015 年,东部地区文化消费水平指数表现最为突出,中部地区次之,东中西部地区居民文化消费水平指数三年均呈稳步增长态势,年均增长率均在 5%左右。东部地区居民生活水平较高,文化消费观念有很大的提升,传统的消费习惯逐步得到改变,对文化消费的需求相比中西部地区大,中西部地区居民受消费观念、收入水平等束缚,除了满足基本的生活需要外,大多数收入放进了银行,以应对不时之需。

全国 31 个省、区、市中,就排名来看,2013—2015 年,全国各省、区、市文化消费水平指数排名有不同程度的浮动,北京、山东、安徽、广东连续三年,天津、福建、山西、河北连续两年,四川、重庆、江西于 2013 年,陕西、河南

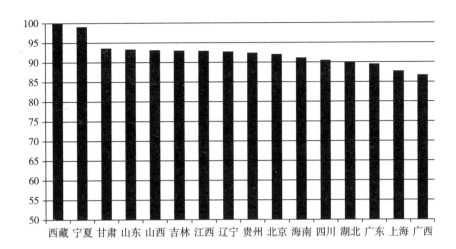

图 2-14   2015 年我国部分省、区、市文化消费时间能力指数得分情况

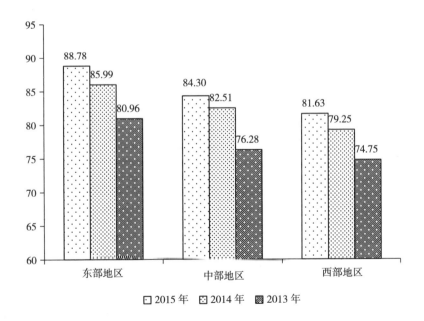

图 2-15   2013—2015 年我国东中西部地区文化消费水平指数变动情况

于 2014 年,浙江、内蒙古于 2015 年,文化消费水平指数进入过全国前十。相比 2014 年,2015 年内蒙古、吉林、黑龙江、江苏、浙江、宁夏排名上升较大。就得分来看,有 19 个省、区、市的文化消费水平指数整体上有不同程度

增长,其中,天津、内蒙古、黑龙江、浙江、广西、西藏、青海上升较快,增长率在 10%以上。

表 2-5　2013—2015 年文化消费水平指数全国前十的省份

排名	2015 年		2014 年		2013 年	
1	天津	94.64	天津	93.54	广东	93.18
2	山东	94.39	北京	92.08	山东	90.46
3	浙江	93.42	江苏	90.48	四川	85.59
4	安徽	93.24	广东	89.31	北京	84.62
5	内蒙古	91.93	福建	86.47	山西	84.00
6	北京	91.27	安徽	85.89	河北	82.82
7	福建	91.02	陕西	85.71	安徽	82.80
8	广东	90.94	山西	85.42	上海	82.42
9	河北	89.47	山东	85.15	重庆	82.34
10	上海	87.51	河南	84.87	江西	81.65

　　具体到二级指标,从文化消费支出水平来看,2015 年,文化消费支出水平指数全国前十名的省份有天津、浙江、山东、安徽、福建、内蒙古、河北、广东、北京和上海,其中,天津连续两年排名第一,得分均在 90 以上。就得分来看,与2014 年相比,有 21 个省、区、市的文化消费支出水平指数均有不同幅度的上升,其中,浙江、内蒙古、宁夏、山东、河北、安徽、福建、湖北增速较快,在 10%以上。

　　从文化消费时间水平来看,2015 年文化消费时间水平指数排名前十的省份有北京、山东、广东、安徽、宁夏、吉林、甘肃、西藏、内蒙古和广西,与 2014 年相比,大多数省、区、市的文化消费时间水平指数存在不同程度的下降,仅吉林、黑龙江、上海、浙江、海南、甘肃、青海、宁夏有一定幅度的提升。

(五) 文化消费满意度指数区域分析

　　2013—2015 年,东中西部地区文化消费满意度指数存在不同幅度的波动,东部地区波动相对较大,中西部地区文化消费满意度指数得分维持在 77 分左右,且三大区域的文化消费满意度指数没有大幅度的提升。近三年来,各

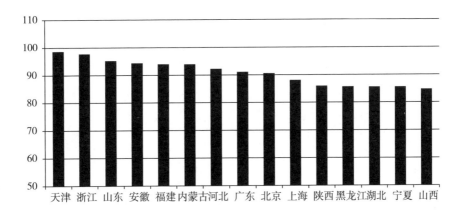

图 2-16　2015 年我国部分省、区、市文化消费支出水平指数得分情况

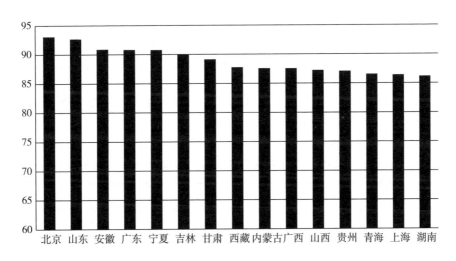

图 2-17　2015 年我国部分省、区、市文化消费实际时间指数得分情况

区域的文化产品质量、性价比有了不同程度的提升,但仍然满足不了消费者对文化产品快速增长的需求,尤其是东部地区居民对文化产品的要求复杂、变化多样,文化产品的质量、性价比等各个方面亟需大幅提升。

全国 31 个省、区、市中,就排名来看,2013—2015 年,全国各省、区、市的文化消费满意度指数排名变化浮动较大,不存在连续三年进入前十的省、区、市,上海、天津、北京、浙江、江苏等地连续两年进入全国前十。就得分来看,三年间,各省、区、市的文化消费满意度指数得分变动幅度也较大,有一

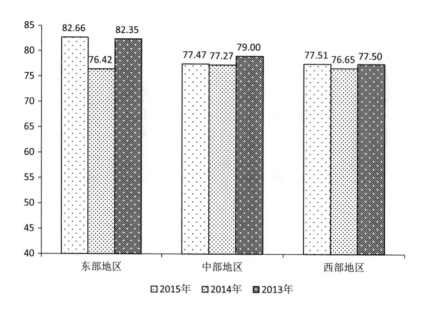

图2-18　2013—2015年我国东中西部地区文化消费满意度指数变动情况

半的省、区、市年均增长率为正,江西、云南、西藏、新疆年均增长率较大,在10%以上。

表2-6　2013—2015年文化消费满意度指数全国前十的省份

排名	2015 年		2014 年		2013 年	
1	福建	88.85	宁夏	84.53	山西	96.15
2	浙江	86.13	海南	83.57	天津	93.55
3	上海	84.92	吉林	83.40	北京	87.94
4	天津	84.70	上海	83.13	江苏	85.50
5	河北	83.07	甘肃	82.40	广西	85.19
6	陕西	82.85	贵州	81.73	贵州	84.39
7	广东	82.36	浙江	81.27	浙江	84.21
8	北京	82.06	黑龙江	80.96	陕西	83.92
9	山东	80.58	内蒙古	80.46	甘肃	83.82
10	江苏	80.57	青海	79.65	海南	82.77

　　具体到二级指标,从文化消费质量满意度来看,2015年文化消费质量满

意度指数排名前十的省、区、市有福建、浙江、上海、天津、广东、北京、陕西、河
北、重庆、山东。与2014年相比,2015年有21个省、区、市的文化消费满意度
指数有所上升,其中,北京、天津、江苏、福建、山东、广东、重庆、西藏、陕西增速
较快,增长率在10%以上。

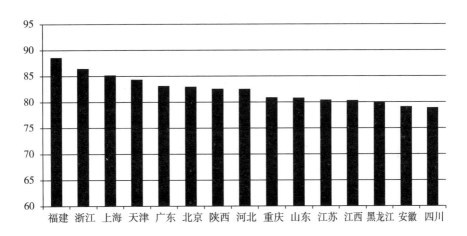

图2-19 2015年我国部分省、区、市文化消费质量满意度指数得分情况

从文化消费价格满意度指数来看,2015年文化消费价格满意度指数排名
前十的省、区、市有福建、浙江、天津、上海、河北、陕西、广东、北京、江苏、安徽。
与2014年相比,有21个省、区、市的文化消费价格指数呈现不同程度的增长,
其中,福建、西藏、山东、广东、陕西、北京、江苏、新疆、重庆、河北等省、区、市文
化消费价格满意度指数增长率较高,在10%以上。

三、文化消费指数性别分析

在文化消费整体情况方面,女性表现较为突出,2014—2015年,女性的
文化消费综合指数均高于男性,且性别之间的文化消费综合指数得分差距
进一步扩大,由2014年的0.86扩大至2015年的1.66。在一级指标中,除
2014年男性文化消费意愿指数略高于女性外,2014—2015年女性文化消
费的其他指标均高于男性。此外,2015年男性和女性的文化消费综合指数
皆有一定幅度的上升,女性上升幅度较大,增长率为2.52%,高出男性约1
个百分点。

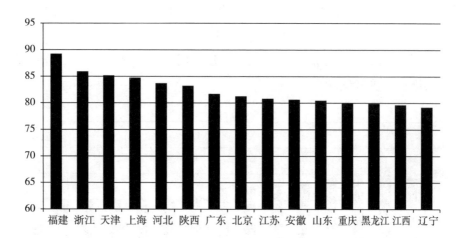

图 2-20　2015 年我国部分省、区、市文化消费价格满意度指数得分情况

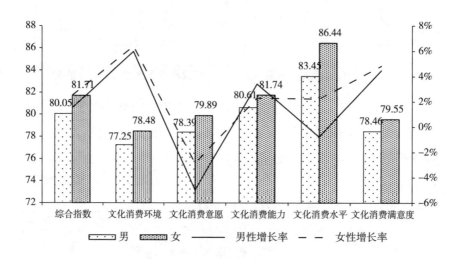

图 2-21　2015 年不同性别的文化消费指数变动分析

（一）文化消费环境指数性别分析

2014—2015 年女性文化消费环境指数均优于男性,2015 年男性、女性文化消费环境指数均出现较大幅度增长。具体到二级指标,无论是文化消费市场环境还是政策环境,女性得分均优于男性。2015 年,男性和女性文化消费市场环境指数均出现较大幅度增长,增长率均超过 10%。

女性是文化市场消费的主力,其对文化产品和服务的种类、数量、消费渠道的兴趣相比男性浓厚。市场上文化产品厂商对于女性的关注度比较高,适用于女性的文化产品种类相比男性要多,而男性有较强的求新、求异心理,喜欢尝试新事物,当前的文化产品难以满足其需要。男性文化消费活动少于女性,加之购物目标明确,文化消费政策了解少,文化消费福利享受自然少于女性,因而政策环境得分也较低。

（二） 文化消费意愿指数性别分析

与 2014 年略有不同的是,2015 年,女性文化消费意愿指数(79.89)高于男性(78.39),总体来说,女性和男性在文化消费意愿指数方面差异不是很大。相比 2014 年,2015 年男性和女性的文化消费意愿指数均有所下降,男性下降幅度较大,跌幅接近 5 个百分点。具体到二级指标,就文化消费支出意愿指数而言,2015 年女性文化消费支出意愿指数得分(78.34)高于男性约 2 分,2014 年女性和男性的文化消费意愿支出差异则不大。2015 年男性和女性的文化消费支出意愿指数均呈下降态势,相比女性(2.34%),男性(5.45%)下降程度偏大。就文化消费时间意愿指数而言,2014 年和 2015 年女性的文化消费时间意愿指数均高于男性,但差异不大。2015 年男性和女性的文化消费时间意愿均呈下降趋势,且下降幅度基本相同,均接近 4%。

女性好奇心强,渴望尝试不同的消费方式、得到不同的消费体验,追求个性,突出自我。同时,女性受广告影响较大,容易形成从众的消费,因此,女性的文化消费支出意愿和时间意愿都高于男性。由于近年来我国经济下行压力大,居民都增加储蓄以自我保障,消费意愿下降,因此,2015 年男性和女性的文化消费支出意愿和时间意愿均出现下降。

（三） 文化消费能力指数性别分析

2014—2015 年,女性文化消费能力均优于男性。2015 年女性文化消费能力指数(81.74)高出男性 1.13 分,比 2014 年的差距(1.97)有所减少。2015 年男性和女性的文化消费能力指数均有一定幅度的增加,男性文化消费能力指数增长率为 3.41%,高于女性增长率(2.28%)。具体到二级指标,就文化消费支出能力指数而言,2015 年女性文化消费支出能力指数得分(79.74),高出男性 1.53,2014 年男性和女性文化消费意愿支出指数差异则不是很大;2015 年男性文化消费支出能力指数有轻微下降,而女性文化消费支出能力指数呈上升趋势。就文化消费时间能力指数而言,2014年和2015年女性文化消费时间能力指数均高于男性;且2015年男性和女性的文化消费时间能力指数均呈上升趋势,男性文化消费时间能力指数增长幅度较大,在10%以上。

男性虽然经济收入高,但购物热情远不及女性,消费对于女性而言,是一种休闲放松的方式,是自我表达和自我认同的重要途径,通过消费可以获得更多的成就感和满足感,购买力要高于男性,因此其文化消费支出能力、时间能力都要高于男性。

(四) 文化消费水平指数性别分析

2014—2015年女性文化消费水平均优于男性,2015年女性文化消费水平指数(86.44)高出男性(83.45),比2014年的差距(0.46)略有增加;相比于2014年,2015年男性文化消费水平有小幅下降,女性文化消费水平指数则有所上升。具体到二级指标,就文化消费支出水平指数而言,2014年和2015年女性文化消费支出水平指数均高于男性,2015年女性文化消费支出指数(86.45),比男性高出4.10,差距较2014年(0.88)有所扩大,2015年女性文化消费支出水平指数增长率为5.07%,高出男性将近4个百分点。就文化消费时间水平指数而言,2015年女性文化消费时间水平指数(86.40)高于男性(85.99),而2014年男性文化消费时间支出(90.39)高于女性(89.86),且2015年男性和女性文化消费时间水平指数均出现较大幅度的负增长,其中,男性下降4.87%,女性下降3.85%。

女性文化消费支出水平明显高于男性,女性消费具有非理性的特征,文化产品种类多、层次性强、竞争激烈,广告宣传投入很大,在视觉、听觉和感受体验上对女性的冲击比较大,进而转化为具体的消费行为。同时,由于女性特有的认真和细腻等特点,她们在购买商品往往"千挑万选",而男性购买决策形成比女性果断迅速,并能立即付诸购买行为,即使处于比较复杂的情况下,也只是询问大致情况,对某些细节不过分注重,也不喜欢花太多时间去比较选择,因而男性文化消费时间水平比女性要低。

(五) 文化消费满意度指数性别分析

2014—2015年,女性文化消费满意度指数整体优于男性,2015年女性文化消费满意度指数为 79.55,高于男性 1.09,2014 年则相差 0.79,总体来说,女性和男性在文化消费满意度指数方面差异不是很大;相比 2014 年,2015 年男性和女性的文化消费满意度指数均增长接近 5 个百分点。具体到二级指标,就文化消费质量满意度指数而言,2015 年女性文化消费质量满意度指数得分(79.74)高于男性 1.29,且男性和女性的文化消费质量满意度指数均有较大幅度上升,女性增长 5.62%,男性增长 4.91%。就文化消费价格满意度指数而言,2014 年和 2015 年女性文化消费价格满意度指数均高于男性,但差异不大,2015 年男性和女性文化消费价格满意度指数增长均在 4 个百分点左右。

男性在文化消费时多为理性消费,注重商品的使用效果和整体质量,不太注重商品外观和商品细节,追求简洁明快的风格,因此一旦实用性出现问题,男性更倾向于负面评价;而女性文化消费时,习惯从感情出发,注重外观、式样之类的细节,并以此形成对商品质量的好恶。女性消费者选择的文化产品,一旦有一处细节打动他们,便会使她们放弃负面评价,因此女性文化消费质量满意度指数要高。由于女性在文化消费时会尽可能地利用各种消费渠道,全面搜寻价格信息,如打折、福利政策等,因此,女性文化消费价格满意度要高。

四、文化消费指数年龄分析

不同年龄层次的居民由于生活背景、社会阅历、知识储备等因素的差异,具有不同的消费心理及消费行为。2015 年我国居民文化消费综合指数得分最高的年龄阶段是 26—40 岁,以 82.08 位居榜首,17 岁以下文化消费综合指数得分最低,为 78.40。2015 年各年龄阶段居民文化消费综合指数相对于2014 年均有较大幅度改善,其中 18—25 岁增幅最大,文化消费综合指数增长率达 6.99%,41—65 岁增长率最小,为 0.54%。具体而言,五个一级指标中的文化消费环境、文化消费意愿、文化消费满意度三个指标得分在 2015 年均呈现明显增长趋势。

(一) 文化消费环境指数年龄分析

2015 年不同年龄阶段的文化消费环境指数均有大幅增长,2014—2015

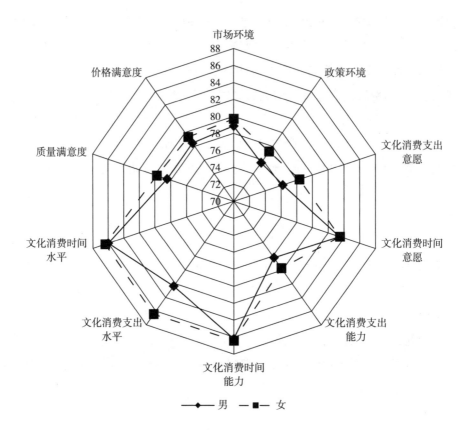

图 2-22　2015 年不同性别的文化消费指数二级指标

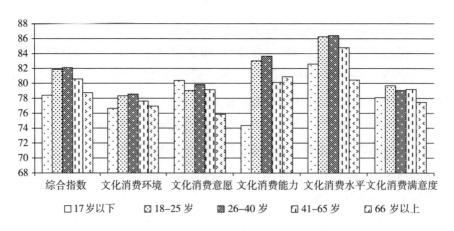

图 2-23　2015 年不同年龄段居民的文化消费指数分析

年,26—40 岁文化消费环境指数得分均最高,17 岁以下和 66 岁以上则较低。具体到二级指标,2015 年各年龄段居民对于文化消费市场环境评价要高于政策环境,文化消费市场环境指数得分最高的是 41—65 岁居民,文化消费政策环境指数得分最高的是 26—40 岁居民;文化消费市场环境指数得分最低的是 66 岁以上居民,文化消费政策环境指数得分最低的是 17 岁以下居民。

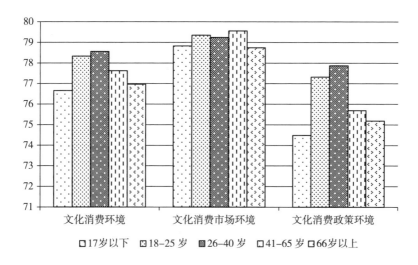

图 2-24　2015 年不同年龄段居民的文化消费环境指数分析

(二) 文化消费意愿指数年龄分析

不同年龄段居民的文化消费意愿指数存在一定的差异。首先,2015 年 17 岁以下居民文化消费意愿指数得分最高,为 80.38,其次,是 26—40 岁居民,66 岁以上得分最低,且除 66 岁以上的居民外,其他年龄段之间居民的文化消费意愿指数相差不大。具体到二级指标,就文化消费支出意愿指数而言,2014—2015 年文化消费支出意愿指数得分最高的均为 26—40 岁,文化消费支出意愿指数得分最低的均为 66 岁以上,且不同年龄段居民的文化消费支出意愿得分相差较大,差为 6—7。就文化消费时间意愿指数而言,2015 年文化消费时间意愿指数得分最高的是 17 岁以下,为 86.92,最低的是 26—40 岁,为 82.40;2015 年,除 26—65 岁居民的文化消费时间意愿指数呈现下降趋势外,其他年龄段均呈现不同程度的增长,其中,17 岁以下居民的文化消费时间意愿指数增长较快,为13.16%。

中青年是文化消费市场的主要消费人群,他们具有旺盛而持久的消费动力和消费力量,虽然他们工作压力、社会压力较大,文化消费时间相对不足,但中青年人群参与日常文化消费活动的花费意愿较高,具体体现在"电脑或手机游戏费用","付费下载或在线消费特定书刊、视听产品等文化产品","购买网站积分产品"等。中青年消费者在文化消费活动中具有较高的付费意愿,文化消费活动花销比例较高,更舍得花钱购买文化消费产品或享受文化消费活动,这从另外一个方面反映了该群体更愿意通过文化消费来获得更好的消费体验。与此同时,66岁以上及17岁以下群体有着更多的闲暇时间,阅读书报杂志、参与文娱活动成为他们生活的重要组成部分。

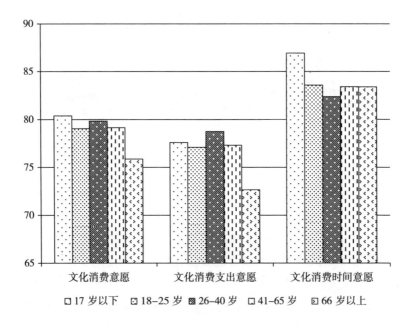

□ 17岁以下　▨ 18-25岁　▨ 26-40岁　□ 41-65岁　▨ 66岁以上

图2-25　2015年不同年龄段居民的文化消费意愿指数分析

(三) 文化消费能力指数年龄分析

不同年龄段居民的文化消费能力指数存在一定程度的差异。2015年26—40岁居民文化消费能力指数得分最高,为83.64,其次是18—25岁,17岁以下最低,为74.34。2015年,40岁以下的居民中,年龄越大文化消费能力指数得分越高,40 岁以上居民则呈现相反情况。2015 年 17 岁以下及 40 岁以上居民文化消费能力指数得分均有小幅下降,18—40 岁居民的文化消费能力指数有所上升,18—25 岁上升幅度较大,增长率为 10.24%。具体到二级指标,就文化消费支出能力指数而言,2014—2015 年,18—40 岁居民的文化消费支出能力指数表现比较突出,17 岁以下及 66 岁以上居民的文化消费支出能力指数得分较低;2015 年,18—40 岁居民的文化消费支出能力指数出现一定的增长,其他年龄段则有所下降。就文化消费时间能力指数而言,2014—2015 年,文化消费时间能力指数得分最高的年龄段均为 66 岁以上居民,2015 年,不同年龄段居民的文化消费时间能力指数差异有所缩小,除 66 岁以上居民的文化消费时间能力指数有所下降外,其他年龄段均有所上升,其中 18—25 岁居民的文化消费时间能力指数上升较快,增长率为 16.91%,其次是 26—40 岁居民,增长率为 12.10%。

　　青年群体是消费市场的重要组成部分,他们追求时尚、新颖和美的享受,希望所购之物符合潮流的发展和时代的精神,要求商品能有特色,具有个性色彩,尽管他们的消费心理由不稳定趋于稳定,但冲动性购买还是多于计划性购买,因此消费支出要多于其他群体。

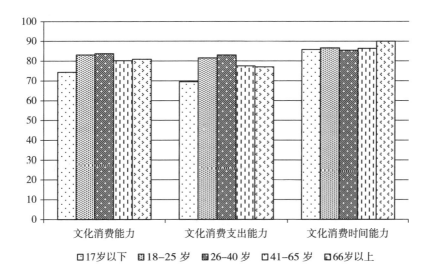

图 2-26　2015 年不同年龄段居民的文化消费能力指数分析

（四）文化消费水平指数年龄分析

2015年,青年文化消费水平表现较为突出,18—25岁和26—40岁居民的文化消费水平指数得分较高,均在86以上,66岁以上居民的文化消费水平指数偏低,为80.46。相比2014年,2015年除17岁以下居民外,其他年龄段居民的文化消费水平指数皆有所上升。具体到二级指标,就文化消费支出水平指数来看,2015年,18—25岁和26—40岁居民的文化消费支出水平指数得分较高,17岁以下和66岁以上则得分较低,和2014年相比,2015年除17岁以下居民的文化消费支出水平有所下降外,其他年龄段的文化消费支出水平指数均有一定程度的上升。从文化消费时间水平指数来看,2015年,与文化消费支出水平指数不同的是,17岁以下和66岁以上居民的文化消费时间水平指数较高,在87以上,26—40岁居民的文化消费时间指数较低,为84.98。

随着科技在社会发展中的重要性日益突出,青年人的创新能力和知识更新优势给他们带来了越来越丰富的经济收入,受互联网、消费观念新潮影响,他们比较注重享受和娱乐,文化产品消费对象集中于电影、音乐会等新兴文化产品;老年人受传统观念等各方面影响,文化消费主要集中在图书、广播电视等传统文化产品方面,空闲时间较多,文化消费时间也相应较多。

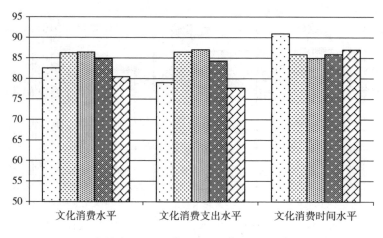

图2-27　2015年不同年龄段居民的文化消费水平指数分析

（五）文化消费满意度指数年龄分析

2014—2015 年,不同年龄段居民的文化消费满意度指数差异不大,18—25 岁和 26—40 岁居民的文化消费满意度指数得分相对较高,与 2014 年相比,2015 年,各年龄段居民的文化消费满意度指数均存在不同程度的增长。具体到二级指标,就文化消费质量满意度指数而言,2015 年不同年龄段居民的文化消费质量满意度指数差异不大,相比 2014 年,差异有所缩小,2015 年 18—25 岁居民的文化消费质量满意度指数较高,为 79.57,17 岁以下居民的文化消费质量满意度指数较低,为 77.39,和 2014 年相比,2015 年不同年龄段居民的文化消费质量满意度指数皆有一定程度的上升。就文化消费价格满意度指数而言,2015 年不同年龄段居民的文化消费价格满意度指数差异有一定的缩小,最大差异(4.31)缩小至 2.60。2015 年,18—25 岁居民的文化消费价格满意度指数相对较高,为 79.79,相比 2014 年,2015 年各年龄段居民的文化消费价格满意度指数皆有一定程度的提升。各年龄段居民的文化消费满意度指数及其二级指标得分均在 80 以下,和其他指标相比,存在一定的劣势,这说明文化产品的质量与价格有待进一步的提升。

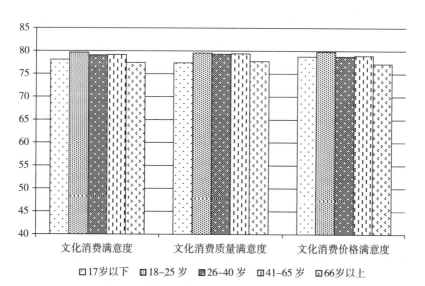

图 2-28 2015 年不同年龄段居民的文化消费满意度指数分析

五、文化消费指数受教育程度分析

教育对人们的消费水平、消费结构、消费方式、消费观念有重要影响,不同学历的消费者在消费中呈现不同的消费特征,这一点在文化消费中尤其明显。学历越高的居民文化消费整体情况越好,2015年硕士及硕士以上学历文化消费综合指数得分最高,为81.86;初中及以下学历文化消费综合指数得分最低(78.59)。具体而言,2015年文化消费5个一级指标均呈现出这种特征,其中,文化消费能力指数和文化消费水平指数表现尤其明显。

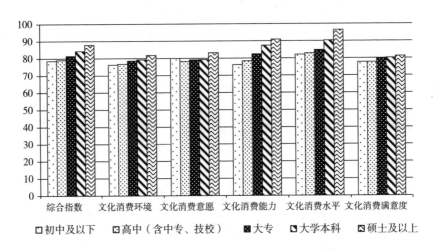

图2-29　2015年不同学历居民的文化消费指数分析

(一)文化消费环境指数受教育程度分析

2014—2015年,不同学历人群的文化消费环境指数差异较大,高学历人群文化消费环境指数得分高于较低学历的人群,2015年硕士及以上学历文化消费环境指数得分最高,为81.81分;而初中及以下得分最低,为76.34分。文化消费环境指数得分与学历基本上呈正相关关系,居民学历越高,文化消费环境指数得分越高。具体到二级指标,2015年文化消费市场环境和政策环境指数也呈现相似特征。

居民受教育程度越高,接触的文化产品品质越高,消费渠道更广,对新兴的文化产品更加了解;而学历低的人群文化娱乐活动相对单一,接触的文化产品品质相对较低,文化渠道较少。因此,学历越高的居民,文化消费市场环境指数得分越高。高学历人群能够了解到的政策更多,而学历较低的人群只关注相关惠民政策,因此,学历越高的人群文化消费政策环境指数得分较高。

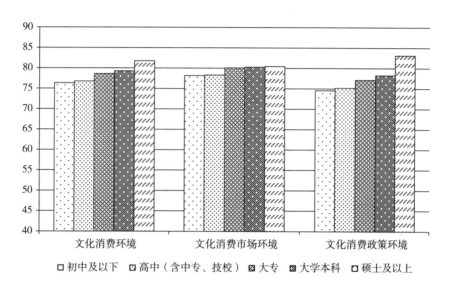

图 2-30 2015 年不同学历居民的文化消费环境指数分析

(二)文化消费意愿指数受教育程度分析

2014—2015 年,不同学历人群的文化消费意愿存在差异,大多数高学历人群文化消费意愿指数高于低学历人群。2015 年文化消费意愿指数得分最高的是硕士及以上人群,为 83.32,得分最低的是高中学历人群(78.23),差距相比 2014 年有大幅减小。就增长率而言,2015 年初中及以下学历文化消费意愿增长幅度最大,为 6.01%。其他学历人群文化消费意愿均出现负增长,其中,大学本科学历下降幅度最大,达到 9.40%。具体到二级指标,就文化消费支出意愿指数而言,2015 年文化消费支出意愿指数得分最高的是硕士及以上人群,高学历人群与较低学历人群在文化消费支出意愿上的差距逐步缩小,2015 年文化消费支出意愿指数得分极差为 7.95,相比于 2014 年(13.40)大幅度减小,这种变化与不同学历人群文化消费支出意愿增长率紧密相关,2015 年只有初中及以下学历文化消费支出意愿出现正增长,大专、大学本科、硕士及以上学历均出现下降。就文化消费时间意愿指数而言,2015 年学历与时间意愿指数呈负相关关系,学历越高,文化消费时间意愿指数得分越低,硕士及以上学历得分最低,为 78.78,这比得分最高的初中及以下学历低 7.52。文化消费时间意愿指数增长率也有类似的负相关关系,学历越低,文化消费时间意愿指数增长率越高,硕士及以上学历、大学本科、大专学历的文化消费时间意愿指数均出现负增长,其中,硕士及以上学历负增长幅度最大,达-15.80%。

　　高学历人群是文化消费的主力,对文化消费的态度更加积极,愿意在文化消费上投入更多;低学历人群的文化程度偏低,文化消费观念相对滞后,整体上愿意花费在文化产品和服务上的支出较少,制约了文化消费需求的提高。但是,近年来文化产品市场精品短缺,相同题材、相同形式、同质化竞争导致文化产品层次性不强,中高学历人群文化消费意愿明显下降。

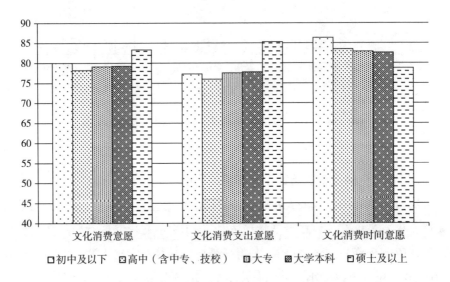

图 2-31　2015 年不同学历居民的文化消费意愿指数分析

(三) 文化消费能力指数受教育程度分析

　　2014—2015 年高学历人群文化消费能力指数均高于较低学历人群,2014 年和 2015 年得分最高均为硕士及以上学历人群,2015 年文化消费能力指数极差为 14.72,比 2014 年(11.06)略有增加。就增长率而言,学历与文化消费能力指数增长呈正相关关系,学历越高,增长幅度越大。2015 年硕士及以上居民的文化消费意愿指数增长幅度最大,为 7.68%,初中及以下最低(3.85%)。具体到二级指标,就文化消费支出能力指数而言,2014—2015 年,高学历人群文化消费支出能力指数得分均高于较低学历人群,2015 年硕士及以上学历的文化消费支出能力指数得分最高,为 92.61,大学本科文化消费支出能力指数增长率最高,为 6.13%,大专最低(1.23%)。就文化消费时间能力指数而言,2014—2015 年不同学历人群的文化消费时间能力指数存在一定的差异,2015 年硕士及以上居民文化消费时间能力指数得分较高,为 87.16,高中、大学本科得分较低,且 2015 年硕士及以上学历文化消费时间能力指数增长率高达21.02%,远高于其他学历人群。

根据弗里德曼"持久收入假定"理论,人们的即期消费虽然主要取决于当期收入,但也受预期收入的影响,预期收入增加,在一定程度上会促进人们的即期消费。在知识经济社会,教育是收入的重要影响因素,学历水平高,不仅能增加这部分人群的当期收入,也能提高其对未来收入的预期,这两方面都可以刺激受访者当前的消费支出。不同学历的人群所从事的工作内容存在一定差别,通常学历较高的人群除了工作之外,还需要参加其他的社交活动,因此可自由支配的时间比较少。

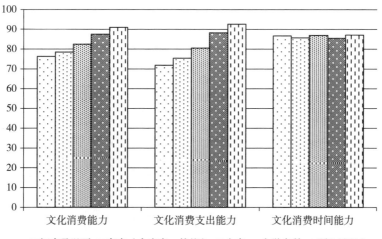

图 2-32　2015 年不同学历居民的文化消费能力指数分析

（四）文化消费水平指数受教育程度分析

文化消费水平与学历呈正相关关系,学历越高,文化消费水平指数表现越突出。2014—2015 年高学历人群文化消费水平指数均优于较低学历人群,2015 年硕士及以上的人群文化消费水平指数得分为 96.41,高出初中及以下的人群 14.29 分。就增长率而言,2015 年初中及以下学历人群文化消费水平指数增长率最高,为 5.40%,高中学历人群增长率最低,仅为 0.23%。具体到二级指标,就文化消费支出水平指数而言,学历越高,文化消费支出水平指数越大,2015 年硕士及以上的文化消费支出水平最高,为 97.66,高出得分最低的初中及以下人群 19.14 分,2015 年硕士及以上人群的文化消费支出水平指数增长率最高,初中及以下最低。就文化消费时间水平指数而言,硕士及以上的人群得分最高,其次是初中及以下,得分最低的是高中学历。与 2014 年相比,初中及以下人群文化消费时间水平指数出现正增长,其他学历人群的文化消费时间水平指数均出现负增长。

高学历人群对文化消费的态度更加积极,对文化消费的意愿更强,同时高学历群体收入水平高,购买力强,文化消费实际支出水平高。高学历人群虽然可支配时间相对较少,但是对文化消费的参与热情更高,因而,高学历人群文化消费实际时间要高于低学历人群。

（五）文化消费满意度指数受教育程度分析

2014—2015 年不同学历人群的文化消费满意度指数存在一定差异,2015 年硕士及以上、大学本科、大专学历人群的文化消费满意度指数得分较高。高中、初中及以下人群指数得分较低。除高中学历人群外,其他学历人群文化消费满意度指数增长率均较高。其中,硕士及以上学历人群增长率最高,达 12.14%。具体到二级指标,文化消费质量满意度、文化消费价格满意度指数特征与文化消费满意度总体特征类似。就文化消费质量满意度指数而言,学历越高,文化消费质量满意度指数越高,增长率也越高,2015 年硕士及以上人群文化消费质量满意度指数得分为 81.47,增长率为 13.46%。就文化消费价格满意度指数而言,硕士及以上学历人群指数得分与增长率均是最高的,相对于 2014 年,硕士及以上学历文化消费质量满意度和文化消费价格满意度指数均有大幅度增长。

随着近年来我国文化产业快速发展,文化产品层次性不断增强,高学历人

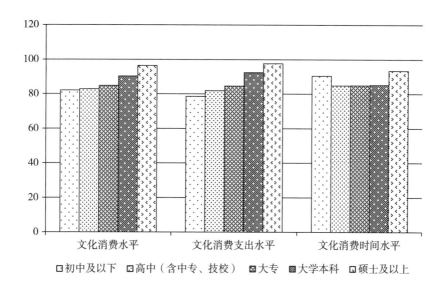

图 2-33 2015 年不同学历居民的文化消费水平指数分析

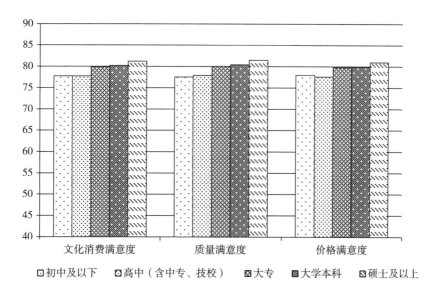

图 2-34 2015 年不同学历居民的文化消费满意度指数分析`

群的需求逐渐得到满足。因此,高学历人群文化消费满意度指数出现较大幅度增长;低学历人群消费的文化产品相对固定,而且这类文化产品近年来性价比不断提高,因此,其文化消费满意度指数也呈现一定程度的上升趋势。

第三章　2013—2014 年文化消费环境分析

　　文化消费环境是影响居民消费行为的重要因素,包含文化、心理、政策、市场、基础设施等多方面内容。近年来,国家为改善文化消费市场环境和文化消费政策环境做出了巨大努力,包括大力扶持文化产业,增加文化产品供给;加大文化消费补贴力度,完善文化基础设施;推进文化金融合作,创新文化服务;等等。

一、文化消费市场环境分析

　　文化消费市场环境是指消费者在进行消费行为时所面临的市场状况,具体表现在市场机制、产品种类、消费渠道、市场秩序等方面。安全、高效、公平、公正的市场环境,既能够保护消费者的合法权益,又能够促进消费的良性健康发展。文化产品种类丰富性、文化产品消费渠道便利性是评价文化消费市场环境状况的重要指标,通过对全国不同地区居民两个指标的调查可以定量反映我国文化消费市场状况。

(一) 文化产品种类丰富性分析

　　在文化产品内容和种类方面,《2014 年国民经济和社会发展统计公报》显示,截至 2014 年年底,全国文化系统共有艺术表演团体 2008 个,博物馆 1760 个,公共图书馆 3110 个,文化馆 3311 个,全年生产电视剧 429 部 15983 集,电视动画片 138496 分钟,故事影片 618 部,科教、纪录、动画和特种影片 140 部,出版各类报纸 465 亿份,各类期刊 32 亿册,图书 84 亿册(张)。在原有传统文化产品的基础上,文化与科技相结合大大丰富了文化产品的种类,新兴文化产品不断涌现。图像、文字、影像、语音等各种元素通过数字技术和各种软硬件载体进行整合、创作、编辑、生产制作及传递,向消费者提供多层次、多类型的文化产品,如网络音乐、网络游戏、数字动漫等。同时,为满足人民群众日益增长的精神文化需求,文化产品开始在表现形式以及创作立意上积极创新,以影视节目为例,明星真人秀、传统文化知识竞赛以及各种形式的有奖竞答节目如雨后春笋,赢得观众青睐。

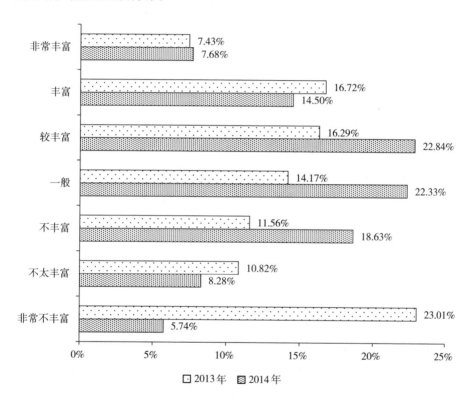

图 3-1　2013—2014年全国文化产品种类丰富性评价

从全国角度来看,在调查居民对文化产品种类丰富性的评价中发现,2014年仅有45.02%的受访者认为当前文化产品种类是丰富多彩的,和2013年(40.44%)相比,比例有一定提升;而认为文化产品种类少、不丰富的受访者占据了32.65%,相比2013年45.39%,比例有很大幅度的下降,其中持非常不丰富这一态度的受访者比例(5.74%)下降较大,降幅达17.27%;但持中立态度的受访者比例(22.33%)较 2013 年(14.17%)也有较大的上升。说明,我国文化产品种类丰富性有了很大的提升,但是仍然无法满足当前消费者的需求。

从区域角度来看,东部地区居民对本地区文化产品丰富性评价整体高于中西部地区。2014 年东部地区有 56.62% 的受访者对文化产品种类丰富性持积极态度,比例高于中部(37.42%)和西部地区(36.95%);在文化产品种类丰富性的负面评价中,东部地区受访者比例则低于中西部地区。具体而言,2014 年对文化产品丰富性评价较高的地区有上海、福建、北京、广东、青海、陕西等地,受访者比例在 60% 以上,其中,上海评价最高,受访者比例高达 77.58%。东部地区文化产业比较发达,尤其是上海、北京地区,文化产品种类各式各样,文化产品(或服务)购买涵盖线上、线下多种渠道,居民足不出户即可利用碎片化时间享受文化产品(或服务)。但是生活在上海、北京地区的居民来自全国各地,其对文化产品(或服务)的需求(包括文化产品种类、销售渠道等)复杂多样,因此,为了进一步提升居民文化消费,东部沿海各地应及时监测居民文化产品(或服务)偏好,实时掌握市场信息,做好应变机制。

表 3-1 2014 年我国部分省、区、市文化产品种类丰富性评价

地 区	非常不丰富	不太丰富	不丰富	一 般	较丰富	丰 富	非常丰富
北 京	2.93%	3.35%	10.04%	17.99%	26.36%	22.59%	16.74%
天 津	0	6.52%	13.04%	30.43%	28.26%	15.22%	6.53%
河 北	2.04%	7.48%	14.29%	24.49%	25.17%	21.09%	5.44%
山 西	6.70%	20.98%	14.73%	25.00%	16.07%	10.27%	6.25%
内蒙古	0	8.33%	30.83%	30.00%	14.17%	9.17%	7.50%
辽 宁	3.13%	14.29%	22.77%	21.88%	18.30%	10.71%	8.92%
吉 林	13.45%	17.04%	22.87%	17.94%	17.94%	4.93%	5.83%
黑龙江	10.85%	9.30%	16.28%	27.91%	19.38%	9.30%	6.98%
上 海	2.42%	1.21%	6.67%	12.12%	30.30%	21.82%	25.46%
江 苏	5.28%	4.29%	15.18%	19.14%	30.03%	15.18%	10.90%
浙 江	3.42%	2.56%	10.26%	24.79%	17.09%	22.22%	19.66%
安 徽	3.43%	20.60%	28.33%	22.75%	15.88%	6.01%	3.00%

续表

地 区	非常不丰富	不太丰富	不丰富	一 般	较丰富	丰 富	非常丰富
福 建	1.33%	6.00%	8.00%	10.67%	24.00%	34.00%	16.00%
江 西	0	4.05%	16.22%	37.16%	25.68%	10.81%	6.08%
山 东	5.88%	3.21%	20.86%	27.81%	18.18%	18.72%	5.34%

从城乡角度来看,城乡在文化产品丰富性的调查中呈现了明显的差异,2013—2014 年城镇地区的受访者对文化产品种类丰富性评价均高于农村,但是较 2013 年,2014 年城乡间对文化产品丰富性评价的差异有所缩小。具体而言,2014 年认为文化产品种类丰富多彩的城镇受访者有 49.03%,高于 2013 年的 40.79%,同样,2014 年农村地区受访者比例是 40.79%,高于 2013 年的 32.97%。在文化产品种类的负面评价中,2014 年农村地区受访者比例高达 40% 左右,而城镇仅有 27.77% 的受访者做出了消极评价。可以看到,2013—2014 年虽然城乡文化产品的丰富性均有所提升,但是 2014 年城镇受访者认为文化产品非常丰富的比例仅为 7.92%,农村受访者比例是 7.42%,说明人民群众的精神文化需求很大程度上并未完全得到满足。

城镇化的快速推进给农村原有的传统精神文化带来了巨大冲击,各种扎根于农村的传统文化资源,如民间工艺、地方戏曲、神话传说、民间美术等随着城镇化的推进与都市文明的挤压,生存空间越来越小,无法实现有效的传承。而农村又由于自然环境、基础设施、生活条件等方面的原因,无法完全接纳城镇文化,导致农村文化生活处于较为尴尬的境地。我国农村居民日常文化消费主要集中在看电视、读书看报、听广播等,文化产品消费较为单一。

(二) 文化产品消费渠道便利性分析

销售是产品生产过程中重要的一环,产品只有被销售出去才能完成其所有权由生产者向消费者的转变,畅通便捷的消费渠道是销售顺利进行的基础。文化企业为提高销售量,积极拓宽销售渠道,政府为促进文化消费不断搭建了各类消费平台,文化产品展销会、传统文化庙会、文化消费季等活动纷纷涌现,受到了广泛的关注。除传统消费渠道外,文化与科技融合开辟了新的文化消费途径,计算机、手机、电视逐渐融为一体,视频、语音技术的迅速发展,4G 网

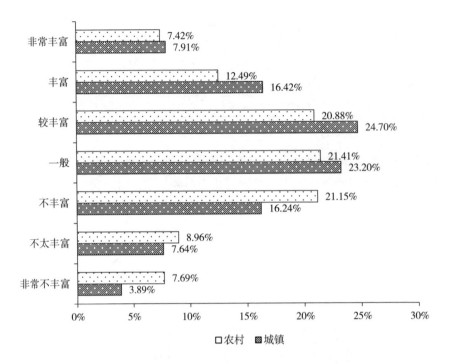

图3-2　2014年城乡居民对文化产品种类丰富性评价情况

络的实现与普及都使得文化消费渠道愈加便捷与通畅。以开放的网络平台为基础,与成熟的电商平台、交易系统相结合,实现网上文化消费,可以很大程度地简化消费程序,节约交易成本。目前,网上购书现象已屡见不鲜,各大电商又纷纷推出网上代售电影票的服务,由于其价格优惠、交易简化、支持在线选座等优势而大受欢迎。智能手机与平板电脑的普及,微信、易信、微博等移动社交媒体的广泛应用使得文化消费越来越简便,人们可利用闲暇、碎片化时间,随时随地进行文化消费。

　　通过调查居民对文化产品消费渠道便利性的评价发现,从全国居民角度来看,2014年有49.31%的受访者对文化产品消费渠道便利性的评价较高,比例略高于2013年(45.54%);2014年认为文化产品消费渠道便利性有待提升的受访者比例为28.63%,较2013年(37.61%)有所下降;但持中立态度的受访者比例有较大幅度提升。要特别指出的是,受访者中认为文化产品消费渠道非常不便利的比例从2013年的16.22%下降到2014年的3.29%,说明我国文化产品消费渠道便利性稳步提升。

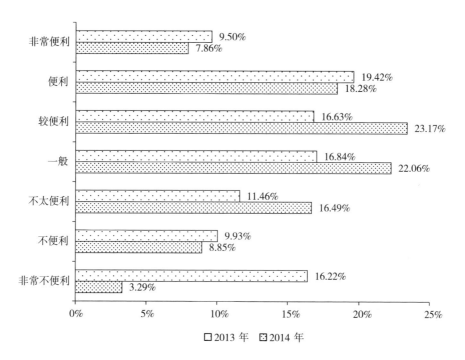

图 3-3　2013—2014 年居民对文化产品消费渠道便利性评价情况

从区域角度来看,东部地区居民对文化产品消费渠道便利性评价高于中西部地区。2014 年东部地区认为文化消费渠道便利为 0 的受访者比例为 61.10%,高于中西部地区,中西部地区的受访者比例分别是 45.69% 和 42.44%;东部地区有 19.20% 的受访者认为文化消费渠道不够便利,比例远低于中西部地区,中西部地区的受访者比例分别是 31.61% 和 33.73%。具体而言,2014 年上海、福建、天津、广东、北京、青海、浙江、江苏、江西、湖北、河北等地,对文化产品消费渠道便利性评价较高,受访者比例均在 55% 以上,其中,上海尤为突出,受访者比例高达 80.61%。

表 3-2　2014 年我国部分省、区、市文化产品消费渠道便利性评价

地 区	非常不便利	不便利	不太便利	一 般	较便利	便 利	非常便利
北 京	3.35%	3.77%	12.55%	14.64%	28.03%	24.69%	12.97%
天 津	0	2.17%	8.70%	21.74%	21.74%	21.74%	23.91%
河 北	2.04%	6.80%	14.29%	21.77%	30.61%	19.05%	5.44%

地　区	非常不便利	不便利	不太便利	一　般	较便利	便　利	非常便利
山　西	3.13%	15.18%	24.55%	13.84%	19.20%	18.30%	5.80%
内蒙古	0	7.50%	33.33%	32.51%	10.83%	7.50%	8.33%
辽　宁	7.14%	6.70%	22.32%	20.09%	18.75%	17.41%	7.59%
吉　林	8.97%	19.73%	16.14%	17.49%	18.39%	13.00%	6.28%
黑龙江	1.55%	8.53%	13.95%	33.33%	25.58%	10.08%	6.98%
上　海	0	3.64%	3.64%	12.11%	35.15%	30.91%	14.55%
江　苏	1.98%	10.23%	8.91%	22.78%	24.42%	22.44%	9.24%
浙　江	2.56%	3.42%	6.84%	27.35%	7.69%	23.93%	28.21%
安　徽	2.15%	6.87%	20.60%	29.18%	22.32%	15.88%	3.00%
福　建	0	6.67%	10.00%	7.33%	17.33%	40.00%	18.67%
江　西	0	0.68%	22.97%	20.27%	28.38%	20.27%	7.43%

从城乡角度看,2013—2014 年城镇受访者对文化产品消费渠道便利性评价均高于农村,2014 年城镇地区认为文化产品消费渠道相对便利的受访者比例为 54.32%,略高于 2013 年(50.89%);2014 年农村地区认为文化产品消费渠道相对便利的受访者比例为 44.06%,低于同年的城镇受访者比例 10 个百分点,但高于 2013 年(38.58%)。农村地区文化消费的一个重要制约因素就是基础设施缺乏,公共文化设施不但存在数量不足,而且还存在结构失衡、供求错位的问题,许多农家书屋、文化活动室等大量闲置,文化设施大多集中于一次性投入,缺少后续维护和管理文化设施的经费,重投资轻管理,造成了供给效率不高的现象,导致许多文化活动无法开展。因此,加大农村文化设施和服务网络的投入、提高文化消费渠道的便捷程度,是提高农村文化消费的必然选择。

二、文化消费政策分析

消费是经济增长的重要"引擎",是我国经济发展的巨大潜力所在。扩大居民消费需求既有利于经济增长,又有利于民生。党的十八大报告指出,要牢牢把握扩大内需这一战略基点,加快建立扩大消费需求长效机制,扩大国内市

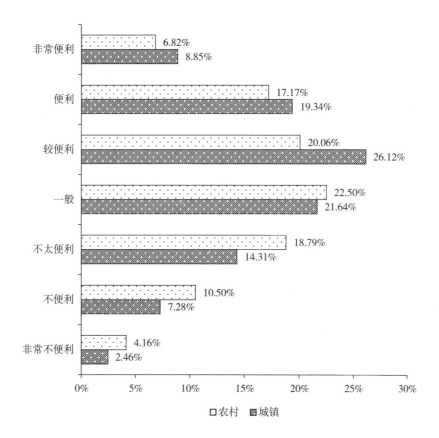

图 3-4　2014 年我国城乡居民文化产品消费渠道便利性评价

场规模。而文化消费是消费的重要组成部分,是文化产业价值链的终端环节,既是文化产业发展的现实基础和动力,又是文化产业、文化事业发展的目的和动力,它将在推动经济发展中扮演越来越重要的角色。

(一) 文化消费政策梳理

为促进我国居民文化消费,中央和地方政府分别做出了许多努力,制定或出台了各项政策或措施,取得了一定的积极效果。下面我们从中央和地方两个层面对文化消费政策或者措施进行梳理。但由于种种原因,仍然有许多需要完善的地方。

1. 中央政策指导文化消费发展

为促进居民文化消费,我国政府各相关部门从多方面着手出台各项政策或措施指导文化消费。2012年2月,文化部在《"十二五"时期文化产业倍增计划》中指出,要把扩大文化消费作为扩大内需的重要组成部分,建立扩大文化消费需求的长效机制,以优质、丰富的文化产品和服务吸引消费者,增加文化消费总量,提高文化消费水平,增强文化产业发展的内生动力,满足人民群众不断增长的精神文化需求。并提出要从培育文化消费习惯、改善文化消费条件、促进文化消费升级等方面促进我国居民文化消费。同年5月,文化部出台的《文化部"十二五"文化改革发展规划》在推进基本公共文化服务均等化中提出了促进文化消费的建议:加强面向特定地域、特殊群体的文化关怀,对一些特殊群体通过政府补贴、发放文化消费券等措施,提高公共文化供给能力。

在金融促进文化消费方面,2014年3月,文化部、中国人民银行、财政部联合发布的《关于深入推进文化金融合作的意见》提出,鼓励金融机构开发演出院线、动漫游戏、艺术品互联网交易等支付结算系统,鼓励第三方支付机构发挥贴近市场、支付便利的优势,提升文化消费便利水平,完善演艺娱乐、文化旅游、艺术品交易等行业的银行卡刷卡消费环境。探索开展艺术品、工艺品资产托管,鼓励发展文化消费信贷。鼓励文化类电子商务平台与互联网金融相结合,促进文化领域的信息消费。

在扩大文化消费市场需求方面,2014年3月,《国务院关于推进文化创意和设计服务与相关产业融合发展的若干意见》指出,加强全民文化艺术教育,提高人义素养,推动转变消费观念,激发创意和设计产品服务消费,鼓励有条件的地区补贴居民文化消费,扩大文化消费规模。同年8月,文化部、财政部出台的《关于推动特色文化产业发展的指导意见》指出,完善特色文化产品营销体系,创新营销理念,发展电子商务、物流配送、连锁经营等现代流通组织和流通形式,依托社交媒体等网络平台,拓展大众消费市场,探索个性化定制服务,为消费者提供多渠道、多样化的文化产品。

为探索建立扩大文化消费的长效机制,研究促进文化消费的政策措施,2015年由文化部、财政部共同实施,由中国社会科学院文化研究中心、武汉大学国家文化财政政策研究基地和中国人民大学创意产业技术研究院具体执行拉动城乡居民文化消费试点项目。该项目在全国东部和中西部分别选取试点先期进行探索,东部选择北京市为试点,探索以O2O大数据平台拉动居民文化消费,中西部分别选择安徽合肥市、湖北武汉市武昌区和贵州省遵义市汇川区试点居民文化消费补贴政策。

在公共文化服务方面,2015 年中共中央办公厅、国务院办公厅印发了《关于加快构建现代公共文化服务体系的意见》,指出要增加公共文化服务发展动力,在公共文化服务体系建设中统筹考虑群众的基本文化需求和多样化文化需求,通过广泛开展公益性文化艺术活动,鼓励在商业演出和电影放映中安排低价场次或门票,以及积极发展与公共文化服务相关联的教育培训、体育健身、演艺会展、旅游休闲等内容,扩大和提升居民文化消费需求。

2. 地方政策助力文化消费

近年来,在文化产业快速发展的带动下,文化消费成为日益活跃的消费热点。北京市作为全国文化中心,先后出台一系列促进文化消费的政策措施,领跑全国。为激活市场,繁荣文化,北京市先后举办了三届北京惠民文化消费季,截至 2015 年 11 月 10 日,第三届惠民文化消费季累计消费人次 4857.41万,消费金额达 112.1 亿元。与第二届消费季相比,消费人次增加 1084.92万,增长 28.8%,消费金额增加 10.3 亿元,增长 10.1%。通过进一步挖掘和盘活文化消费资源,加大文化消费新供给,拓展文化消费新空间,消费季有效提升了首都居民文化消费意识和北京文化市场活力,实现了社会效益和经济效益双丰收。相比之下,其他省市区域在文化消费政策的出台及执行上略显不足,相关措施明显缺失。

在战略规划方面,2015 年 2 月,《北京市人民政府关于促进文化消费的意见》作为全国首部专门针对文化消费的省级地方政策,围绕"市场主导,政府推动""需求引领,创新驱动""融合发展,产业联动""资源共享,辐射带动"四项原则,提出了加强文化消费供给、培育文化消费理念、引导文化消费行为、丰富文化消费业态、拓展文化消费空间五个方面的重点任务,并通过一系列有力的扶持政策和保障措施加以支撑。2015 年 4 月,中共泉州市委宣传部等 5 个单位联合印发了《关于进一步促进文化消费的意见》,该意见指出力争到 2020年,文化消费市场体系更加健全,文化产品和服务更加丰富,文化消费环境更加完善;全市文化消费总量、人均文化消费支出和消费满意度稳步提升,文化消费年均增速力争达到 10%以上,成为新的经济增长点;2014 年,江西省出台《关于加快发展文化创意产业若干政策措施》,在提供资金投入、拓宽融资渠道、税费支持、土地供应、人才支撑等 8 个方面为文化创意产业的发展提供优惠政策,进一步增加文化供给;2014 年 10 月,武汉市出台 30 条"真金白银"的政策助推文化消费,涉及财政与税收、投资与融资等八个方面。2015 年 9 月,河北省出台的《关于进一步促进和扩大消费的意见》中,提出促进文化消费,培育发展文化创意、动漫游戏、数字内容产业等新型文化业态,实施旅游消费倍增计划,启动"第二届河北国民旅游休闲优惠季"活动,促进旅游消费,加大资金扶持力度,重点培育北国如意购、廊坊 366、邢台家乐园、邯郸美食林和承德宽广购等本土化网络零售电商龙头企业,进一步优化供应链管理,提升用户消费体验,实现线上线下资源优势互补和应用协同,开展多元化营销,引导网络消费回流。

在基础设施建设方面,众多省份将促进文化消费提升到发展战略的高度,如重庆加快构建"442"文化产业发展体系,力争到"十二五"期末形成"一核两带多节点"的总体构架;海南省支持建设规划规模化、集聚化、专业化程度高的省级以上文化产业园区、示范基地和文化主题公园项目;2012 年年末,上海基本实现了"十一五"提出的"15 分钟公共文化服务圈"的建设目标,中华艺术宫、上海当代艺术博物馆、上海儿童艺术剧场等相继对外开放,成为上海市民欣赏、学习和交流文化艺术的高端平台。

在公共文化服务方面,2013 年以来,北京市举办了三届惠民文化消费季,为消费者提供市场价值巨大的惠民优惠;2014 年,首届安徽文化惠民消费季活动共吸引 130.32 万人次参与,发放财政补贴 1000 万元,直接拉动文化消费 2.19 亿元;天津市连续多年实施文化惠民工程,让文化发展的成果惠及百姓;吉林省在搭建文化消费平台的同时,全面打造文化旅游传媒平台;2013 年,上海在公共文化场所实现无线覆盖,在社区文化活动中心内设置上海旅游 e 点通触摸屏。同时,北京、石家庄、天津、上海、南通、山东等地相继推出了文化惠民卡,为广大居民文化消费提供了极大的优惠和便利。除此之外,京津冀地区还推出了京津冀旅游一卡通,陕西省规划搭建公共文化云推送平台,平台自 2014 年起,计划两年内完成搭建,五年内基本形成新媒体技术和网络服务为主体的完整体系,为广大群众了解文化信息、获取文化资讯、参与文化互动提供广阔的平台。

在文化业态方面,辽宁省大力发展温泉旅游、沟域旅游和乡村旅游,并且积极培育数字媒体、动漫游戏、文化创意等新兴业态,引入竞争机制,做强剧场联盟,组建演艺联盟,繁荣活跃演艺市场;浙江省积极引导国有影视播放机构对原创动漫产品的采购,促进动漫产品与电视电影播放、工艺品设计、图书音像出版的结合。同时,加大政府对手机网络内容制作与播放等自主研发的新兴文化产品的采购力度,积极争取更多新兴的文化产品进入国家《政府采购自主创新产品目录》;广西力争打造好中国——东盟非物质文化遗产节、南宁国际民歌艺术节、桂林国际动漫节等节庆精品,拉动文化消费;海南致力于举办国内一流、国际著名的大型文化活动、体育赛事以及填补海南产业空白的文化产业项目等;广西利用历史文化名城名镇名村以及获命名的"中国民间文化艺术之乡"发展特色文化旅游,走差异化发展文化旅游道路。

在财政补贴方面,福建省实行转移支付文化消费直补,加快城乡文化一体化发展。除此之外,提高财政性教育经费,制定文化产品和服务价格指导政策,健全科学合理的文化产品价格形成机制,加强文化产品价格监管;武汉市自 2013 年起,市财政每年安排不少于 2 亿元文化产业发展专项资金,且随市级财力增长情况相应增加,采取贴息、补助、奖励等方式,支持文化产业发展;从 2012 年到 2015 年,广东逐步提高省级财政预算专项资金的额度,帮助欠发达地区完成基层文化设施全覆盖任务,同时给予全省城乡低保户每人每年一定的文化消费定额补贴;山东省推行"文化消费补贴计划"和"国民文化消费卡工程",引导形成中高低端分众化的文化消费增长点。

在文化消费的过程中,通过相关政策来调控和干预文化消费,具有如下本质性特征:一是政策本身体现出强烈的规范性,有利于建构社会文化消费秩序;二是行为表现为政府或社会权力组织对文化消费的干预,目的是调整市场资源配置、引导市场行为、提升市场效率;三是作用对象限定于特定的文化消费领域。包括文化消费市场的各相关主体、消费对象以及消费关系;四是相对于法律、习俗等其他社会规范,文化消费政策具有较强的针对性、时效性、适应性和强制性,在调控文化消费方面具有明显的制度优势。

(二)文化消费政策实施效果分析

文化消费政策的实施效果是检验文化消费政策科学性、合理性的重要标准,主要包括居民对文化消费政策的了解程度,以及是否切实享受到文化消费政策带来的便利和优惠。

1. 文化消费政策了解程度

在对文化消费政策了解程度的调查中,2014 年有 33.46% 的受访者对文化消费政策有一定程度的了解,这一比例相对于去年(45.77%)有较大幅度下降。2014 年对文化消费政策不够了解的受访者占总受访者的 44.89%,相对于去年(34.67%)来说有一定程度的增加。说明我国居民对文化消费政策的整体了解依然不足,这可能与居民对文化消费的习惯、理念以及政策宣传力度有关。

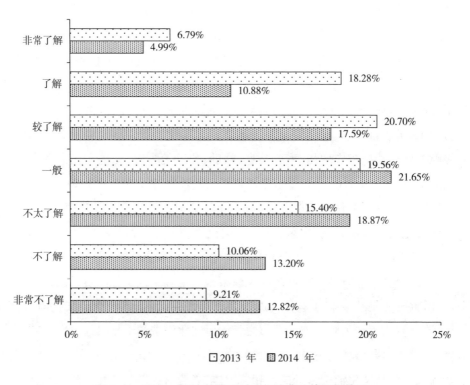

图3-5　2013—2014 年居民对文化消费政策了解情况

通过调查各地居民对当地文化消费政策的了解情况,2014 年东部地区有将近一半的消费者对文化消费政策比较了解,而中部、西部地区分别只有26.63%、31.50%;中部、西部地区均有一半左右的受访者对文化消费政策不够了解。2013 年东部地区有 39.65% 的受访者对文化消费政策比较了解,这说明 2014 年东部地区居民对文化消费政策的了解程度有一定程度的提高;

2013年中部和西部地区分别有46.18%和46.79%的受访者对文化消费政策比较了解,这说明2014年中部、西部居民对文化消费政策的了解程度下降。具体到全国31个省、区、市,2014年上海、浙江、福建、西藏、陕西等地有一半以上的受访者对当地文化消费政策比较了解,其中,福建最高,有72.00%的受访者对当地文化消费政策比较清楚。近年来,福建省高度重视文化建设,加大了对文化事业的经费支持,并出台了"文化惠民"演出的财政补贴政策,6家省属院团每年各推出100场低票价公益性惠民演出,省财政给予1200万元补贴。这些重要的文化惠民政策,吸引了大批观众走进剧场观看演出,走进文化站读书看报。但仍有许多地区的居民对文化消费政策不够了解,中西部地区个别省份有一半以上的受访者对当地文化消费政策不够了解。我国文化消费政策了解程度存在地区差异,一方面,是由于西部地区居民收入较低,文化消费意愿不高,因此对文化消费政策关注程度不高;另一方面,中部、西部地区性文化消费政策比东部地区要少,而且政策制定后并没有很好地推广,因此,中西部地区居民对文化消费政策的了解程度较低。中西部地区相关部门应该贯彻中央的精神,结合本地实际,积极制定相应的文化消费政策,并在居民中切实宣传、推行这些政策,提高这些政策的普及程度,提高居民对文化消费政策的了解程度,进而促进整个地区的文化消费。

表3-3　2014年部分省、区、市居民对文化消费政策的了解情况

地　区	非常不了解	不了解	不太了解	一　般	较了解	了　解	非常了解
北　京	10.88%	12.97%	16.32%	17.15%	24.69%	13.39%	4.60%
天　津	8.70%	0	19.57%	26.08%	17.39%	17.39%	10.87%
河　北	6.80%	10.20%	14.97%	21.77%	25.17%	15.65%	5.44%
山　西	21.43%	24.11%	12.50%	10.27%	16.96%	12.05%	2.68%
内蒙古	24.17%	21.67%	23.33%	13.33%	8.33%	4.17%	5.00%
辽　宁	10.71%	9.82%	20.54%	24.11%	18.75%	9.82%	6.25%
吉　林	23.32%	20.63%	17.49%	19.28%	13.90%	2.69%	2.69%
黑龙江	10.08%	20.16%	18.60%	17.06%	18.60%	9.30%	6.20%
上　海	7.27%	3.64%	10.91%	24.85%	26.06%	20.00%	7.27%
江　苏	11.55%	8.58%	15.84%	30.37%	20.13%	10.23%	3.30%
浙　江	5.13%	5.13%	7.69%	30.77%	11.11%	17.09%	23.08%

地　区	非常不了解	不了解	不太了解	一　般	较了解	了　解	非常了解
安　徽	2.58%	6.44%	15.45%	27.03%	27.04%	16.74%	4.72%
福　建	2.00%	4.67%	9.33%	12.00%	16.00%	29.33%	26.67%
江　西	12.84%	16.89%	21.62%	30.41%	9.46%	2.70%	6.08%
山　东	9.09%	11.23%	22.46%	16.05%	21.39%	14.97%	4.81%
河　南	21.56%	19.38%	18.75%	24.05%	14.38%	0.63%	1.25%

就城乡而言,横向来看,2014 年城镇居民比农村居民对文化消费政策更为了解。城镇地区对文化消费政策有一定程度了解的受访者占 36.37%,高于农村地区(30.41%);农村地区有一半以上的受访者对文化消费政策不够了解,而在城镇只有 40.01%。纵向来看,2014 年城乡居民对文化消费政策的了解均有一定程度的降低,其中,城镇下降尤其明显。城乡居民对文化消费政策了解程度的差异,主要与习俗观念、生活水平以及居民自身条件有关。例如,受基础教育、居民文化水平等因素的制约,文化活动在农村日常生活中所占比重偏小,农村居民对文化消费政策关注度不高。

2. 文化消费政策普及程度

从文化消费政策普及程度来看,总体上,2014 年全国有超过 70% 的受访者表示未享受过文化消费福利,我国相关部门亟需制定并推行相关政策,提高文化消费福利有效性和优惠力度。

2014 年东部地区有超过 30% 的受访者享受过文化消费福利,中部、西部地区则分别仅有 24.99% 和 22.79% 的受访者享受过文化消费福利;东部、中部、西部享受过文化消费福利的受访者占总受访者的比重相比上年都出现一定程度的下降。具体到省份,2014 年几乎所有省、区、市的文化消费福利普及度都在一半以下,只有浙江和福建有超过一半的受访者表示享受过文化消费福利。福建享受过文化消费福利的受访者比例位居全国第一,为 58.67%,普及程度相对较高,而且相对于上年(40.57%)有大幅度上升。政策的宣传和实施是政策普及的前提,居民对政策的认可度与政策本身的可行性息息相关,部分省、区、市在文化基础设施建设、文化平台搭建、文化消费产品规划等方面做了很多卓有成效的工作,但是落实到居民对享受文化消费福利的认可度上,

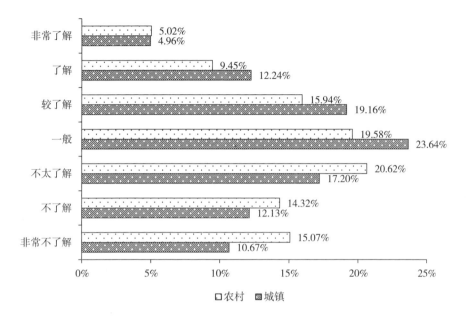

图 3-6 2014 年城乡居民对文化消费政策的了解程度

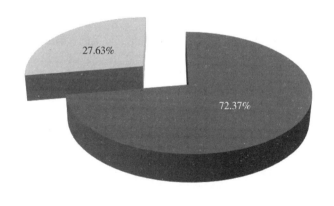

图 3-7 2014 年居民享受文化消费福利情况

相对偏低,这说明相关部门在政策宣传及政策落实上有待加强。

3. 文化消费政策影响

在文化消费政策对居民影响方面,2014 年有 38.42% 的受访者认为文化消费政策具有一定程度的影响力,这一比重相对 2013 年有一定幅度的下降。

有超过 40% 的受访者认为文化消费政策影响不大。

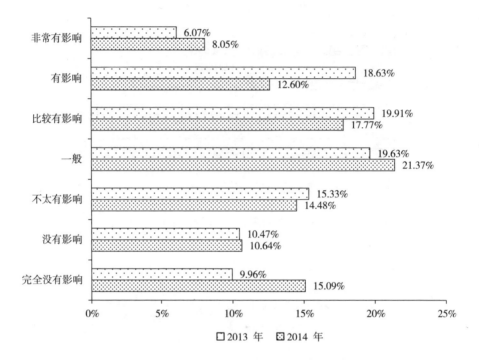

图 3-8　2013—2014 年居民对文化消费政策的影响度评价

　　就区域而言,2014 年东部地区有 45.80% 的受访者认为文化消费政策有一定程度的影响,这一比重高于中部及西部地区。2014 年只有天津、浙江、福建、贵州、陕西 5 个省份有超过一半的受访者认为文化消费政策有一定影响,就城乡而言,2014 年有超过 40% 的城镇受访者认为文化消费政策有一定影响,而农村地区则有 35.17% 的受访者对文化消费政策的影响持积极态度。

　　居民对文化消费政策的相关评价整体上来说不是很乐观,原因是多方面的,部分地区对居民文化消费不够重视,文化消费福利不足,且文化消费供需未实现有效对接,加之居民受生活水平、消费观念等影响,对文化产品和服务不是很感兴趣,因此文化消费政策没有达到很好的实施效果。

(三) 文化消费补贴分析

　　《文化部"十二五"时期文化改革发展规划》指出,要鼓励各地实施文化消费补贴制度,有条件的地方要为困难群众和农民工文化消费提供适当的补贴。为了贯彻落实中央文化消费政策,各地区推行了多种文化消费补贴措施。

1. 文化消费补贴方式

在针对文化消费补贴方式的调查中发现,2013—2014 年,100—200 元的储值卡均是比较受消费者欢迎,但 2014 年受访者比例相比上一年有一定的减少,相应的打折卡和返利补贴逐渐受消费者欢迎,2014 年三种消费补贴方式的偏好选择差异不大,均在 50%以上。

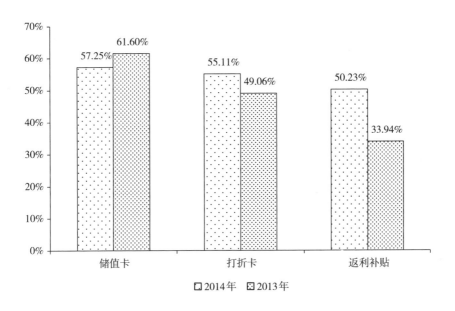

图 3-9　2013—2014 年文化消费补贴方式偏好情况

就城乡而言,2014 年,无论是城镇居民还是农村居民,100—200 元的储值卡均是最受欢迎的,其次是打折卡,最后是返利补贴,2013 年居民对文化消费补贴方式的偏好与 2014 年基本相同。

就区域而言,东中西部地区对于消费补贴方式的偏好与城乡类似,且选择三种补贴方式的受访者比例相差不大。具体到省份,北京、辽宁、福建、河南、湖南等地均呈现上述特征,且有超过 60%的受访者希望直接获得储值卡;而山西、吉林、安徽、四川等地受访者优先偏好于打折卡,其次是储值卡,最后是返利补贴。

上述调查结果说明,总体而言,居民比较喜欢直接性的补贴方式,但是现

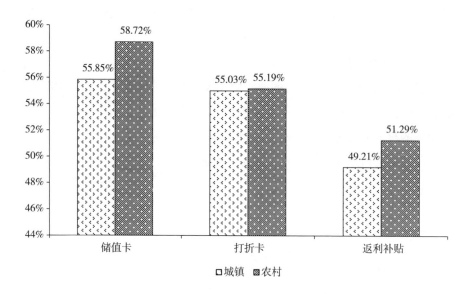

图3-10　2014年城乡居民文化消费补贴方式偏好情况

金补贴可能会扭曲市场,不利于市场健康发展,要谨慎使用现金补贴。打折卡、返利补贴等方式可以在较长时期内促进居民文化消费,有利于培养居民文化消费习惯,进而拉动长期的经济增长。不同地区政府相关部门应该制定相关政策,在东部地区、城镇地区较多采用打折卡、返利补贴等形式,既促进居民长期的文化消费,又避免扭曲发展本就不充分的文化消费市场。在西部地区以及较为贫困的农村地区,可以采取直接现金补贴的形式,促进居民文化消费。

2. 文化消费补贴的产品偏好

　　在"居民希望将补贴用于哪些文化产品消费"这一项的问题调查中,2014年文化产品消费偏好顺序依次是电影,文化旅游,广播电视,图书、报纸、期刊,文化娱乐活动,文艺演出,网络文化活动,游戏,工艺美术品和收藏品,动漫。与2013年相比,电影、文化旅游和文化娱乐活动的排名有所上升。

表3-4　2013—2014年文化消费补贴的产品偏好情况

排　名	2014 年	2013 年
1	电影	图书、报纸、期刊
2	文化旅游	电影

排　　名	2014 年	2013 年
3	广播电视	文艺演出
4	图书、报纸、期刊	文化旅游
5	文化娱乐活动	广播电视
6	文艺演出	文化娱乐活动
7	网络文化活动	网络文化活动
8	游戏	工艺美术品和收藏品
9	工艺美术品和收藏品	游戏
10	动漫	动漫

三、文化消费环境问题与建议

（一）问题总结

当前,我国文化消费环境存在的问题主要表现在文化产品水平低、价格高,文化消费市场机制不健全等,具体表现为:

1.文化产品无法满足居民文化消费需求

我国文化产品在种类和数量上都有了很大的规模,文化产品供给量有了较大提升,但是目前仍无法满足居民的文化消费需求。主要表现在以下几个方面:

第一,文化产品内容缺乏内涵。随着文化体制的改革,文化产品质量有了较大的提升,但是文化产品在内容上缺乏竞争力,在十大文化产品提升的关键因素调查中,受访者认为除文化娱乐活动、文化旅游、工艺美术品和收藏品外,其他7类文化产品内容亟需提升;此外,在国内外文化产品对比分析中,国外电影、动漫等产品在中国市场占据了很大份额,可以看出当前我国文化产品内容普遍存在较大问题,许多文化产品附加值比较低,内容缺乏内涵,核心竞争力不足。我国是文化资源大国,地域特色、民族特色独具一格,但是在资源开发、内容创新方面落后于发达国家。反观国外对我国的文化资源有很大的利用,例如,美国的《功夫熊猫》借鉴了我国博大精深的功夫文化,日本的《七龙珠》则采用了我国经典的西游记文化,且创作非常成功。文化产品兼具商业和文化两部分属性,一些企业出于商业利益,生产过度娱乐化、低俗化的产品,产品承载的文化内涵不足;而且,许多企业文化品牌建设意识欠缺,不注重特色文化产品的培育。

第二,文化产品缺乏多样性、创新性。近年来,我国各类文化产品生产规模逐渐扩大,2013年各类电影总产量达824部,年均复合增长率接近6%,全国艺术表演团体演出165.11万场,同比增长22.3%。文化产品数量之大,但是具有创新性的作品却很少。我国文化产品整体创新活力不足,有些人存在急功近利的思想,把文化产业当成文化政绩,产生此现象的一部分原因是知识产权保护力度不足,在针对一项文化科技融合的调查中,许多文化科技企业反映,知识产权受侵犯是当前发展遇到的重大问题之一。国内近些年山寨、抄袭、剽窃、盗版等侵犯知识产权的现象层出不穷,创新成本高盗版成本低、创新收益低盗版收益高的利益怪圈,打击了文化原创者的自信,也助长了抄袭盗版者的嚣张,如此环境下,出现文化产品不敢创新,不能创新的奇怪现象。此外,由于受外来文化的冲击,"拿来主义"文化产品大受欢迎,比如近来比较热播的节目,《爸爸去哪儿》《我是歌手》《全能星战》《中国好声音》《中国达人秀》等,都是国外引进的电视节目模式,其节目版权和模式都是十足的"外来品",而许多珍贵的民间艺术产品却面临自生自灭的窘境。并且,文化产品同质化严重,没有进行市场细分,无法针对不同受众群体提供相应产品,真正能够获得市场认可的产品寥寥无几,资本的逐利性,使投资商倾向于热门文化项目的投资,导致产品类型少,精品少,抄袭严重,粗制滥造。

2. 文化消费市场机制不健全

我国文化消费起步晚,文化市场还不够成熟、不完善,主要表现在:第一,文化消费市场监管机制不健全,当前我国文化市场秩序不够规范,一些非法出版物、黄色书刊和音像制品等垃圾出版物屡禁不止,网络文化的兴起又带来新问题,色情、赌博、暴力、愚昧、迷信等内容充斥其间。但目前我国文化消费市场存在相关法律不健全,许多重要的、基本的法律还没有出台,对于市场违法行为,打击力度和惩罚力度不大,执法不严、力量分散等问题,此外,文化市场存在多头管理,中央实行分业管理体制,由文化部、国家新闻出版广电总局、中宣部、中国文联等不同部门分管不同行业,但是副省级以下实行各行业合并在一起的融合式管理体制,造成中央和地方管理上的不对应,给地方政策实施和日常管理带来很大不便。第二,文化产品价格形成机制偏离市场。当前我国文化产业距离全面市场化仍有很大的距离,伴随着文化产品价格的定制存在许多随意行为,文艺演出票价尤为明显,大量礼品票、赠票拉高了演出费用,同时表演者漫天要价、场租费、广告费、舞台费等不断飞涨,演出票价持续飙高,严重脱离市场,成为奢侈品消费。

3. 公共文化服务水平有待提升

近年来,我国公共文化建设投入稳步增长,覆盖城乡的公共文化服务设施网络基本建立,公共文化服务效能有了明显提高,但是公共文化服务仍有许多方面存在不足。第一,公共文化服务与居民的需求不对等,有许多公共服务并不是广大居民真正所需求的,致使文化资源利用率低,浪费严重。以农家书屋为例,农家书屋是政府有关部门为满足公众读书看报需求于 2007 年实施的文化惠民重大工程。截至 2012 年,全国已建成 601 多万农家书屋,光明日报调查发现,走访的 14 个行政村中有 11 个村的农家书屋不是大门紧闭,就是无人问津。第二,不同地区、不同群体的文化需求存在较大的差异性,公共文化服务采用"一刀切"的方式,无法实现效果最大化,北京在促进文化消费方面做出的努力可谓之大,连续举办三届惠民文化消费季,并且是全国唯一出台文化消费专项政策的地区,但是通过调查发现,北京地区仅有 28.8% 的受访者享受过文化消费福利,和其他省市相比,并不具有任何优势。第三,公共文化服务资源不均衡。近来中央加大了农村地区、贫困地区的文化服务投入力度,但是距离实现公共文化服务均等化仍有很大距离。

4. 文化消费政策缺失严重

当前我国文化消费政策散见于各种政策文件中,缺乏高层次、总体性、整合性的文化消费政策。专门、系统、规范的文化消费政策文件基本没有,截至 2016 年年初,地区性文化消费专项政策仅有北京、泉州等少数几个省份。而且其他散落于各种政策文件中的文化消费政策文字数量少,内容较为原则,缺乏具体手段的描述。此外,与其他政策相比,文化消费政策的主要任务、工作目标、具体手段等内容不够明确。比如,文化消费政策在哪些文化消费领域着力,采用哪些行之有效的政策手段等问题还缺乏深入的理解,在政策分工和责任落实方面更是没有形成统一的部署和职能协调,因此没有形成政策合力①。

(二) 建议

结合我国文化消费环境发展情况,本报告从提升公共文化服务水平、提高文化产品质量、完善市场机制等方面,提出几点建议。

1. 实行文化产业的供给侧改革

第一,激发文化产品创作活力,提高文化产品内容质量。加强知识产权保护,建立完善的知识产权保护体系,完善知识产权制度,积极营造良好的知识产权法治环境、市场环境、文化环境,完善知识产权交易,促进知识产权有效流通;建立文化产品创新激励机制,开展文化内容创新工程,比如举办文化产品创意设计大赛,对优秀作品给予一定的奖励,为提升文化产业创意水平,2014年文化部、财政部启动了文化产业创业创意人才扶持计划,有643件优秀创意作品入库;加强文化创意人才培养,文化企业可与高校、培训机构等合作,定期培训,提高员工创新能力。

第二,加强文化品牌战略。树立文化品牌意识,加强文化品牌战建设,促进文化品牌战略,提升文化企业软实力。组建专门机构或人员用于文化品牌建设工作,实施文化品牌战略,充分挖掘特色资源,以特色文化为主体,生产定制化产品,提升文化产品内涵。

第三,生产适销对路的文化产品。不同的消费对象,文化消费需求不同,应将市场细分化,采取文化产品个性化、差异化战略。以消费者需求为导向,增加居民文化产品种类,生产满足不同消费需求的文化产品。

2. 完善文化市场管理机制

第一,建立权责明晰的市场管理体系,增强文化消费市场主体竞争力,避免多头管理中出现的混乱无效。比如,拓展出版、发行、影视、一般国有文艺院团改革成果,推动已转制文化企业完善法人治理结构;把报刊结构调整、治散治滥、转企改制与推动报刊资源整合结合起来,建立健全报刊准入和退出机制;积极推进重点新闻网站转企改制,借鉴商业网站经营方式,不断提高竞争力、增强影响力;加强文化生产要素市场建设,有序发展文化产权、版权、人才、

---

① 郑鈜:《我国文化消费政策的缺失与治理》,《学术论坛》2013 年第 9 期。

技术、信息等要素市场,建立健全文化资产评估体系和文化产权交易体系,发展以版权交易为核心的各类文化资产交易市场;加强文化行业组织和中介机构建设,积极发展版权代理、文化经纪、评估鉴定、技术交易、推介咨询、投资保险、担保拍卖等各类文化市场中介服务机构。

第二,鼓励文化产品多样化发展,构建开放多元化的文化市场发展格局。比如,降低社会资本进入门槛,以技术、品牌、知识产权等生产要素作价参股,或采取投资、控股、收购、兼并等形式参与国有文化企业重组,参与重大文化产业项目实施和文化产业园区建设;允许以控股形式参与国有影视制作机构、进入文艺表演团体、旅游文化服务、艺术品经营、动漫和网络游戏和电影院线及出版物分销等领域,并享受与国有文化企业同等待遇;支持各种形式小微文化企业发展,鼓励小微文化企业走"专、精、特、新"的路子,重点支持有核心竞争力和发展潜力的小微文化企业进入创业板上市融资,逐步做大做强。

第三,完善市场监管机制,加大惩罚力度,完善针对文化消费的法律规范以及价格形成机制,建立一体化市场。优化文化消费环境,加强知识产权运用与保护,健全文化产品评价体系。比如,改进政府支持文化产业的方式,扩大有关文化基金和专项资金规模,重点扶持文化创新和精品生产、具有示范性和导向性文化产业项目研发;加强以版权为核心的知识产权保护力度,支持文化产品和服务的专利申请、商标注册、版权登记,依法惩处盗版、非法出版、非法营销等侵犯知识产权的行为,维护著作权人合法权益;严格执行文化市场准入和退出机制,建立健全质量认证体系,完善相关登记备案和年检制度,最大限度地减少不合格的文化产品进入市场;深入开展"扫黄打非",健全文化市场综合执法机构,理顺互联网管理体制,尽快形成依法经营、违法必究、公平交易、诚实守信的文化市场秩序。

3. 提升公共文化服务水平

第一,创新公共文化服务机制,完善公共文化设施。以国家公共文化服务体系示范区建设为抓手,进一步强化地方党委、政府主导责任,努力突破体制障碍,盘活文化资源,加大跨部门、跨领域、跨系统文化项目的交流与合作。建立多层次文化产品和要素市场,大力推动金融资本、社会资本、文化资源相结合,继续完善图书馆、博物馆等基础公共文化设施,加大贫困投入力度,实现基层公共文化资源综合利用,服务均等,共建共享。比如,大力推进全国文化信息资源共享工程,加强少数民族语言数字资源译制工作;建立公共电子阅览室,为基层群众特别是广大青少年提供内容健康、服务规范、环境良好的公益性互联网服务;发展图书报刊、电子音像制品、演出娱乐、电影电视剧、动漫游戏等传统文化产品市场,培育大众性文化消费市场,开拓农村文化市场;加快建设一批大型现代文化流通企业和若干国家级文化产品物流基地,鼓励文化企业利用电子商务等先进物流技术开展第三方物流服务。

第二,加大公共文化产品和服务供给力度,广泛开展群众性文化活动。继续推动文化馆(站)、博物馆、图书馆、美术馆、纪念馆向社会免费开放。以农民、进城务工人员、老年人、未成年人、下岗失业人员、低收入人群、残障人群等群体为对象,通过政府补贴、发放文化消费券等措施,提高公共文化供给能力。同时,推出一批优秀的、具有可持续发展价值的文化品牌。以群众文化需求为导向,鼓励广大文化工作者生产创作一批深刻反映时代精神,具有浓厚生活气息和较高艺术价值,为群众喜闻乐见的文化精品剧(节)目,并加强推广力度。

第三,创新方式方法,打破地域限制,加强区域化合作,实现区域良性互动,建立文化消费长效机制,增强城乡居民的文化消费意识。同时,加大文化消费的保障力度。通过加大投入、项目支持和购买服务等方式加大政府对公共文化服务的支持力度,向贫困地区、农村和弱势群体倾斜。除此之外,要实现文化产业的科学布局,关键在于尊重文化产业形成和发展的客观规律,并着眼区域发展的现实状况和未来发展的前景,统筹规划,建立相互联动、相互依存的文化产业发展新格局,形成一批实力雄厚的区域性的特色文化产业群。比如,北京、上海、南通、山东等地相继发放文化惠民卡,增加居民文化消费频次,养成文化消费喜好,逐步增加居民文化消费在社会总消费中的比例。

4. 加大文化消费政策力度

第一,制定引导、促进文化消费的政策措施。坚持社会效益与经济效益相统一,社会效益优先的原则,集成资源、集中力量、集聚优势,加大对内容健康、品味高雅、市场认可的文化产品和服务的支持力度,持续弘扬社会主义核心价值观。同时,加大对迎合世俗低级趣味,破坏历史文化真实,甚至消极反动的文化产品生产与服务的打击力度。

第二,出台文化消费专项政策,通过高层次、指导性引领文件对文化消费进行深入规划。制定文化消费金融政策,在此基础上,加大财税支持力度,加强文化消费金融服务。以居民文化消费需求为导向,充分运用市场手段,刺激文化产品生产和服务,为社会提供更多更好的精神食粮。比如,广东省出台专项政策,从 2012 年到 2015 年将逐步提高省级财政预算专项资金的额度,帮助欠发达地区完成基层文化设施全覆盖任务。要进一步提高对经济欠发达地区的乡镇街道综合文化站的补贴标准。同时,为了保障低保户的基本文化权益,广东将给予全省城乡低保户每人每年一定的文化消费定额补贴,主要用于全省城乡低保户订报、购书、看电影、看电视等基本文化消费。

第三,打破地域限制,实现区域良性互动,建立文化消费长效机制。建立京津冀、长三角、珠三角等区域一体化的文化消费合作机制,充分发挥各地的特色文化优势,实施区域互补,营造良好的文化消费环境,让广大居民享受到各式各样的文化产品或服务。

第四章　2013—2014年文化消费能力分析

　　消费能力是指居民消费所需商品和劳务时所能够支付的最大成本(包括货币成本和时间成本)，其主要受经济发展水平、居民可支配收入、未来收入预期、物价水平、社会保障水平等因素的影响。马克思在《资本论》第3卷中提出："消费的能力是进行消费的条件，因而是消费的首要手段。"具有一定的消费能力是进行消费活动的前提条件，其能为消费潜力的释放提供强劲的支撑。而消费作为拉动经济增长的最基础因素，可以为生产创造动力，马克思说："消费在观念上提出生产的对象，作为内心的意象、作为需要、作为动力和目的。"因此，消费能力的提高对于生产的再发展，再生产的实现具有重要意义。

　　随着经济社会的发展，文化消费在居民消费结构中所处的地位日渐凸显，提高居民文化消费能力的意义也与日俱增。文化消费能力的提高是满足人民群众日益增长的精神文化需求、提升居民文化素质、构建社会主义精神文明、建设文化强国的重要基础。同时，文化消费能力对于文化产业的发展意义非凡，其为文化产业再生产创造了基础和前提。为了更全面地研究我国居民文化消费能力，本报告将从两个方面进行分析——支出能力与时间能力。文化消费能力的首要制约因素是居民的消费支出能力，其主要受制于居民的收入水平。同时，文化消费时间能力也是影响消费能力的重要因素，居民可以用于文化消费的闲暇时间是衡量消费能力所必须考虑的问题。居民文化消费的支出能力与时间能力相符合，可以最大程度地激发文化消费行为，为文化消费创造前提。

一、文化消费支出能力分析

（一）居民收入水平分析

居民的文化消费能力首先取决于其支出能力,而收入是支出的基础和前提,决定居民支出能力的最基本因素是居民的可支配收入。居民的收入水平会受到国家经济发展水平、现行收入分配政策等因素的影响。改革开放以来,我国将经济建设作为工作重点,大力建设社会主义市场经济,使经济社会发展水平取得了长足的进步,居民收入水平不断提升。

根据居民收入调查显示,2014年,我国居民平均每月收入3584.29元,从区域收入情况来看,东部地区居民收入水平最高,平均每月4105.82元,中部地区次之,为3317.55元;西部地区最低,为2944.14元。在居民收入水平排名前十的省份中,仅陕西来自西部地区,其他九个省份均属于东部地区,分别为北京、上海、广东、江苏、山东、浙江、福建、河北、天津,且北京、上海、广东、江苏、山东五省居民的平均每月收入均在4000元以上,尤其是北京市,居民平均每月收入达5635.98元。北京、上海、广东三个省份经济发展水平较大幅度领先于国内其他省市,它们汇聚了更多优质资源,居民收入水平也普遍较高。北京科学技术竞争力突出、人才及智力资源丰富、基础设施建设完善,以中关村科技园区、金融街、北京经济技术开发区、北京商务中心区、临空经济区和奥林匹克中心区为代表的六大高端产业功能区已经成为首都经济向高端、高效、高辐射方向发展的重要力量,成为国内外优质资本聚集的重要区域;上海位于长三角经济圈中心,是我国重要的经济中心、贸易港口,铁路、公路、水路、航空均是我国东部地区的中心,确立了上海是我国重要的科技中心、金融中心、信息中心、工业中心、贸易中心的地位;广东省毗邻港澳及东南亚地区,对外贸易方便,大力引入外资和逐步增加内部积累,较好地筹集到了工业的起步资金,并且依靠引进人才来解决技术力量不足的问题,抓住了世界产业结构调整的机遇,利用廉价劳动成本迅速形成了大规模的出口加工型制造业,并且较快地培育出了一批以家电、食品等日用消费品为主的轻工企业,构成了广东省工业体系的基本框架。

城乡方面,2014年城镇居民平均每月收入为3977.87元,农村居民平均

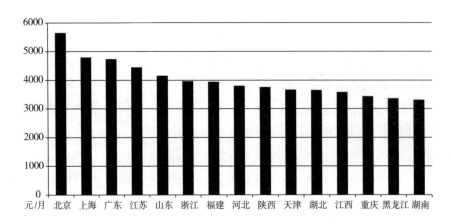

图 4-1　2014 年我国部分省、区、市居民平均每月收入情况

每月收入为 3170.79 元,城镇居民收入水平高于农村居民。从年龄角度看,农村居民 25 岁及以下的收入水平略高于城镇外,其他年龄段的收入水平均低于城镇居民,其中 41 — 65 岁居民城乡收入差距较大,平均每月收入相差达 1764.63 元;城镇地区 26 岁以上居民的收入水平相差不是很大,且收入相对较高,均在 4000 元以上,而农村地区 18—40 岁居民的收入水平较高,且 18—25 岁与 26—40 岁居民的平均收入差距不大,均在 4000—4100 元。从学历角度看,不论是农村还是城镇地区,学历越高,居民收入水平越高。城镇居民收入来源广,就业机会多,目前农村虽然已经覆盖了多种产业,但农业在其经济结构中依然占有重要地位,和以工业为基础的城镇相比,农产品价格低廉,与工业产品相比处于劣势,这势必影响农村居民的收入水平;与城镇工业化过程中需要大量人力资源相比,农村劳动力富余,部分农民仅以务农为生,农村并未充分利用自身的人口优势,大多数农村交通、文化、教育等基础设施远落后于城镇,农村劳动力受教育程度普遍偏低,农村劳动力社会竞争力偏弱,成为限制自身经济发展的短板。

学历方面,学历与居民收入存在正相关关系,学历越高,居民收入水平越高。2014 年初中及以下人群平均收入仅为 1976.65 元,高中(含中专、技校)和大专人群的收入水平差异不大,平均每月收入在 3000—4000 元,大学本科学历人群则为 4579.79 元,硕士及以上人群的收入水平最高,高达 6335.42 元。教育能够提高劳动者的生产能力,增加他们的收入水平,在知识型社会

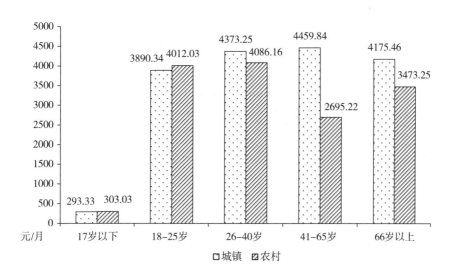

图4-2 2014年不同年龄段城乡居民平均每月收入情况

中,知识成为社会交换的工具,而学历高低是反映知识程度的一个重要标志,是社会衡量个人基础知识、专业知识和技能的工具,更成为近年来个人就业、职业选择和底薪高低的门槛。

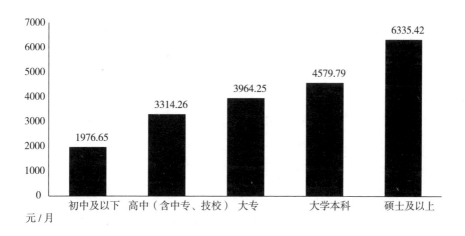

图4-3 2014年不同学历人群平均每月收入情况

年龄方面,2014年,26—40岁居民的收入水平最高,平均每月收入为4240.10元,其次是18—25岁居民,平均每月收入为3955.98元,17岁以下居民平均每月收入最低,仅为298.57元。17岁以下居民主要处于上学阶段,自然基本不存在收入,因此收入水平比较低,中青年是社会劳动的主力,他们有能力、精力、时间创造更多的收入。

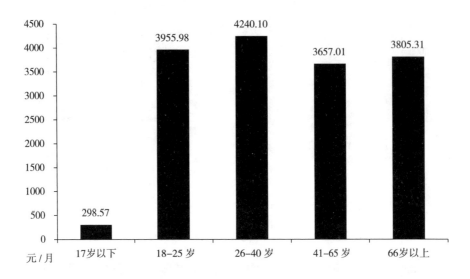

图4-4　2014年不同年龄段居民平均每月收入情况

性别方面,2014 年男性居民平均每月收入 3603.61 元,略高于女性(3565.29 元)。从学历角度看,不论处于什么学历水平,男性居民的收入水平均高于女性,除高中(含中专、技校)和大专学历的男女收入水平差异比较小(100 元以下)之外,其他学历层次的男性与女性的收入差异较大,尤其是具有大学本科学历的男女,平均每月收入差距达 572.23 元,且不论男性还是女性,学历越高收入水平越高。从年龄角度看,除 17 岁以下男性居民收入略低于女性外,其他年龄段的男性居民收入水平均高于女性,且 26—40 岁和 66 岁以上的男女收入差异较大,尤其是 66 岁以上,男性居民平均每月收入高于女性达605.55 元;此外,不论男性还是女性,18—25 岁和 26—40 岁居民的收入水平均比较高。世界经济论坛发布的 2014 年版本《全球性别差距报告》显示,北欧各国男女社会地位和收入待遇的差距较小,全球男女收入差还需要 118 年才能持平,报告发现,没有一个国家男女员工是同工同酬的。由于妇女更多地承担生育和家庭照料责任,承受了家庭内外的双重负担,使得投入市场工作的时间和精力受到限制,用人单位倾向于认为妇女不适宜在工作上挑重担,同等条件下男性晋升比女性快,且受传统文化的影响,男性一般不愿接受女性做领导,这也使得女性担任管理者的比例远低于男性,女性大量集中在"金字塔"结构的底层,职位层级远低于男性,相应的月工资标准和收入也较低。

表4-1　2014年性别与学历、年龄的收入水平交叉分析　单位:元/月

	男	女
初中及以下	2165.89	1727.89
高中(含中专、技校)	3319.30	3308.57
大专	4008.55	3925.83
大学本科	4899.42	4327.19
硕士及以上	6540.00	6189.29
17岁以下	289.47	309.42
18—25岁	3983.25	3938.73
26—40岁	4400.00	4120.98
41—65岁	3696.51	3608.51
66岁以上	3998.41	3392.86

(二)居民消费支出分析

根据居民消费支出调查显示,2014年,我国居民平均每月消费支出为2072.77元,从区域居民消费支出情况来看,与居民收入水平类似,东部地区消费支出最高,平均每月2401.51元,中部地区次之,为1888.24元,西部地区最低,为1687.16元。居民消费支出排名前十的省份平均每月消费支出均超过2000元,除湖北、吉林属中部地区外,其他八个省份均属于东部地区,分别为北京、上海、广东、山东、江苏、浙江、福建、天津,要特别指出的是,北京、上海两市的每月平均消费支出均超过3000元。

城乡方面,2014年城镇居民平均每月消费支出为2207.44元,高于农村居民276.15元。城乡与年龄的交叉方面,除17岁以下城镇居民消费支出略低于农村外,其他年龄段的城镇居民消费支出均高于农村,尤其是41—65岁城乡居民消费差距较大,每月消费支出差距高达676.97元。不论城镇还是农村,17岁及以下居民的消费支出均最低,在1500元左右,26—40岁居民的消费支出最高,在2300左右。与城镇不同的是,41—65岁的农村居民在各年龄段中消费支出较少,仅高于17岁以下居民,而低于26—40岁居民。在城乡与

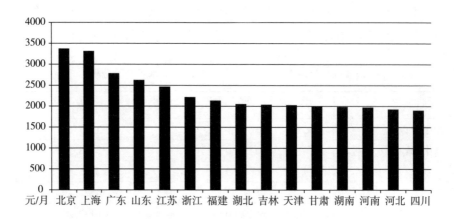

图4-5　2014年部分省、区、市居民平均每月消费支出情况

学历的交叉分析中发现,不论城镇还是农村,学历越高,消费支出水平越高。农村居民消费支出低于城镇,最基本的原因是收入水平差距;其次,农村地区基础设施不健全,交通条件相对不便利,消费条件明显不如城镇;此外,农村社会保障体系不够健全,居民储蓄意识比较强,且注重节俭,这进一步拉大了城乡居民消费差距。

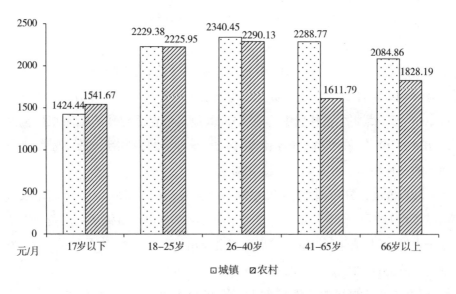

图4-6　2014年不同年龄段城乡居民平均每月消费支出

学历方面,居民消费支出水平与学历呈正相关关系,学历越高,居民消费

支出越高。2014年硕士及以上受访者平均每月消费支出最高,为2912.50元,初中及以下最低,平均每月消费支出为1630.84元。根据弗里德曼的"持久收入假定"理论,人们的即期消费虽然主要取决于当前收入,但也受预期收入的影响,预期收入增加,在一定程度上会促进人们的即期消费。在知识经济社会,教育是收入的重要影响因素,不仅能增加居民现期收入,也能提高其对未来收益的预期,这两方面都可以刺激受访者当下的消费支出。

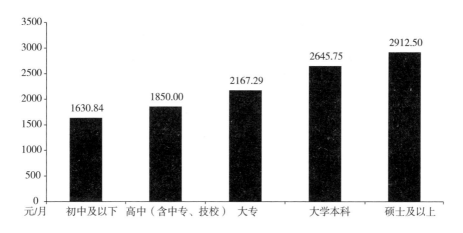

图4-7　2014年不同学历人群平均每月消费支出情况

　　年龄方面,2014年17岁以下受访者消费支出最低,平均每月消费支出为1487.77元,18—25岁和26—40岁年龄段消费支出比较高,平均每月消费支出在2000元以上,41—65岁和66岁以上居民消费支出差异不大,平均每月消费支出均在1900—2000元。不同年龄段居民的消费支出存在一定的差异,中青年群体受互联网影响较大,网络购物兴趣比较浓厚,他们具有乐观的消费主义,敢于冒险,消费中注重对个人价值的体现,而对关系消费、情感消费关注度降低,重品牌,重时尚,并愿意为此付费,对低价产品的解读可能不再是"划算",而是"不够档次"。他们是新时代消费的主力军,消费支出较高,具有很大的市场价值,掌握这一群体消费特征是企业进行品牌营销的基础。

　　性别方面,2014年,男性居民平均每月消费支出为2025.35元,略低于女性(2119.42元),从性别与学历交叉的角度看,除初中及以下和本科的男性受访者消费支出小幅领先于女性以外,其他学历的男性受访者消费支出水平均低于女性。其中,高中学历的男性消费支出差距较小,平均每月消费支出相差

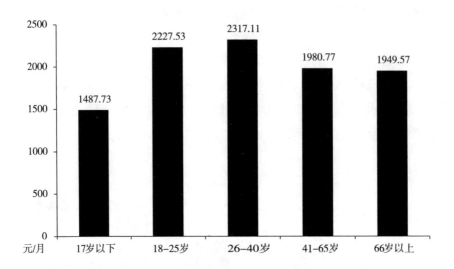

图4-8　2014年不同年龄段居民平均每月消费支出情况

22.9元。硕士以上学历男女消费支出差距较大,平均每月消费支出相差达287.14元。此外,不论男性还是女性,学历越高,消费支出越多,硕士及以上的女性受访者消费支出最高,在3000元以上。从性别与年龄交叉的角度看,17岁及以下和66岁以上男性居民的消费支出均高于女性受访者,且66岁以上的性别消费差距较大,高达330.45元;18—25岁、26—40岁和41—65岁的女性居民消费支出均高于男性,但消费差距在100元以内。男性虽然经济收入高,但购物热情远不如女性,消费对于女性而言,是一种清闲放松的方式,是自我表达和自我认同的重要途径,通过消费可以获得更多的成就感和满足感,且女性容易受打折、广告、氛围、情绪、周围的人等因素影响,进行"非必需"的感性消费,具有非理性消费特征。此外,大多数女性是家庭生活日常消费品的购买者,在日常开支中,除了自身的消费外,还常常为家人购买各种生活消费品,因此,女性购买力要高于男性。

表4-2　2014年性别与学历、年龄交叉的消费支出分析　单位:元/月

	男	女
初中及以下	1650.93	1604.42
高中(含中专、技校)	1839.24	1862.14
大专	2117.96	2210.08

续表

	男	女
大学本科	2664.72	2630.76
硕士及以上	2745.00	3032.14
17岁以下	1422.93	1565.02
18—25岁	2239.83	2219.74
26—40岁	2272.80	2350.12
41—65岁	1939.62	2031.29
66岁以上	2054.94	1724.49

二、文化消费时间能力分析

18世纪与19世纪的两次工业革命,开启了机器生产代替手工劳动的时代,社会劳动生产率大幅提高,人们能以较少的时间与人力生产较多的产品,为劳动时间的缩短和闲暇时间的增加创造了可能。第三次科技革命以来,电子计算机的发明和广泛使用,"人—机控制系统"的问世,使生产自动化、办公自动化和家庭生活自动化的发展越来越成熟。人类社会正从机械化、电气化的时代进入到另一个更高级的信息化、自动化时代。随着物质财富的增长,人们拥有的闲暇时间也会同步增长,社会在创造日益增多的物质财富的同时,也创造了更多的闲暇时间。新中国成立以来,我国先后实行8小时工作日制度、双休日制度、黄金周制度、带薪休假制度等来保障劳动者的休假权利。交通及通讯技术的发展大大节约了出行时间与沟通时间,为外出旅游等文化消费的发展提供了便利。同时,智能手机与数字传媒技术的应用,使得文化产品开始渗入人们生活的每时每刻,利用碎片化时间进行文化消费成为可能,例如上下班途中就可通过手机观看电影、赛事,阅读电子报刊、书籍等,时间的利用效率大大提高。此外,文化消费渠道的快捷通畅也降低了文化消费的时间成本,人们无需走进书店,通过网络便可购买书籍,无需提前到影院买票,打开手机即能完成订购。

在对居民可自由支配时间的(上班、上学、睡觉等以外的时间)调查中发

现,2014 年受访者平均每天可自由支配的时间为 5.88 小时,2013 年则为 5.51
小时,从区域角度来看,2013—2014 年东部地区、西部地区受访者可自由支配
时间均高于中部地区。2014 年全国有 14 个省、区、市居民日均可自由支配时
间超过 6 个小时,分别为西藏、宁夏、甘肃、山东、山西、吉林、江西、辽宁、贵州、
北京、海南、四川、湖北、广东,且西藏、宁夏大幅领先于其他省、区、市。与
2014 年相比,2013 年仅有浙江日均可自由支配时间超过 6 小时。2014 年,居
民日均可自由支配时间排名前十的省、区、市中,东部省区市只有 3 个,其余 7
个省区市均属中西部地区。要特别指出的是,甘肃、山东、江西、北京四省市连
续两年居民可自由支配时间排名位居前十。就增长情况来看,2014 年,西藏、
宁夏、海南、吉林、湖北、辽宁、山西、贵州、山东、青海、北京、甘肃等 12 个省区
市增长率均在 10%以上。

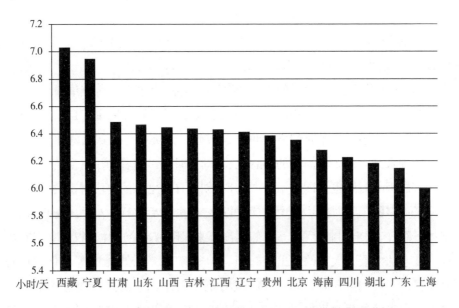

图 4-9　2014 年部分省、区、市居民平均每天可自由支配时间情况

城乡方面,2013—2014 年农村居民可自由支配时间均小幅领先于城镇,
2014 年城镇居民平均每天可自由支配时间为 5.87 小时,农村居民则为 5.89
小时。从城乡与年龄交叉角度看,2014 年,17 岁及以下、18—25 岁的农村居
民平均每天可自由支配时间均高于城镇;26—40 岁、41—65 岁和 66 岁以上
的城镇居民平均每天可自由支配时间均高于农村。其中,18—25 岁农村居

民、66岁以上城乡居民平均每天可自由支配时间较高,均在6小时以上。从城乡与学历交叉角度看,2014年不同学历的城乡居民可自由支配时间差异不大,其中,硕士及以上学历的城乡之间差异较大,硕士及以上农村居民可自由支配时间高于城镇0.7个小时。城镇居民主要以企事业单位工作为主,时间相对较为固定,可自由支配时间相对较少,农村居民则主要以农业为主,时间较为灵活,可控性、自主性强。

表4-3　2014年性别与学历、年龄交叉的每天可自由支配时间分析

单位:小时/天

	城　镇	农　村
17岁以下	5.65	5.97
18—25岁	5.72	6.04
26—40岁	5.84	5.73
41—65岁	5.91	5.84
66岁以上	6.37	6.02
初中及以下	5.98	5.84
高中(含中专、技校)	5.84	5.81
大专	5.91	5.94
大学本科	5.74	5.90
硕士及以上	5.65	6.35

学历方面,2014年各个学历层次居民平均每天可自由支配时间均有所提升,学历较高的居民可自由支配时间增长较多。2014年不同学历的居民之间可自由支配时间差异不大,硕士及以上学历的居民平均每天可自由支配时间最长,达5.95小时,高中(含中专、技校)居民平均每天可自由支配时间最短,为5.81小时,仅相差0.14小时。

年龄方面,相比2013年,2014年各年龄段居民可自由支配时间均有所增加,其中,18—25岁居民增幅较大,增加0.59小时。2014年,66岁以上居民的可自由支配时间较大,平均每天可自由支配时间为6.19小时,其次是18—25岁,26—40岁居民可自由支配时间最少,为5.79小时。大多数66岁以上居民已经退休或已不再劳动,闲暇时间较多,中青年群体需同时应对工作、家

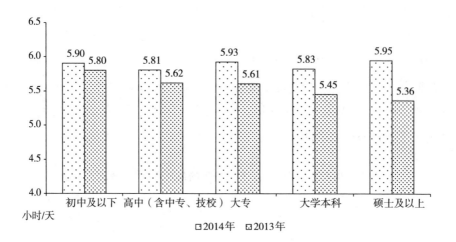

图4-10　2013—2014年不同学历居民平均每天可自由支配时间情况

庭两方面的事情,既有工作压力,又有家庭压力,所以空闲时间较少。

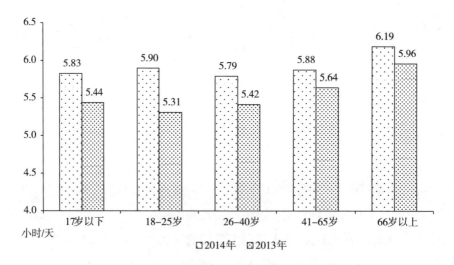

图4-11　2013—2014年不同年龄段居民平均每天可自由支配时间

　　性别方面,相比2013年,2014年男性和女性平均每天可自由支配时间均有所增加,男性增加0.46小时,比女性增幅更大;2013—2014年,女性可自由支配时间均略高于男性。从性别与城乡交叉角度看,不论是城镇还是农村,不同性别之间的可自由支配时间差不多;且同一性别中,农村居民可自由支配时间均略高于城镇。在年龄方面,40岁以下男性居民的可自由支配时间均多于女性,40 岁以上女性居民的可自由支配时间均多于男性;男性中 17 岁以下和 66 岁以上的居民以及女性中 41—65 岁和 66 岁以上居民的可自由支配时间较多,均在 6 小时以上。

表 4-4　2014 年性别与城乡、学历、年龄交叉的可自由支配时间分析

单位:小时/天

	城　镇	农　村
城镇	5.86	5.88
农村	5.88	5.89
17 岁以下	6.03	5.58
18—25 岁	5.98	5.84
26—40 岁	5.81	5.77
41—65 岁	5.76	6.01
66 岁以上	6.06	6.46
初中及以下	5.99	5.79
高中(含中专、技校)	5.84	5.80
大专	5.89	5.95
大学本科	5.69	5.90
硕士及以上	5.70	6.13

第五章　2013—2014年文化消费水平分析

　　消费水平是指消费者在一定时期内消费的商品和服务所达到的规模与水平,文化消费作为更高层次的消费需求,是在居民满足基本生存需求的基础上才有可能产生的,文化消费水平越高,说明居民的消费层次就越高。与其他消费不同,文化消费主要用于满足人们的精神需求,是凝聚力和创造力的重要源泉,其对于提升居民的文化素养,建设社会主义精神文明具有重要意义。

　　由于我国历史上长期物质资源匮乏,人民生活水平低下,居民形成了重视物质轻视精神的理念与习惯,传统的"节俭"和"量入为出"的消费习俗制约了居民的文化消费,居民文化消费意识淡薄。改革开放以来,物质资料极大丰富,人民受教育水平不断提高,文化在社会生活中的地位也越来越突出,传统的生活方式与消费习惯逐渐被打破,越来越多的人意识到文化的重要性,开始注重自身的精神需求,拉动了文化消费支出的增长。然而,目前居民文化消费观念中依然存在一些问题,如许多人能在网上下载电影就不去影院,能看盗版书就不买正版书籍。人们还没有普遍形成花钱看演出、参观展览的习惯,对文化消费重视程度不够高,这制约了文化消费水平的进一步提升。文化消费水平除了受居民消费能力和消费观念的影响,还取决于文化产品的供给。文化产品供给的增加在很大程度上会促进文化消费的增长。我国幅员辽阔,人口众多,居民之间在受教育水平、生活方式、文化背景等方面不尽相同,因此对于文化产品的偏好也千差万别,这就要求文化产品的种类足够丰富,以满足居民多样的消费需求。文化产品的质量与价格同样会对消费水平造成影响,具有高性价比的文化产品往往能够赢得更多的消费量,从而拉动消费水平的提高。

《中共中央关于深化文化体制改革推动社会主义文化大发展大繁荣若干重大问题的决定》明确指出,增加文化消费总量,提高文化消费水平,是文化产业发展的内生动力。为了提高我国居民的文化消费水平,国家颁布了一系列政策措施,例如2014年3月17日,文化部在关于贯彻落实《国务院关于推进文化创意和设计服务与相关产业融合发展的若干意见》的实施意见中强调,要培育文化市场需求,扩大文化消费规模,提升文化消费水平。地方政府也纷纷采取措施促进文化消费,许多地区开始发行文化消费卡,旨在拉动文化消费,实现文化惠民。由于政府财政的支持,消费者使用该卡能够以极低的折扣看电影、演出或购买书籍、订购报刊等,一时间成为了各地提高居民文化消费水平的热点。

近年来,国家各项促进文化消费的政策起到了较好效果,我国居民文化消费水平稳步上升。为了进一步剖析我国居民文化消费水平,下文将从居民文化消费货币支出情况与文化消费时间支出情况两个方面进行分析。

一、文化消费支出水平分析

近年来,随着人们收入水平的不断提高和物质生活质量的逐步改善,居民越来越重视文化生活,文化消费支出持续稳定增长。调查发现,2014年我国居民平均每月文化消费支出为418.18元,与2013年相比,增加32.41元,增长8.40%。

区域方面,2014年东部地区文化消费支出较高,平均每月文化消费支出为482.49元,中部次之,为399.32元,西部最低,为351.97元。2014年文化消费支出前十名的省区市有上海、广东、北京、浙江、山东、天津、福建、河北、安徽和内蒙古,平均每月消费支出均在450元以上,除安徽、内蒙古属于中西部地区外,其他地区均属于东部地区。广西、甘肃、青海、海南、湖南、新疆、西藏文化消费支出较低,平均每月文化消费支出在350元以下。就增长率而言,2014年,河北、内蒙古、浙江、山东和宁夏等地文化消费支出增长较快,年均增长率在20%以上。近年来,天津依托丰富的历史自然文化和工业遗存建筑资源,以及滨海新区先行先试的政策优势,重点发展动漫、网游、传媒、艺术、演出娱乐、影视音像、出版、工业和建筑设计、咨询策划、时尚设计10个文化创意产业行业,打造中国北方文化创意之都。天津既有文化与科技相结合的海洋主题活动、国家动漫产业综合示范园、天津滨海航母文化产业园、天津创意街、天津音乐艺术街等,又有彰显传统的杨柳青年画、风筝魏、泥人张等特色工艺品生产,以及妈祖文化旅游节、古文化街、民俗文化旅游庙会等活动。此外,积极建设就近、便捷、实用、高效的公共文化设施网络,使得天津居民能够得到更多的文化滋养、精神食粮,扩大文化消费。浙江省鼓励文化企事业单位为群众提供图书、电影、演艺、网络等方面质优价廉的文化产品,为困难群众和农民工文化消费提供补贴,并积极发展文化旅游,发挥旅游对文化消费的促进作用,与此同时,推进文化产品消费市场建设,重点发展书报刊、电子音像、演艺娱乐、动漫游戏、广播影视、工艺美术等产品市场。此外,调查还发现,大多数省、区、市的女性文化消费支出高于男性,且经济越发达的地区文化消费支出差距越大。我国地区之间发展不平衡,西部农村偏远地区经济发展比较缓慢,收入相对较低,大部分用于满足基本的生活需求,加之消费观念比较落后,对于文化产品的支出比较少。

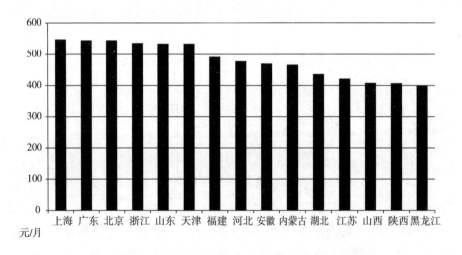

图5-1 2014年部分省、区、市居民平均每月文化消费支出

城乡方面,2014年城镇居民平均每月文化消费支出433.19元,高于农村30.79元,2013年城镇居民平均每月文化消费支出为403.18元,高于农村40.09元,且2014年农村居民每月文化消费支出增长10.83%,相比城镇(7.45%)较高。可以看到,2014年城乡居民文化消费支出差距相比2013

年有了进一步的缩小。在城乡与性别交叉方面,不论男性还是女性,城镇居民每月文化消费支出均高于农村,但男性居民中城乡每月文化消费支出差距较大,为 54.55 元,而女性居民中城乡每月文化消费支出差距仅为 6.99元。从城乡与年龄交叉看,2014 年城镇和农村居民的文化消费支出基本上均是随着年龄的增长呈现先上升后下降的趋势,并在 26—40 岁年龄段达到峰值;41—65 岁城镇居民的文化消费支出高于农村,达 87.84 元,其他年龄段城乡居民文化消费支出差异不大。此外,不论是城镇还是农村,学历越高,居民文化消费支出越高。城乡文化消费支出水平的差异,一方面可能源于城乡居民收入差距,农村居民收入水平偏低,加之农村公共服务和社会保障体系尚不完善,农民势必要增加储蓄以"自我保障",在一定程度上抑制消费,而文化消费作为"非必要"消费被压缩;另一方面,农村居民受教育水平普遍低于城镇居民,对于文化消费的重视程度相对较低,因此在文化产品与服务上的支出较小;此外,城乡之间文化消费种类丰富性、文化消费的便捷程度存在差距,对于城镇居民,看电影、旅游、运动健身、歌舞、参观展览、艺术收藏、艺术培训等文化消费均相对普遍,但是对于农村居民,相当一部分农村的文化消费仍局限在看电视、听广播、打麻将、读书报等传统文化产品消费。

表 5-1 2014 年城乡与性别、年龄交叉的文化消费支出分析 单位:元/月

	城　　镇	农　　村
男	422.23	367.68
女	443.87	436.88
17 岁以下	342.22	324.05
18—25 岁	454.23	455.33
26—40 岁	461.21	483.14
41—65 岁	433.33	345.49
66 岁以上	377.52	345.68

性别方面,相比 2013 年,2014 年男性和女性的每月文化消费支出均存在不同程度的增长,女性增长较快,增长率为 9.54%,男性则为 6.06%。2014 年女性平均每月文化消费支出为 440.48 元,高于男性 44.98 元。从学历角度

看,除硕士以上男性文化消费支出高于女性外,其他学历的男性文化消费支出均低于女性,且学历越高,性别之间的文化消费支出差距越大,硕士及以上的男女每月文化消费支出相差达50.43元;不论男性还是女性,学历越高,居民的文化消费支出越高,硕士及以上的每月文化消费支出均在600元以上,本科学历则在500元以上。从年龄角度看,除26—40岁男性居民平均每月文化消费支出略高于女性外,其他年龄段女性居民文化消费支出均不同程度的高于男性,且41—65岁性别之间每月文化消费支出差距较大,为69.92元。女性具有典型的非理性消费特征,文化产品丰富多彩,在视觉、听觉和感受体验上对女性的冲击比较大,并转化为具体的消费行为,女性购买力比较强,注重审美以及生活的享受,倾向产品的多样化与个性化,相比之下,男性在购买产品(或服务)时,比较注重实用性和功效性,主要用于生活必须品,文化产品(或服务)的购买比较少。

表5-2　2014年性别与学历、年龄交叉的文化消费支出分析　单位:元/月

	男	女
初中及以下	332.43	346.81
高中(含中专、技校)	359.94	394.29
大专	405.84	448.17
大学本科	508.16	556.22
硕士及以上	654.00	603.57
17岁以下	316.73	351.12
18—25岁	434.69	467.55
26—40岁	478.96	465.73
41—65岁	361.98	431.91
66岁以上	360.19	361.90

学历方面,与2013年相比,2014年不同学历居民的文化消费支出均有不同程度的增长,其中,初中及以下和高中(含中专、技校)居民的每月文化消费支出增长较快,增长率在20%以上,本科及以上居民的每月文化消费支出增长率则在10%以上;2013—2014年,文化消费支出与学历呈正相关关系,学历越高文化消费支出越大,2014年硕士及以上居民每月文化消费支出最高,为

624.58 元,本科为 535.01,大专为 428.50 元,高中(含中专、技校)为 376.07
元,初中及以下为 338.64 元。随着教育程度的增加,居民的生活理念、消费观
念、消费品味、消费方式等都有很大的变化,消费呈现多元化、复杂化趋势,越
来越追求生活质量。

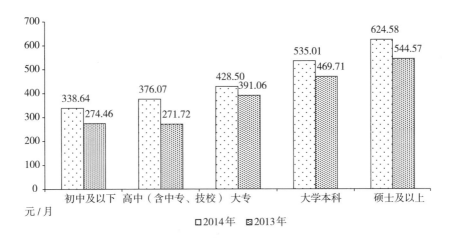

图 5-2 2013—2014 年不同学历居民平均每月文化消费支出

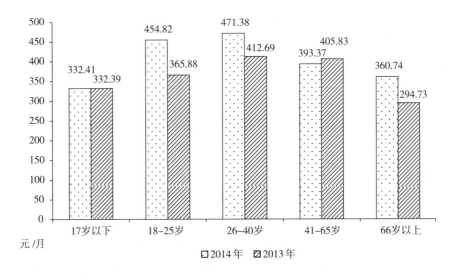

图 5-3 2013—2014 年不同年龄居民平均每月文化消费支出

年龄方面,和 2013 年相比,2014 年除 41—65 岁居民的文化消费支出
略有下降外,其他年龄段均有不同程度的上升,其中 18—25 岁居民的文化

消费支出增长较快,增长率为 24.31%,17 岁以下居民增长较慢,仅增加 0.02 元。2014 年 26—40 岁居民每月文化消费支出最高,为 471.38 元;其次是 18—25 岁居民,每月文化消费支出为 454.82 元;再次是 41—65 岁居民,每月文化消费支出是 393.37 元,然后是 66 岁以上,每月文化消费支出是 360.74 元;最后是 17 岁以下居民,每月文化消费支出为 332.41 元。不同年龄段的文化消费支出水平不同,反映出居民年龄层次不同对于文化消费的认可度及接受能力不同,青少年群体缺乏必要的经济收入,因此每月文化消费数额较低。相比之下,中青年群体经济收入相对稳定,且具备独立的价值观和消费观,重视文化消费,愿意且有能力在该领域进行投入,因此文化消费水平相对较高。

二、文化消费时间水平分析

调查发现,2014 年,受访者平均每天用于文化消费的时间为 3.17 小时。就区域而言,东部地区受访者平均每天用于文化消费的时间最多(3.16 小时),中部地区次之(3.14 小时),西部地区最低(3.05 小时)。具体到省份,除了重庆、天津、福建、云南、浙江、陕西、黑龙江、河北、新疆等 9 个省、区、市,其他 22 个省、区、市平均每天用于文化消费的时间均超过 3 小时,特别是北京、山东、吉林、广东 4 个省市平均每天用于文化消费的时间均超过 3.5 小时。

从区域与城乡交叉角度分析,2014 年,31 个省区市中有 17 个省区市城镇地区用于文化消费时间均多于农村,其中,吉林和青海的城镇居民平均每天文化消费时间比农村居民多 1 小时以上,河南、海南、重庆、西藏、宁夏等地农村居民则高于城镇居民 1 个小时。从区域与性别交叉角度分析,2014 年,31 省区市中仅有江西省男性和女性每天用于文化消费的时间相差超过 1 个小时,其他 30 省市男性和女性每天用于文化消费的时间差距均在 1 小时以内。其中,贵州、内蒙古、重庆、宁夏、甘肃等 14 省、区、市男性居民平均每天文化消费时间高于女性,江西、天津、广西、江苏、西藏等 17 省、区、市女性居民平均每天文化消费时间则高于男性。时间是居民进行消费活动的必备要素,尤其对于文化消费而言,因其特殊性,大多数文化消费对时间有较高的要求,例如读书、观影、文化旅游等,都需要花费大量时间。

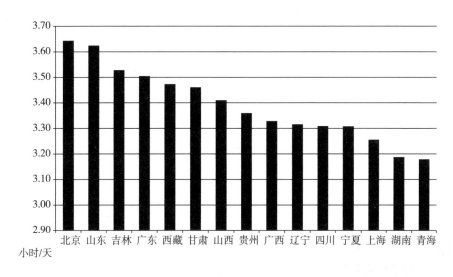

图 5-4　2014 年部分省、区、市居民每天用于文化消费的时间情况

　　城乡方面,2014 年,农村居民平均每天用于文化消费的时间为 3.21 小时,比城镇居民多 0.08 小时。从城镇与性别交叉角度看,不论是城镇还是农村,女性居民平均每天用于文化消费的时间均多于男性,但是差距并不明显(0.1 小时以内);不论是男性还是女性,农村居民每天用于文化消费的时间均高于城镇居民。从城乡与学历交叉角度看,城镇居民中每天用于文化消费的时间最多的学历层次是初中及以下学历(3.35 小时);农村居民中每天用于文化消费的时间最多的学历层次是硕士及以上学历(3.78 小时);城镇居民不同学历层次之间平均每天文化消费时间差距较小,农村居民之间相差较大。从城乡与年龄交叉角度看,城镇居民中每天用于文化消费时间最长的年龄段是66 岁以上(3.32 小时),其次是 17 岁以下年龄段(3.28 小时);农村居民中每天用于文化消费时间最长的年龄段是 17 岁以下(3.49 小时),其次是 66 岁以上年龄段(3.26 小时);除了 66 岁以上外,其他年龄段农村居民每天用于文化消费的时间均多于城镇。城镇居民可自由支配时间相比农村较少,多数是借助互联网等工具,利用碎片化时间进行文化消费。农村地区可自由支配时间较长,时间较为灵活,但受基础设施、消费理念等条件的限制,主要进行观看电视、阅读报纸、收听广播等传统文化产品的消费,这些传统文化产品消费所需时间较长,但花费较少。

表 5-3　2014 年城乡与性别、学历、年龄交叉的文化消费时间分析

单位:小时/天

	城　镇	农　村
男	3.09	3.20
女	3.16	3.22
初中及以下	3.35	3.38
高中(含中专、技校)	3.05	3.18
大专	3.13	3.12
大学本科	3.01	3.21
硕士及以上	3.15	3.78
17 岁以下	3.28	3.49
18—25 岁	3.10	3.19
26—40 岁	3.07	3.08
41—65 岁	3.11	3.23
66 岁以上	3.32	3.26

　　性别方面,2014 年女性每天用于文化消费的时间为 3.19 小时,比男性多 0.04 小时。从性别与学历交叉角度看,2014 年,男性中初中及以下居民每天用于文化消费的时间最长(3.37 小时),大专居民的文化消费时间最短(2.99 小时);女性中硕士及以上居民每天用于文化消费的时间最长(3.52 小时),高中(含中专、技校)居民的文化消费时间最短(3.00 小时);大专及以上女性居民每天用于文化消费的时间高于男性,高中(含中专、技校)及以下的则相反。从性别与年龄交叉角度看,2014 年男性居民中每天文化消费时间最长的年龄段是 17 岁以下(3.53 小时);女性居民中每天文化消费时间最长的年龄段是 66 岁以上(3.56 小时);25 岁以下居民中,男性每天文化消费时间多于女性,26 岁以上年龄段则相反。由于购买的文化产品种类繁多,选择性强,竞争激烈,加之女性特有的认真及细腻等特点,她们在购买商品时往往千挑百选,直到找不出"毛病"了才会下决心购买;男性购买决策形成比女性果断迅速,并能立即导致购买行为,即使处于比较复杂的情况下,如当几种消费动机发生矛盾冲突时,也能够果断处理,特别是许多男性不喜欢斤斤计较,购买商品也只是询问大致情况,对某些细节不予追究,也不喜欢花太多的时间去比较、挑选。

表5-4 2014年性别与学历、年龄交叉的文化消费时间分析

单位:小时/天

	男	女
初中及以下	3.37	3.36
高中(含中专、技校)	3.23	3.00
大专	2.99	3.24
大学本科	3.03	3.14
硕士及以上	3.28	3.52
17岁以下	3.53	3.23
18—25岁	3.26	3.08
26—40岁	3.00	3.14
41—65岁	3.09	3.25
66岁以上	3.15	3.56

学历方面,2014年硕士及以上居民每天文化消费时间最多,为3.42小时,其次是初中及以下,为3.37小时,高中、大专和本科学历的居民之间文化消费时间相差不大,在3.10小时左右,大学本科居民的文化消费时间最短,为3.09小时。

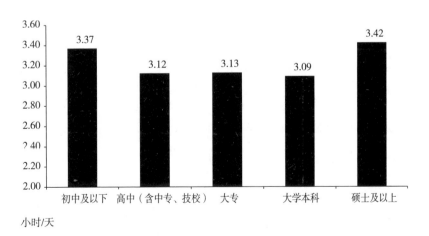

图5-5 2014年不同学历居民的文化消费时间

年龄方面,2014年17岁以下居民每天用于文化消费的时间最长(3.39小时),其次是66岁以上居民(3.28小时),文化消费时间最短的年龄段是26—

40岁(3.08小时)。可以看出,中青年群体虽然收入水平、消费能力较强,但是每天用于文化消费的时间并不多,相比之下,青少年及老年群体每天可自由支配时间较多,用于文化消费的时间较长,这可能与中青年群体在事业工作中投入的时间较多有关。

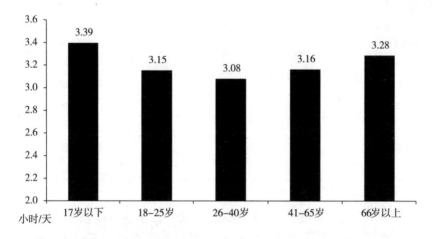

图5-6　2014年不同年龄段居民平均每天文化消费时间

第六章 2013—2014 年文化消费意愿分析

居民消费意愿是指在当前物价水平、收入水平以及政府消费政策等各种因素的综合考虑下,居民对于消费的倾向程度。一般而言,消费意愿越强,消费者所进行的消费活动就会越多(包括消费支出和消费时间)。文化消费意愿会受到文化消费能力与文化消费环境的制约,并在一定程度上对文化消费水平产生影响,其产生依赖于文化消费能力的提高。马斯洛需求层次理论将人类需求从低到高分成不同等级,并认为人们新的需求产生于上一层需求得到满足的基础之上,需求的发展呈现出一个从低到高的渐进过程。人们在有能力满足低层次的物质需要之后,才会更多地投向满足精神需要的消费领域。在经济高度发达的现代社会,人们的消费能力已经满足了基本的生存需求,于是会产生追求精神满足、享受和发展等更高层次的消费意愿,因此,文化消费意愿应运而生,并且随着经济社会的不断发展而愈发强烈。

良好的文化消费环境能够激发文化消费意愿的产生。文化产品供给的数量、种类、质量以及价格等因素都会影响居民的文化消费意愿。文化消费市场提供足够的有效供给来满足人们的文化需求,是居民文化消费意愿产生的基础。政府的文化消费政策对居民的文化消费意愿可以起到引导作用,积极的文化消费政策能够促使文化消费意愿的提升。健全的市场秩序能够保护消费者的权利,是居民进行文化消费的保障,对文化消费意愿也具有一定程度的促进作用。文化消费意愿的增强能够促使文化消费水平的提高。文化消费不仅受文化产品供给的影响,同样依赖于居民的消费意愿。消费意愿属于人的主观层面,其产生取决于一系列客观因素,但同时又能够发挥主观能动性,对居民的消费行为产生重要影响。

我国居民文化消费潜力巨大,文化消费市场有很大发展空间,但我国文化消费领域还有许多方面需要完善,文化消费潜力有待进一步释放。为进行系统性与全面性研究,我们将从文化消费支出意愿与文化消费时间意愿两方面分析。

一、文化消费支出意愿分析

依据国际经验,人均 GDP 在 1000 美元以下,居民消费主要以物质消费为主;人均 GDP 在 3000 美元左右,进入物质消费和精神文化消费并重时期;人均 GDP 超过 5000 美元,居民的消费转向精神文化消费为主的时期。2015 年,我国居民平均每月收入 3584.29 元,居民对精神文化需求的消费日渐旺盛。

就不同区域而言,中西部地区普遍文化消费支出意愿较低,其中,个别省、区、市平均每月文化消费支出意愿仅 600 元左右。文化消费支出意愿较高的省区市多集中于东部地区。2014 年,北京、山西、福建等省份每月文化消费支出意愿较高,都在 1000 元以上。文化消费支出意愿与收入水平存在一定关系,以北京地区为例,根据统计数据可知,2014 年北京地区居民平均每月收入为 5635.98 元,北京地区居民收入高、生活水平高,对生活质量要求也比较高,在基本物质生活得到满足的情况下将更多的支出用于文化消费领域。纵向来看,西藏、甘肃、山西等中西部省份文化消费支出意愿增幅较大,说明在文化产业被上升为国家战略的背景下,中西部地区采取各种措施发展本地的文化产业,文化产品种类、形式更加丰富,各种文化交流会、文化产品交易会不断涌现,各种文化消费刺激政策纷纷出台,在这种形式下,居民文化消费意愿不断提高。同时,中西部地区近年来居民收入水平逐年提高,生活水平的提高对精神文化生活提出来新的要求,在这种情况下文化消费支出意愿出现了较大幅度的增加。但是文化消费支出意愿与文化消费实际支出水平存在较大差距,2014 年北京地区居民平均每月文化消费实际支出仅 542.47 元,实际支出水平与支出意愿相差将近 500 元,无论是文化消费支出意愿较高的省份,还是文化消费支出意愿增长幅度较大的省份,实际文化消费支出与支出意愿都存在较大的差距,这说明我国当前还存在大量的潜在需求,制定合理的政策、完善文化市场、激发居民潜在的文化消费需求,对整个国民经济的发展、实现经济转型升级具有重要意义。从性别角度来看,2014 年,北京、山西、吉林、上海、江苏、福建、山东、贵州、甘肃、新疆等省份女性居民文化消费支出意愿高于男性。其中,北京、山西、吉林等省份女性居民平均每月文化消费支出意愿超过 1000 元。贵州省不同性别文化消费支出意愿差异最大,女性每月文化消费支出意愿比男性高 596.41元。不同地区,男性和女性文化消费支出意愿存在一定的差别。从城乡角度来看,2014 年,内蒙古、安徽、江西、广西、海南、四川、山西、甘肃、青海、宁夏等中西部省份城镇居民文化消费支出意愿高于农村,而北京、河北、上海、浙江、江苏、广东等东部省份农村居民文化消费支出意愿高于城镇,东部地区近年来农村经济快速发展,农村居民生活水平提高,居民更加注重精神文化生活,加之东部各省份的文化消费政策的制定以及执行优于中西部地区,因此,农村居民文化消费支出意愿高于城镇。而中西部地区城乡差异明显,西部地区部分农村居民收入低,当前的消费仍然主要是满足物质生活需要,因此,农村居民文化消费支出意愿比城镇居民要低。

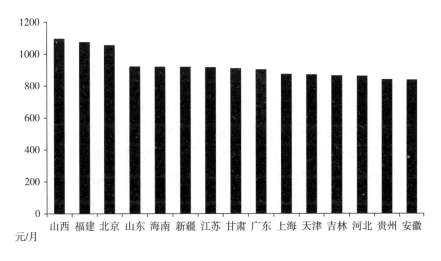

图 6-1 2014 年我国部分省、区、市居民文化消费支出意愿情况

　　就城乡而言,2014 年,农村居民平均每月文化消费支出意愿为 836.58元,高于城镇(814.01 元);而 2013 年,农村居民平均每月文化消费支出意愿仅为 710.07 元,低于城镇(742.31 元)。2014 年农村居民文化消费支出意愿增幅为 17.82%,远高于城镇 9.66% 的增长率。说明,近年来随着农村文化产品种类更加丰富、文化消费渠道更为便利、文化政策更加惠民,以及农村居民收入水平提高,农村居民对文化产品和服务的消费需求增加,因此,文化消费支出意愿增长较快。城镇地区文化消费支出意愿增幅虽然低于农村,但是也稳步增长。从性别角度来看,2014 年,无论城镇还是农村,女性文化消费支出意愿均高于男性,农村女性支出意愿最高,平均每月880.42 元。从年龄角度来看,2014 年,城镇地区 17 岁以下和 41—65 岁居民文化消费支出意愿高于农村,其他年龄段农村居民支出意愿高于城镇,其中,农村地区 26—40 岁文化消费支出意愿最高,平均每月 928.20 元。从学历角度来看,2014 年,城镇地区初中及以下、高中学历的居民文化消费支出意愿高于农村,其他学历农村居民支出意愿则高于城镇,其中,农村地区大学本科、硕士及以上居民平均每月支出意愿均超过 1000 元。2014 年,无论性别、年龄、学历,城乡居民文化消费支出意愿都存在一定的差异,农村地区女性居民、中青年居民、高学历居民的支出意愿均高于城镇,但是其实际文化消费支出水平并不理想。实际文化消费支出与文化消费支出意愿之间存在较大的差距,这一点在城乡之间表现得也较为明显,2014年城镇居民平均每月实际文化消费支出 433.19 元,农村居民为 402.40元,城乡居民文化消费实际支出与文化消费支出意愿的差距均在 400 元左右,从性别、年龄以及学历的角度来看,城乡之间实际文化消费支出与文化消费支出意愿之间也存在一定的缺口,说明虽然近年来各地政府组织了一系列文化下乡的活动,如设置农家书屋、集体放映电影、设置文化活动室、举办文艺汇演等,也出台了针对农村居民的文化消费政策,但是并没有满足农村居民的精神文化需求,农村仍存在大量文化消费需求有待释放,今后政府应该继续加强对文化产业的支持力度,向农村提供更多农民群众喜闻乐见的文化产品,以丰富农民文化生活,缩小文化消费城乡差距。

表 6-1 2014 年城乡与性别、年龄、学历交叉的文化消费支出意愿分析

单位:元/月

	城 镇	农 村
男	803.00	792.44
女	824.74	880.42
17 岁以下	920.89	715.34
18—25 岁	776.76	925.34
26—40 岁	848.60	928.20
41—65 岁	800.14	759.51
66 岁以上	732.57	784.77
初中及以下	863.15	753.27
高中	783.84	769.52
大专	828.75	845.77
大学本科	770.68	1060.71
硕士及以上	867.39	1197.06

就性别而言,2013—2014 年,女性文化消费支出意愿均高于男性。2014年女性居民平均每月文化消费支出意愿为 851.76 元,而男性居民平均每月为797.82 元。调查数据显示,2014 年女性居民平均每月收入为 3565.29 元,低于男性居民,女性虽然收入水平要低于男性,但是消费能力要强于男性,文化消费支出意愿也高于男性。从年龄角度来看,除 17 岁及以下男性文化消费支出意愿高于女性外,其他年龄段女性文化消费支出意愿均高于男性,其中,26—40 岁女性居民每月文化消费支出意愿最高,为 920.20 元。从学历角度来看,除硕士及以上学历男性居民文化消费支出意愿高于女性外,其他学历女性居民支出意愿均高于男性居民,说明就性别而言,女性是文化消费的主力。女性购买力强,注重审美以及生活的享受,倾向于产品的多样化和个性化,在基本物质生活得到满足后,比男性更加注重精神文化生活,因此,其文化消费意愿强烈。与实际文化消费支出水平相比,2013—2014 年男性平均每月文化

消费实际支出均不到 400 元,女性居民虽然每月实际支出比男性较高,但是与文化消费支出意愿相比仍存在较大的差距。

表 6-2　2014 年性别与年龄、学历交叉的文化消费支出意愿分析

单位:元/月

	男	女
17 岁以下	855.26	755.83
18—25 岁	845.10	864.37
26—40 岁	838.96	920.20
41—65 岁	758.45	810.15
66 岁以上	740.92	801.02
初中及以下	796.36	810.57
高中	758.92	795.71
大专	811.97	858.07
大学本科	800.58	952.88
硕士及以上	1128.00	921.43

　　就年龄而言,2014 年各年龄段居民平均每月文化消费支出意愿均超过 750 元,其中,26—40 岁居民每月文化消费支出意愿最高,为 885.52 元。纵向来看,2013—2014 年,除 41—65 岁居民外,其他各年龄段居民文化消费支出意愿均出现较大幅度增长。17 岁及以下居民文化消费意愿增长幅度最大,2014 年每月文化消费支出意愿为 809.92 元,相比 2013 年增长 37.87%。不同年龄阶段居民的消费支出不同,反映出不同年龄层次的消费能力不同,中青年群体相对乐于消费,愿意且有能力投入资金,17 岁及以下群体在经济来源上尚不具备独立能力,该年龄段居民平均每月收入仅 298.57 元,远低于其他年龄段居民,因此在文化消费支出意愿上低于其他年龄段居民,但是,近年来这一群体文化消费支出意愿出现较大幅度的增长。而 26—40 岁年龄段实际收入最高,平均每月 4240.10 元,这说明收入是消费的前提与基础,一定的收

入水平决定一定的消费意愿,中青年收入水平较高,因而相应的文化消费支出意愿也较高。另一方面,与实际文化消费支出水平相比,2013—2014 年文化消费实际支出最高的均为 26—40 岁居民,2014 年 26—40 岁年龄段居民平均每月实际文化消费支出 471.38 元,2013 年每月实际文化消费支出为 412.69元,比其他年龄段居民实际文化消费支出要高,但是,与其文化消费支出意愿相比,仍存在较大差距,在 400 元以上。制定合理的消费促进政策,针对不同年龄段促进相关文化产业的发展、完善文化消费市场,满足青少年、中年、老年人的文化消费需求,对于促进文化消费的发展具有重要的促进作用。

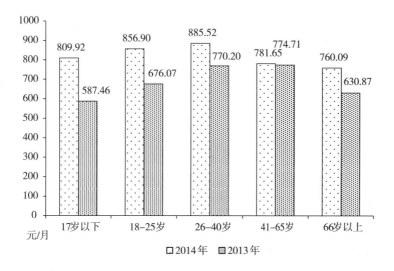

图 6-2 2013—2014 年不同年龄段居民文化消费支出意愿情况

就学历而言,2013—2014 年,文化消费支出意愿与学历呈正相关性关系。2014 年,文化消费支出意愿最高的是硕士及以上学历,平均每月文化消费支出意愿为 1007.50 元,比支出意愿最低的高中居民高 231.29 元。纵向来看,2013—2014 年学历越低的居民文化消费支出意愿增长幅度越高,初中及以下学历居民增幅最大,达 57.61%。同时,居民收入也与学历存在正相关关系,2014 年收入最高的是硕士及以上学历的居民,平均每月收入 6335.42 元,最低的是初中及以下学历的居民,平均每月收入 1976.65 元。因此,高学历居民对文化消费的态度较为积极。针对不同学历群体制定合理的文化消费促进政

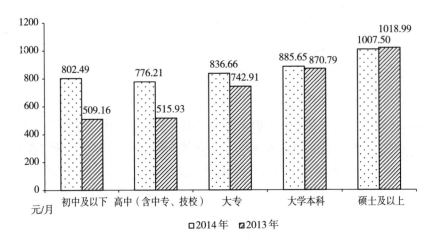

图6-3　2013—2014年不同学历居民文化消费支出意愿情况

策,进一步激发不同学历层次的潜在文化消费需求,对于提高文化消费能力,
具有十分重要的意义。

二、文化消费时间意愿分析

居民的闲暇时间是文化消费的基础,春节、清明节、中秋节等传统节假
日和五一劳动节、十一国庆节等各种节假日为居民进行文化消费在时间上
提供了便利,同时随着信息技术的发展,居民可以利用碎片化的时间随时随
地进行文化消费。根据调查发现,2014年居民平均每天可自由支配时间为
5.88小时,居民平均每天文化消费时间意愿为5.81小时,说明当前我国居
民文化消费需求旺盛。但是,居民平均每天文化消费实际支出仅3.17小
时,比文化消费时间意愿少1.64小时,这说明居民在文化消费上还有巨大
的潜力。

就不同区域而言,2014年除中西部部分省份外,大部分省份居民平均每
天文化消费时间意愿都在5小时以上,其中,西藏、江西、山东、湖北等地居民
平均每天文化消费时间意愿较高。从性别角度来看,2014年天津、内蒙古、上
海、江苏、浙江、福建、江西、山东、河南、西藏等省份女性居民文化消费时间意
愿高于男性,而北京、河北、山西、辽宁、吉林、黑龙江、安徽、湖北、湖南等省

份男性文化消费意愿高于女性。从城乡角度来看,2014 年北京、河北、辽宁、黑龙江、上海、江西、河南、湖南等省份农村地区居民文化消费时间意愿高于城镇,而天津、山西、内蒙古、江苏、浙江、安徽、广东、广西、海南等省份城镇地区居民文化消费时间意愿高于农村。

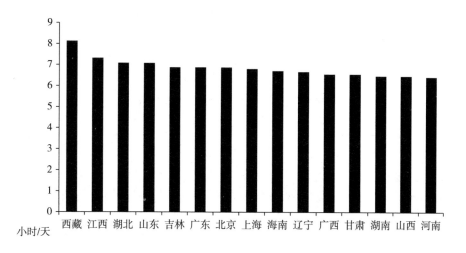

图 6-4 2014 年我国部分省、区、市居民文化消费时间意愿情况

就城乡而言,2013—2014 年农村地区居民文化消费时间意愿均少于城镇。调查数据显示,2013—2014 年城镇居民可自由支配时间均少于农村居民,说明虽然城镇地区居民可自由支配时间较少,但是文化消费意愿高,其每天愿意花在文化消费上的时间多于农村居民。从性别角度来看,2014 年城乡男性、女性平均每天文化消费时间意愿均在 5.8 小时左右,其中,城镇地区男性居民文化消费时间意愿略高于女性,而农村地区女性居民文化消费时间意愿高于男性。从年龄角度来看,文化消费时间意愿最高的是农村地区 17 岁及以下居民,为 6.45 小时;其次是城镇地区 66 岁及以上居民,为 6.30 小时。而调查数据显示,农村地区 17 岁及以下年龄段、城镇地区 66 岁及以上年龄段居民每天可自由支配时间居于较高水平,分别为 5.97 和 6.37 小时,说明居民的可自由支配时间是进行文化消费的前提,可自由支配时间越多,文化消费时间意愿可能也越多。从学历角度来看,城乡不同学历水平的居民文化消费支出意愿差别较大,文化消费时间意愿最高的城镇和农村地区初中及以下学历居民(6.14 小时)和最低的城镇硕士及以上学历居民(5.16 小时)相差近 1 小时。虽然就城乡而言,2013 — 2014 年居民的文化消费时间意愿居于较高水平,但是,居民实际文化消费时间支出很低,无论是从性别,还是从年龄、学历角度看,实际文化消费时间支出均在 3 个小时左右,远低于文化消费时间意愿。我国农村居民相比城镇居民来说文化程度偏低,文化消费观念相对滞后,这制约了文化消费需求的提高,使得农民愿意花在文化产品或服务上的时间较少,此外,农村文化设施以及文化产品相对匮乏,也制约农村居民文化消费需求的释放。

表 6-3　2014 年城乡与性别、年龄、学历交叉的文化消费时间意愿分析

单位:小时/天

	城　　镇	农　　村
男	5.85	5.75
女	5.82	5.82
17 岁以下	5.84	6.45
18—25 岁	5.83	5.84
26—40 岁	5.71	5.55
41—65 岁	5.84	5.74
66 岁以上	6.30	5.73
初中及以下	6.14	6.14
高中	5.69	5.85
大专	5.93	5.59
大学本科	5.66	5.68
硕士及以上	5.16	5.55

就性别而言,2014 年男性和女性平均每天文化消费时间意愿存在一定差异,男性为 5.77 小时,女性为 6.07 小时。从年龄角度来看,17 岁及以下女性文化消费时间意愿最高,为 6.22 小时,说明青少年女性对文化消费较为积极,时间意愿较高;时间意愿最低的是 26—40 岁年龄段男性居民,平均

每天为 5.51 小时,调查显示,26—40 岁男性居民可自由支配时间也较少,平均每天 5.81 小时,说明中青年男性工作压力大,生活节奏快,除在 8 小时正常工作时间外,可能时常面临加班问题,可自由支配时间较少,加之男性购买力本来就比女性低,对于文化消费偏好程度也较低,因而文化消费支出意愿低。从学历角度来看,2014 年初中及以下女性文化消费时间意愿最高,为 6.26 小时,而最低的是硕士及以上学历女性居民,为 5.19 小时,相差在 1 个小时以上。

表 6-4 2014 年性别与年龄、学历交叉的文化消费时间意愿分析

单位:小时/天

	男	女
17 岁以下	6.12	6.22
18—25 岁	5.82	5.85
26—40 岁	5.51	5.72
41—65 岁	5.81	5.77
66 岁以上	6.05	5.90
初中及以下	6.14	6.14
高中	5.69	5.85
大专	5.93	5.59
大学本科	5.66	5.68
硕士及以上	5.16	5.55

就年龄而言,2014 年每天文化消费时间意愿最高的是 17 岁及以下居民,为 6.17 小时,其次是 66 岁以上居民,最低的是 26—40 岁居民。纵向来看,2013—2014 年各年龄段居民文化消费时间意愿变化不大,66 岁及以上居民平均每天时间意愿增幅最高,为 18.63%,而 26—40 岁、41—65 岁居民时间意愿出现负增长。不同年龄段居民文化消费实际时间与时间意愿相差较大,2014 年平均每天文化消费实际时间最高不超过 3.4 小时,与文化消费时间意愿相差将近 3 个小时,说明各年龄段居民文化消费存在巨大的潜力。

就学历而言,2014 年每天文化消费时间意愿最高的是初中及以下居民,为 6.14 小时;其次是高中;文化消费时间意愿最低的是硕士及以上居民,为

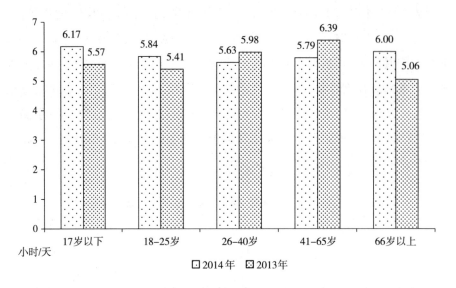

图 6-5　2013—2014 年不同年龄段居民文化消费时间意愿情况

5.33 小时。纵向来看,文化消费时间意愿增幅最大的是初中及以下学历居民,增幅超过 20 个百分点,而大专、大学本科、硕士及以上居民 2014 年文化消费时间意愿均出现负增长。从学历层面来看,2013—2014 年各学历阶段居民文化消费时间实际与意愿均存在较大差距。

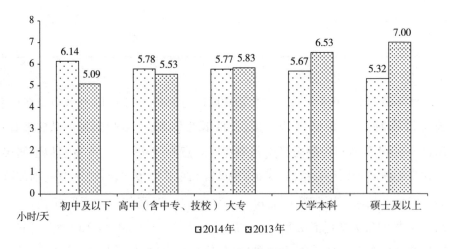

图 6-6　2013—2014 年不同学历居民文化消费时间意愿情况

第七章 2013—2014 年文化
消费满意度分析

顾客满意度反映了一种心理状态,是消费者消费某种产品或服务时产生的感受与自己的期望所进行的对比,是一个相对概念。满意度一方面受到客观因素诸如产品质量、种类、价格等的影响;另一方面又会受到消费者的期望、消费观念等主观因素影响。文化消费满意度是居民对文化产品及服务消费的主观评价,主要受到文化产品供给、居民的文化素养和经济状况等一系列因素影响。

消费者的主观期望越高,对于文化产品的要求也会提高,当消费期望的提升速度快于文化产品质量的提高速度,就可能会造成消费满意度的下降。教育背景、文化素养等因素会影响居民的消费期望,一般而言,受教育水平越高、文化素养越好,居民对于文化产品的鉴赏能力与理解能力就会越强,相应地对于文化产品的要求就越高,期望也就越大。

文化消费满意度能够对文化消费意愿产生重要影响,满意度提高能够增加居民进一步文化消费的意愿,进而拉动居民文化消费水平的提高。在文化消费环境有效改善的情况下,文化消费满意度的下降反映出了居民对于文化产品要求的提高,文化产品水平的提升尚不能满足居民日益增长的精神文化需求。为了全面了解居民对于文化消费的满意状况,本书从全国、城乡、性别、学历、年龄五个方面对文化消费质量满意情况和文化消费价格满意情况进行详细分析。

一、文化消费质量满意度分析

文化消费质量满意度是消费者对于文化产品的种类、质量,文化消费渠道,文化市场秩序等因素的综合评价,是影响居民文化消费满意度的重要因素之一。文化部在《"十二五"时期文化改革发展规划》中,将推动文化产业实现跨越式发展,逐步成为国民经济支柱性产业作为重要目标,鼓励文化与科技相融合,为文化产业发展创造重要动力与引擎。地方政府也纷纷出台措施发展文化产业,提高文化产品供给水平,以山西省为例,近年来该省以"五大战略"为引领,出台了一系列意见和办法,多项优惠政策鼓励文化企业做强做大,11个市出台实施意见,设立文化发展专项资金,每年拿出上千万元扶持重点文化产业项目。政府助推企业拓展市场,鼓励国际交流,2013年山西省政府组团参加深圳文博会、北京文博会、海南书博会等大型国际性展会,借助国内最大、最有影响的文化产业展示交易平台,为企业搭台,推介项目和产品,全省数百余家文化企业踊跃赴会,企业意向签约总金额突破百亿元,比2012年翻了一番。文化产业的蓬勃发展会带动文化产品供给规模的扩大和质量的提升。然而目前,我国文化产品供给中仍然存在一些问题。2014年,我国文化产业增加值约占同期国内生产总值的3.76%,距离国民经济支柱性产业的定位还有不小的差距;文化产品生产中跟风、从众现象较为明显,一些丰富多彩的文化资源尚未得到有效的开发利用;科技的支持力度不够大,导致文化产品与科技的融合不够深入,文化产品在表现形式等方面缺乏竞争力;居民精神文化需求随着经济社会的发展越来越旺盛,不同人群间文化消费偏好差异日趋显著,文化产品的丰富性尚不能满足所有消费群体的需求,文化产品出现供需错位的结构性矛盾等。

在对我国居民义化消费质量满意情况的调查中发现,相比2013年,2014年对文化消费质量持否定态度的受访者比例下降6.83%,持中立态度的受访者比例上升7.91%,持肯定态度的受访者比例下降1.08%;2014年仅有6.53%的受访者对我国文化消费质量非常满意,与2013年相比,下降1.64%;2013—2014年均有50%以上的受访者对文化消费质量持中立态度或否定态度。与人民群众日益增长的多样化精神文化需求相比,现有的文化设施普遍落后、文化产品和服务供给水平远远不足,文化消费质量不高。例如,2014年全国图书馆人均藏书量0.58册,远远低于国际图书联合会人均1.5—2.5册的标准;公共文化产品的新形式、新内容不多,服务方式和服务手段还比较单一,普遍缺乏广大群众喜闻乐见、丰富多彩的文化产品。究其原因,这一方面反映出了我国居民对于文化消费质量的要求有所提高;另一方面说明我国文化产品供给水平还需更大程度的提升。

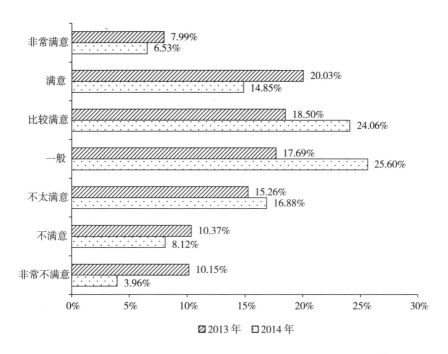

图 7-1 2013—2014 年居民对文化消费质量满意度评价情况

2014 年有 11 省份对文化消费质量评价较高,持正面评价的受访者比例均在 50% 以上,除陕西和重庆属于西部地区外,其他 9 个省份均属于东部地区,分别为福建、上海、广东、浙江、天津、北京、江苏、山东。要特别指出的是,福建居民对文化消费质量满意度持肯定态度的受访者比例在 80% 以上,上海、广东、河北、浙江、天津等省份比例在 60% 以上。然而,仍有不少地区的居民对当地文化消费质量并不满意,尤其是吉林、云南、河南、甘肃等地,对当地文化消费质量作出负面评价的受访者占 40% 以上。此外,湖北省居民中对文化消费质量持中立态度的受访者达 42.86%,青海、宁夏、海南、内蒙古等省份也在 30% 以上。东部地区凭借丰富的文化资源和文化资本、文化人才资源投入,在文化消费质量的提升方面更胜一筹,居民文化消费质量满意度更高。分析我国文化消费质量满意度不高的原因,一方面,部分政策落实不到位,如"十一五"规划提出的建立公共文化服务专项资金或基金的政策、从城市住房开发投资中提取 1% 用于社区公共文化设施建设、公益性捐赠的税收优惠等

政策,尚未得到普遍落实;另一方面,部分政策缺失,如鼓励社会力量参与公共
文化服务建设的政策力度不够、实施细则不完善、税收减免的程序和手续过分
繁杂等原因,导致社会力量参与公共文化服务体系建设的积极性不高,参与的
程度非常有限。在文化消费质量满意度较高的省市中,以福建省为例,近年来
福建省相继出台了多项措施推动文化产业的发展,其中提出的文化与科技、旅
游、资本融合发展等举措对居民文化消费质量改善起到了重要作用,在推动文
化与科技融合发展方面,加快福州等地文化与科技融合示范基地建设,积极创
造条件推动福州等设区市申评国家级融合示范基地;在推动文化与旅游融合
发展方面,打造文化旅游精品路线和"海峡文化旅游"品牌,支持和推动重点
景区策划、打造旅游演艺项目,推动马尾·中国船政文化城等文化旅游融合示
范基地建设。

表7-1　2014年部分地区居民对文化消费质量的满意度评价情况

地　区	非常不满意	不满意	不太满意	一　般	比较满意	满　意	非常满意
福　建	0.67%	4.67%	5.33%	9.33%	23.33%	26.00%	30.67%
上　海	0	3.64%	3.03%	23.64%	32.12%	27.88%	9.70%
广　东	3.27%	3.64%	12.73%	12.73%	32.73%	27.64%	7.27%
河　北	2.04%	7.48%	11.56%	15.65%	28.57%	27.89%	6.80%
浙　江	1.71%	3.42%	5.98%	25.64%	12.82%	23.08%	27.35%
天　津	2.17%	2.17%	10.87%	23.91%	15.22%	34.78%	10.87%
北　京	2.09%	0.84%	15.48%	23.85%	25.52%	20.92%	11.30%
陕　西	0.76%	3.05%	10.69%	29.01%	28.24%	21.37%	6.87%
重　庆	1.52%	8.12%	18.27%	16.75%	28.93%	18.27%	8.12%
江　苏	4.29%	6.27%	12.54%	24.42%	28.05%	18.48%	5.94%
山　东	3.21%	5.88%	14.44%	26.20%	24.60%	16.04%	9.63%
黑龙江	1.55%	10.85%	10.08%	27.91%	30.23%	13.95%	5.43%
广　西	6.38%	4.26%	17.02%	28.94%	27.23%	15.32%	0.85%
甘　肃	8.64%	1.85%	33.95%	12.96%	42.59%	0.00%	0.00%
江　西	0.68%	5.41%	17.57%	33.78%	16.89%	20.27%	5.41%

城乡方面,2014年城镇有49.68%的居民对文化消费质量作正面评价,比
2013年下降2.45%,农村有40.99%的居民对文化消费质量作正面评价,比

2013 年上升 1.76%;2014 年,城镇有 23.59% 的居民对文化消费质量作负面评
价,比 2013 年下降 6.98%,农村有 34.60% 的居民对文化消费质量作负面评
价,比 2013 年下降 7.98%;2013—2014 年,城镇中对文化消费质量持正面评
价的比例均高于农村,但对文化消费质量持负面评价的比例低于农村,不过城
乡居民文化消费质量满意度评价差距有所缩小。农村居民对文化消费质量评
价较低,一方面,城市文化基础设施比较齐备,文化事业发展迅速,居民可享受
较多的公共文化设施资源,而农村文化资源匮乏,许多文化事业发展迟滞,文
化产品市场发育不充分,缺少基本的公共文化设施,大多数地区公共图书馆、
电影院、文化广场、体育场馆都很缺乏,这样就难以激发农村居民的文化消费
热情;另一方面,可能由于农村文化产品供求脱节,文化产品的供应无法满足
居民的精神文化需求。加大农村文化基础设施建设投入、提升农村人口受教
育水平、改善农村文化消费环境、优化农村文化消费结构和层次,逐步缩小城
乡文化消费质量及精神文明建设之间的差距。

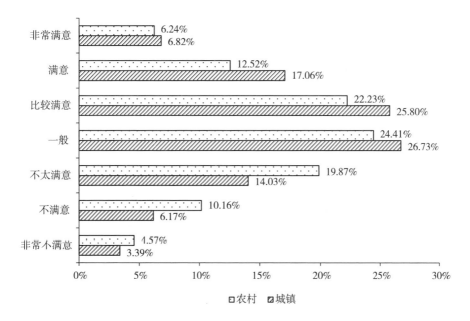

图 7-2　2014 年城乡居民对文化消费质量满意度评价情况

　　性别方面,2014 年,男性有 43.10% 的居民对文化消费质量持积极态度,
相比 2013 年,下降 3.16%,女性有 47.73% 的居民对文化消费质量持积极态

度,相比 2013 年,上升 0.87%;2014 年男性有 30.39%的居民对文化消费质量持否定态度,比 2013 年下降 6.27%,女性则有 25.57%的居民对文化消费质量作负面评价,比 2013 年下降 7.12%,不同性别的居民对文化消费质量的负面评价均有所下降;2013—2014 年,女性对文化消费质量持正面评价的比例均高于男性,对文化消费质量持负面评价的比例低于男性。与女性相比,男性虽然文化消费频次较低,但在文化消费时多为理性消费,注重商品的使用效果和整体质量,不太注重商品外观和商品细节,追求简洁明快的风格,因此,一旦实用性出现问题,男性便倾向于负面评价。而女性进行文化消费时,习惯从感性出发,注重外观、样式之类的细节,并以此形成对商品质量的好恶,她们精挑细选的文化产品,一旦有一处细节打动她们,便会使她们放弃负面评价。

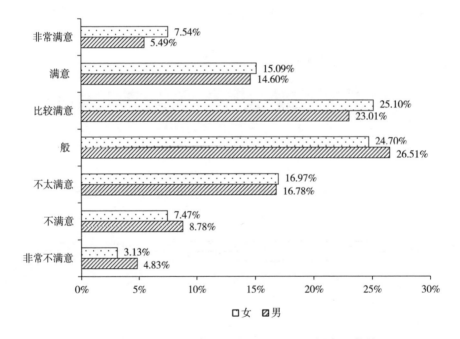

图 7-3　2014 年不同性别居民对文化消费质量满意度评价情况

　　学历方面,2014 年,49.69%的大学本科学历的居民对文化消费质量作出了正面评价,49.16%的硕士及以上学历居民对文化消费质量作出了正面评价,48.98%的大专学历居民对文化消费质量作出了正面评价,41.61%的高中(含中专、技校)学历的居民对文化消费质量作出了正面评价,39.49%的初中及以下学历居民对文化消费质量作出了正面评价;2014 年,随着学历层次的提升,居民对文化消费质量作负面评价的比例逐渐降低,其中,初中及以下学历居民对文化消费质量负面评价比例最高(34.40%),硕士及以上学历居民对文化消费质量负面评价比例最低(20.84%);与 2013 年相比,2014 年高中(含中专、技校)及以下学历的居民中对文化消费质量持正面评价的比例有所下降,大专及以上学历的居民中对文化消费质量持正面评价的比例有所上升;与 2013 年相比,2014 年各学历层次的居民对文化消费质量呈负面评价的比例均有所下降,其中,硕士及以上学历居民中对文化消费质量作负面评价的比例下降25.40%,大学本科学历的居民对文化消费质量呈负面评价的比例下降14.96%;2013—2014 年,各学历层次居民中对文化消费质量持中立态度的比例均有所上升,其中,高中(含中专、技校)及以下学历增幅较大(9.48%)。我国文化产业发展还存在着规模偏小、产业链不够完整、集聚效应不够明显、知名品牌较少、高端创意人才缺乏等问题,导致居民对文化消费质量评价不高。高学历人群的消费和供给还处在脱节状态,而低学历人群消费的文化产品较为固定,并保持发展势头,因此,他们对文化消费的质量评价要好于高学历人群。

表 7-2 2014 年不同学历居民文化消费质量满意度情况

	非常不满意	不满意	不太满意	一般	比较满意	满意	非常满意
初中及以下	4.35%	11.15%	18.90%	26.11%	21.66%	13.27%	4.56%
大学本科	3.73%	6.56%	13.64%	26.38%	24.58%	16.47%	8.64%
大专	3.50%	7.06%	15.65%	24.81%	25.05%	16.26%	7.67%
高中(含中专、技校)	4.70%	8.79%	19.26%	25.64%	24.03%	13.02%	4.56%
硕士及以上	1.67%	5.00%	14.17%	30.00%	22.50%	14.17%	12.49%

年龄方面,通过调查 2013—2014 年不同年龄居民对文化消费质量的满意度状况发现,与 2013 年相比,2014 年 40 岁以下各年龄段居民对文化消费质量持正面评价的比例均有所下降,其中,17 岁以下年龄段降幅最大(13.57%),但是,41 岁以上年龄段居民对文化消费质量持正面评价的比例均有所上升;

与 2013 年相比,除 17 岁以下年龄段居民对文化消费质量持负面评价的比例上升 6.48%外,18 岁以上年龄段居民对文化消费质量持负面评价的比例均有所下降,尤其是 66 岁以上的居民对文化消费质量持负面评价的比例下降11.58%;与 2013 年相比,2014 年对文化消费质量持中立态度的居民比例有较大幅度上升,其中,18—25 岁年龄段居民持中立态度的比例增幅达 9.88%,其他各年龄段增幅均位于 7%—8%之间。与年龄大的群体相比,年轻群体对文化产品的眼光更加挑剔,因此,文化消费质量满意度下降较大。

表 7-3　2014 年不同年龄居民文化消费质量满意度情况

	非常不满意	不满意	不太满意	一　般	比较满意	满　意	非常满意
17 岁以下	5.32%	10.84%	19.84%	25.36%	19.43%	13.50%	5.71%
18—25 岁	3.71%	6.86%	16.40%	26.32%	24.10%	16.31%	6.30%
26—40 岁	3.83%	6.90%	17.69%	25.20%	25.20%	14.62%	6.56%
41—65 岁	3.59%	8.15%	16.40%	25.66%	23.99%	14.63%	7.58%
66 岁以上	5.21%	11.93%	14.32%	25.16%	25.60%	14.53%	3.25%

二、文化消费价格满意度分析

居民对文化消费价格的满意度一方面受到文化产品价格水平的影响,另一方面受居民价格预期的影响。一般而言,文化产品与服务的价格对文化消费满意度起反作用,目前我国文化产品的价格体系不太健全,一定程度上影响了市场调节机制发挥作用,文化产品服务价格体系未能真正与市场运行机制有机结合,许多文化产品价格与居民收入水平不匹配,令普通百姓望而却步,敬而远之。居民对文化产品的价格预期与文化消费价格满意度呈正相关关系,预期价格高于实际价格,则消费者满意度会相应提升。收入水平是影响价格预期的重要因素,收入提高意味着消费能力提高,居民对文化产品购买力的

提升一定程度上会提高其价格预期;文化产品质量也会影响居民的价格预期,
高质量的文化产品能够对居民产生较高的效用,因此居民愿意付出更多的货
币去购买。

在文化消费价格满意情况的调查中发现,与 2013 年相比,2014 年对文化
消费价格持肯定态度的受访者比例下降 3.34%,持否定态度的受访者比例下
降 3.66%;2014 年,有 44.93% 的受访者对文化产品价格是满意的,对文化产
品价格持否定态度的受访者比例达 29.78%;2013—2014 年对文化消费价格
持中立态度或否定态度的受访者比例均占 50% 以上。由此可见,我国居民对
文化消费价格整体满意程度不高,这可能与我国文化产品价格过高、居民收入
不足、文化产品性价比较低等因素有关。今后,一方面应继续增加居民收入、
文化产品的购买力;另一方面继续推动文化产业,尤其是大众文化产业市场
化,培育市场主体,培养良性的竞争机制和市场环境,利用市场机制推动文化
产品价格的合理化。

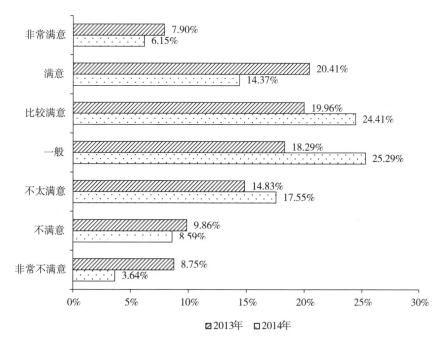

图 7-4　2013—2014 年居民对文化消费价格满意度情况

不同省份对文化消费价格满意度有所不同。有 12 个省份对文化消费价

格持肯定态度的受访者比例在50%以上,除陕西、安徽、重庆、黑龙江位于中西部地区外,其他省份均位于东部地区,分别为福建、上海、河北、天津、浙江、广东、北京、江苏。要特别指出的是,福建省文化消费价格持肯定态度的居民比例达80%,上海市在70%以上,河北、天津、陕西、浙江则在60%以上。然而仍有不少地方对文化消费价格满意度不高,例如,云南、河南、吉林、山西、贵州等省份居民对文化消费价格持否定态度的居民均在40%以上,新疆、西藏、内蒙古、四川、宁夏等省份也在35%以上,且这些地区均属于中西部地区。此外,宁夏地区居民中对文化消费价格持中立态度的受访者比例达40.88%,辽宁、湖北、甘肃、湖南、海南等省份居民持中立态度的比例也在30%以上。我国东部沿海地区经济发达,居民平均收入能力与消费能力优于全国其他地区,同时当地居民文化素养较高,对于文化产品有一定的理解和鉴赏能力,更容易接受那些价格较高的文化产品,因此东部地区居民对于当地文化消费价格有较高的满意度。相比之下,中西部地区虽然物价水平偏低,但是文化产业薄弱,文化产品匮乏,尚未形成完整的文化消费市场,价格调节机制尚不健全,并且购买的文化产品(或服务)比较少,对文化产品的价格体验不够深刻,整体表现为对文化消费价格满意度不高。为了提升我国居民文化消费价格满意度,需要进一步完善文化经济政策,推动文化体制改革和文化产业发展。具体而言,一是完善税收优惠政策,继续落实宣传文化单位税收优惠政策,落实支持经营性文化事业单位转企改制和文化企业发展的税收优惠政策;二是完善投融资政策,落实和完善金融支持文化产业发展政策措施,促进文化产业与资本市场的对接,拓宽文化企业融资渠道;三是完善非公有资本投资文化产业政策,进一步研究完善文化市场准入政策,鼓励和支持非公有资本以多种形式投资文化产业。

表7-4　2014年部分地区居民对文化消费价格满意度情况

地　区	非常不满意	不满意	不太满意	一　般	比较满意	满　意	非常满意
北　京	2.09%	5.02%	17.15%	20.08%	28.45%	20.92%	6.28%
河　南	9.38%	10.94%	25.31%	24.06%	26.56%	2.50%	1.25%
河　北	2.04%	6.80%	8.84%	17.01%	24.49%	30.61%	10.20%
山　西	12.50%	12.50%	16.07%	20.98%	20.09%	11.61%	6.25%

地　区	非常不满意	不满意	不太满意	一　般	比较满意	满　意	非常满意
内蒙古	0.83%	9.17%	28.33%	30.00%	16.67%	9.17%	5.83%
辽　宁	2.68%	4.46%	17.41%	36.61%	23.66%	5.80%	9.38%
吉　林	4.93%	20.18%	20.18%	24.22%	16.14%	9.87%	4.48%
黑龙江	2.33%	9.30%	11.63%	26.36%	33.33%	9.30%	7.75%
上　海	0	1.82%	8.48%	19.39%	35.76%	26.06%	8.48%
江　苏	2.31%	8.58%	9.24%	25.41%	30.69%	18.81%	4.95%
浙　江	1.71%	1.71%	5.13%	28.21%	18.80%	22.22%	22.22%
安　徽	2.15%	5.15%	16.31%	23.18%	31.33%	16.31%	5.58%
福　建	0	4.67%	5.33%	10.00%	15.33%	35.33%	29.33%
江　西	1.35%	5.41%	21.62%	23.65%	31.08%	10.81%	6.08%
山　东	3.21%	4.28%	17.11%	27.81%	22.46%	17.11%	8.02%

　　城乡方面,2014年,城镇有48.93%的居民对文化消费价格持肯定态度,比2013年下降4.54%,农村有40.72%的居民对文化消费价格持肯定态度,比2013年下降0.75%;2014年,城镇有25.59%的居民对文化消费价格持否定态度,比2013年下降3.15%,农村有34.20%的居民对文化消费价格持否定态度,比2013年下降5.39%;2013—2014年,城镇中对文化消费价格持正面评价的受访者比例均高于农村,而对文化消费价格持负面评价的受访者比例均低于农村。农村居民收入水平偏低,文化设施服务半径过大,文化消费本身就不易受到农民的重视,如果文化消费价格过高,更会进一步抑制农村文化消费的增长。因此,政府应该继续实施文化惠民政策,重点补贴农村居民文化消费,鼓励扶持面向农村居民的文化产业,降低农村文化产品/服务价格,使农村居民能够享受到性价比更高的文化产品/服务。

　　性别方面,2014年,男性有43.95%的居民对文化消费价格作正面评价,比2013年下降3.43%,女性有45.88%的居民对文化消费价格作正面评价,比2013年下降3.50%,说明不论是男性还是女性对文化消费价格持肯定态度的居民比例均有所下降;2014年,男性有31.27%的居民对文化消费价格持消极态度,比2013年下降3.64%,女性有28.33%的居民对文化消费价格持消极态度,比2013年下降3.26%,说明不论是男性还是女性对文化消费持负面态度

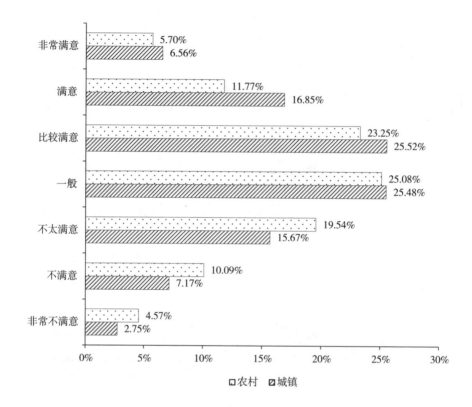

图 7-5　2014 年城乡居民文化消费价格满意度情况

的居民比例均有所下降;2013—2014 年,与对文化消费质量的评价类似,女性中对文化消费价格持正面评价的比例均高于男性,对文化消费价格持负面评价的比例则低于男性,不同性别居民对文化消费价格满意度差距变化不大。女性在文化消费时更具耐心,愿意投入更多的时间,所以会尽可能地利用各种消费渠道,进行全面的信息搜寻,如各种节假日的促销打折、福利优惠政策等,这使得她们对文化产品的价格满意度较高。男性文化消费大多是为了满足功能性、实用性需求,对文化打折、福利政策关注较少。

学历方面,2014 年,硕士及以上学历有 55.01% 的居民对文化消费价格持正面评价,大专及大学本科学历有 45%—50% 的居民对文化消费价格作正面评价,初中及以下学历有 43.22% 的居民对文化消费价格作正面评价,高中(含中专、技校)学历有 39.73% 的居民对文化消费价格作正面评价;2014 年,高中(含中专、技校)及以下学历有 33.02% 的居民对文化消费价格作负面评

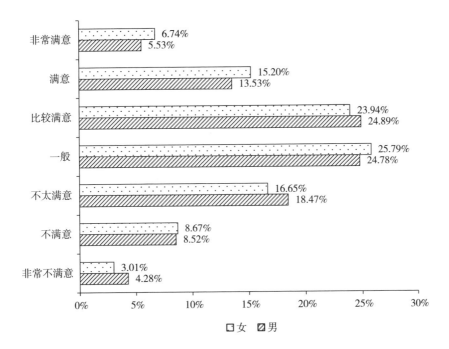

图 7-6　2014 年不同性别居民对文化消费价格满意度情况

价,大专及以上学历有 20%—30% 的居民对文化消费价格作负面评价;与 2013 年相比,2014 年本科对文化消费价格作正面评价的受访者比例有所上升,硕士及以上学历的受访者比例有所下降;2014 年除初中及以下学历中对文化消费价格持负面评价的比例有一定上升外,其他学历均有所下降,且学历越高,下降比例越大。高学历人群收入水平较高,文化消费能力更强,文化消费需求较为旺盛,对文化产品/服务的价格敏感度相对较低。

表 7-5　2014 年不同学历居民对文化消费价格满意度情况

	非常不满意	不满意	不太满意	一　般	比较满意	满　意	非常满意
初中及以下	4.03%	9.87%	18.15%	24.73%	26.65%	12.74%	3.83%
高中(含中专、技校)	4.36%	9.33%	19.33%	27.25%	24.16%	11.21%	4.36%
大专	3.27%	8.27%	16.78%	23.55%	23.55%	16.96%	7.62%
大学本科	3.22%	6.69%	15.06%	28.44%	24.71%	13.26%	8.62%
硕士及以上	0.83%	7.50%	20.83%	15.83%	23.33%	27.50%	4.18%

　　年龄方面,与2013年相比,2014年除了66岁以上对文化消费价格持正面评价的居民比例有所上升外,其他年龄段对文化消费价格持正面评价的居民比例均有所下降;与2013年相比,2014年除17岁以下对文化消费价格持负面评价的居民比例有所上升外,其他年龄段对文化消费价格持负面评价的居民比例均有所下降。

表7-6　2014年不同年龄居民文化消费价格满意度情况

	非常不满意	不满意	不太满意	一般	比较满意	满意	非常满意
17 岁以下	3.27%	8.59%	18.61%	24.13%	27.40%	11.45%	6.55%
18—25 岁	3.06%	7.32%	15.38%	26.78%	25.30%	15.29%	6.87%
26—40 岁	3.14%	9.08%	18.44%	25.48%	22.95%	15.16%	5.75%
41—65 岁	3.85%	8.50%	17.61%	24.54%	24.75%	14.37%	6.38%
66 岁以上	6.07%	10.41%	18.44%	25.60%	22.34%	12.80%	4.34%

第八章　2013—2014 年中国文化产品/服务消费分析

当前,文化与经济的联系日益紧密,文化产业发展的势头越来越好,党的十八大提出"扎实推进社会主义文化强国建设",将推动"文化产业成为国民经济支柱性产业"作为战略目标。同时,文化和科技的融合日益紧密,信息技术、数字技术等科学技术的不断创新为文化产业的快速发展奠定了坚实的基础。文化产业的规模化、集约化、专业化水平不断提高,数字出版、网络游戏、数字动漫等新兴文化产品不断涌现,文化产业和文化产品的结构均得到大大优化,文化产业已成为满足人民群众精神文化需求、促进文化繁荣发展的重要途径,成为转变经济发展方式、推动科学发展的重要力量。

本书分析的文化产品/服务主要包括十大类,分别是图书、报纸、期刊(不含漫画),电影(通过 DVD、电视、电影院、网络等方式观看电影,不含动画片),广播电视(其中包括通过电视、网络等方式观看的电视剧,不含动画片),文艺演出(如演唱会、音乐剧、戏曲、歌剧、话剧等),漫画书,动画片,娱乐活动(去歌舞厅、KTV、游乐园、室内娱乐活动、公共文化设施等),游戏(网络游戏、手机游戏等),旅游,工艺美术品和收藏品,网络文化活动(如网络音乐、电子小说、浏览新闻、刷微博、上社交平台等,不包括网络游戏和网络购物)。下面拟从区域、城乡、性别、年龄、学历等维度对这十大文化产品/服务的消费情况进行详细分析。

一、文化产品/服务消费总体情况分析

(一) 居民文化产品/服务消费丰富性分析

通过对居民主要消费文化产品种类的数量进行调查发现,2014 年,10 大

文化产品中,消费 3 种文化产品的居民最多,占总消费人群的 24.19%,消费 5 种及以下产品的居民所占比例达到 90.14%,消费 5 种以上文化产品的居民比重不到 10%。虽然当前我国文化产品种类已经非常丰富,但大多数居民主要消费的文化产品种类不超过 5 种,可见,居民文化消费生活的丰富性有待于进一步提高。

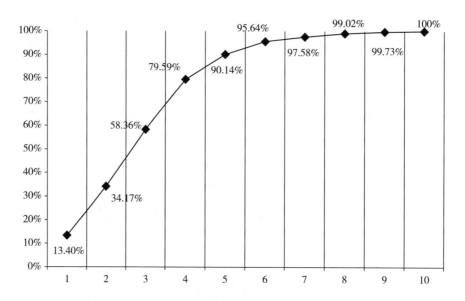

图 8-1　2014 年消费文化产品/服务种类数量的受访者比例累积曲线图

　　从不同区域来看,2014 年全国各省份居民普遍消费 2—5 种文化产品,以安徽、江西、河南、湖南、四川、贵州、西藏、陕西为代表的中西部省份居民普遍消费 1—5 种文化产品,而以北京、上海、山东、河北、江苏、广东等为代表的东部地区以及部分中西部省份消费 6 种及以上文化产品的消费者所占比例较高,其中,山东省消费 6 种及以上文化产品的消费人数占比最高,为 19.25%,说明东部地区经济发展水平高,居民收入水平高,文化素养相对较高,文化消费意愿强烈,同时,东部地区文化消费渠道便利,文化基础设施完善,文化氛围更浓,因此,居民消费的文化产品种类更多;而以山西、湖北、内蒙古为代表的部分中西部省份近年来大力发展当地文化产业,改善文化消费环境,因而,当地居民文化消费的种类也较多。

表 8-1　2014 年部分省份消费文化产品种类数量的居民占比累积分布表

（单位：%）

	1	2	3	4	5	6	7	8	9	10
北　京	7.11%	28.45%	51.46%	76.56%	85.36%	91.64%	96.24%	97.91%	99.58%	100%
上　海	8.48%	26.66%	46.05%	70.90%	87.27%	96.36%	96.36%	99.39%	100%	100%
江　苏	10.56%	30.03%	54.78%	75.24%	89.44%	94.39%	96.04%	97.03%	98.68%	100%
山　东	4.28%	18.72%	35.30%	59.90%	80.75%	91.45%	94.12%	100%	100%	100%
广　东	10.18%	30.91%	53.46%	72.01%	83.64%	89.82%	93.46%	96.73%	98.91%	100%
山　西	9.38%	33.49%	50.01%	79.47%	89.28%	93.30%	98.66%	98.66%	100%	100%
内蒙古	18.33%	40.00%	61.67%	78.34%	87.50%	94.17%	99.17%	99.17%	100%	100%
湖　北	10.71%	23.66%	49.11%	77.24%	88.83%	93.74%	96.87%	100%	100%	100%
安　徽	15.88%	37.34%	74.68%	89.27%	94.85%	97.85%	99.14%	99.57%	99.57%	100%
江　西	14.19%	31.76%	69.60%	95.95%	100%	100%	100%	100%	100%	100%
河　南	8.75%	27.19%	60.00%	78.75%	90.62%	97.18%	98.12%	99.37%	100%	100%
湖　南	10.82%	29.85%	61.57%	86.20%	95.15%	98.51%	98.51%	98.88%	100%	100%
四　川	13.50%	37.50%	59.00%	85.00%	94.50%	97.00%	97.00%	98.50%	100%	100%
贵　州	10.06%	35.85%	66.04%	84.91%	90.57%	100%	100%	100%	100%	100%
陕　西	12.98%	35.88%	63.36%	81.68%	90.08%	97.71%	98.47%	100%	100%	100%

从城乡角度来看，城镇居民普遍消费 1—5 种文化产品，只有不到 10% 的居民消费 6 种及以上的文化产品，农村居民中消费 1—5 种文化产品的居民占比为 89.93%，与城镇（90.37%）相差不大，有 10.07% 的农村居民消费 6 种及以上的文化产品。城乡居民文化消费生活的丰富性相差不大，随着城镇化进程的加快，农村居民收入水平的提高、农村消费渠道和农村文化基础设施的改善，农村居民日常文化消费改变了以往看电视、打牌、读书、看报等较为单一的文化消费状况，更多农村居民开始消费以工艺美术品和收藏品、旅游、网络活动、娱乐活动等为代表的文化产品或服务，文化生活更为丰富。

从性别角度来看，女性文化产品消费生活丰富性高于男性，男性和女性消费的文化产品种类数量基本上在 5 种以下，女性有 11.89% 的居民消费文化产品种类数量在 5 种以上，男性则只有 7.77%。说明女性是文化消费的主力，相对于男性而言，女性更偏好于尝试不同的方式，获得不同的体验，追求个性、突出自我，商家对女性的关注度比较高，因此女性消费的文化产品种类也比较多。

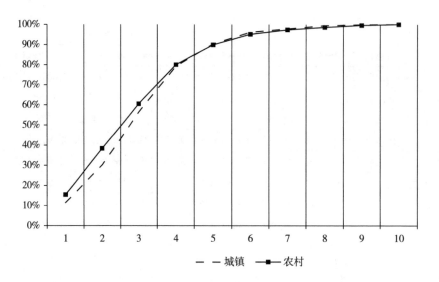

图 8-2　2014 年消费文化产品种类数量的城乡居民占比累积曲线图

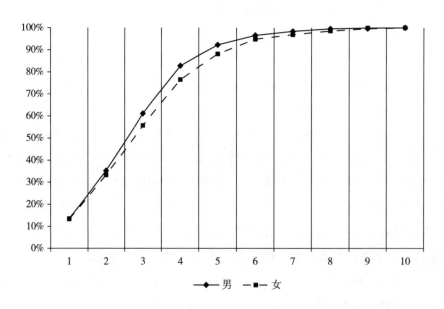

图 8-3　2014 年不同性别消费文化产品种类数量的受访者比例累积曲线图

从年龄角度来看,17 岁及以下居民主要消费 1—4 种文化产品,6 种及以上文化产品的消费人数仅占 7.76%;18—25 岁和 26—40 岁的居民中消费 5

种文化产品的消费者所占比例显著高于其他年龄段,同时,这两个年龄段的居民中消费 6 种及以上文化产品的消费者所占的比例也显著高于其他年龄段居民;41—65 岁和 66 岁以上居民主要消费 1—4 种文化产品。中青年人群是文化消费的主力,相对于其他人群而言,中青年居民收入水平较高,消费能力强,是文化消费的主体,文化产业大多以该群体为目标定位,因而中青年居民消费的文化产品种类更加丰富。17 岁及以下居民没有稳定的收入来源,对于文化产品的消费"心向往之,然不能至",文化产品消费的种类较少。老年人接受新事物比年轻人慢,不善于利用以科技为依托的新的消费平台与消费渠道,因而,消费的产品种类少,文化消费生活丰富度偏低。

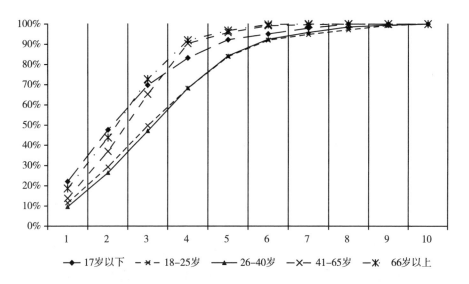

图 8-4 2014 年不同年龄消费文化产品种类数量的受访者比例累积曲线图

从学历角度来看,高中、初中及以下学历的居民普遍消费 1—4 种文化产品,而大专、大学本科、硕士及以上学历中消费 5 种、6 种文化产品的居民所占比例要高。高中、初中及以下学历中消费 6 种及以上文化产品的居民所占比例分别为 5.73%、6.31%,而大专、大学本科、硕士及以上学历中消费 6 种及以上的文化产品人数均超过 10%,其中大学本科占比最高,为 18.65%。居民受教育程度越高,接触的文化产品的品质也越高,种类也更加多元,因而文化消费生活丰富度相对来说较高;学历低的居民文化娱乐活动较为单一,主要集中在看电视、上网和看报纸上,因此消费的文化产品种类相对较少。

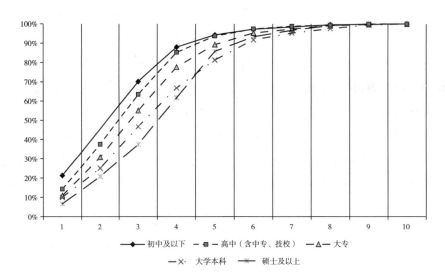

图8-5　2014年不同学历消费文化产品种类数量的受访者比例累积曲线图

（二）文化产品受欢迎程度分析

在文化产品/服务受欢迎情况方面,电影,广播电视,网络文化活动,图书、报纸、期刊比较受欢迎,其中,电影、广播电视、网络文化活动消费人群在60%左右;相比之下,游戏、文艺演出、动漫、工艺美术品和收藏品不太受欢迎,消费人数不足20%。由于广播电视、电影等传统的文化产品覆盖群体大,受众多,无论城乡居民,还是不同学历、不同年龄的居民都能够进行消费,因此,仍然很受欢迎。随着近年来科技的发展,移动互联技术进步,使得网络文化活动比较受中青年群体的欢迎。游戏、动漫、工艺美术品和收藏品等文化产品受众小,居民的消费受限于年龄、学历等方面的影响,而且相关行业的市场结构、发展模式、人才培育、发展理念还有待于完善,市场消费渠道有待于发展,因而受欢迎程度较低。

（三）文化产品/服务消费支出分析

在文化产品/服务消费支出方面,2014年消费支出前三名分别是文化旅游、电影、网络文化活动,而2013年前三名分别是文化旅游,图书、报纸、期刊,电影。说明相对于2013年而言,2014年居民对图书、报纸、期刊的支出下降,

单位：人数比例

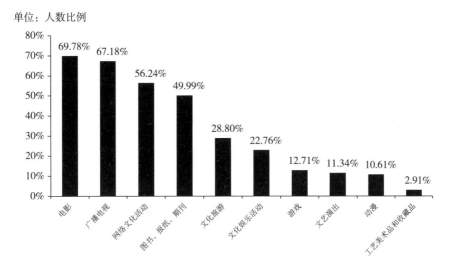

图 8-6　2014 年不同文化产品/服务的受欢迎情况

而网络文化活动的支出上升,这种趋势与信息技术、移动互联的快速发展是一致的,动漫产品连续两年排在文化产品消费的末位,说明动漫产业亟需转型升级,开拓市场。

表 8-2　2013—2014 年不同文化产品消费支出排名情况

排　名	2014 年	2013 年
1	文化旅游	文化旅游
2	电影	图书、报纸、期刊
3	网络文化活动	电影
4	图书、报纸、期刊	文化娱乐活动
5	文化娱乐活动	网络文化活动
6	游戏	游戏
7	工艺美术品和收藏品	工艺美术品和收藏品
8	文艺演出	广播电视
9	广播电视	文艺演出
10	动漫	动漫

（四）文化产品/服务市场成长空间分析

就市场成长空间来看,2014 年电影,图书、报纸、期刊,文化旅游、网络文化活动和文化娱乐活动等市场成长空间较大,位于前五名,与2013年相比,2014年工艺美术品和收藏品的市场成长空间有大幅缩小,电影,图书、报纸、期刊等的成长空间有所扩大。此外,动漫、广播电视、文艺演出等市场成长空间较小,需扭转发展思路,谋求新的发展模式。

表8-3　2013—2014年不同文化产品/服务的市场成长空间排名情况

排　名	2014 年	2013 年
1	电影	工艺美术品和收藏品
2	图书、报纸、期刊	文化旅游
3	文化旅游	图书、报纸、期刊
4	网络文化活动	电影
5	文化娱乐活动	文化娱乐活动
6	工艺美术品和收藏品	网络文化活动
7	广播电视	游戏
8	游戏	文艺演出
9	动漫	广播电视
10	文艺演出	动漫

二、图书、报纸、期刊

近年来,我国图书、报纸和期刊行业得到了快速发展,尤其是信息技术的发展,在销售渠道、传播方式等方面填充了传统行业的不足,大大提升了图书、报纸和期刊的传播力、影响力和感染力。以2014年为例,文化部《文化发展统计公报》显示,2014年年末全国公共图书馆实际使用房屋建筑面积1231.60万平方米,比上年末增长6.3%;图书总藏量79092万册,增长5.6%;电子图书50674万册,增长34.2%;阅览室座席数85.55万个,增长5.7%;计算机19.86万台,增长1.6%;供读者使用的电子阅览终端12.16万台,增长4.6%。

(一)市场受欢迎程度分析

2014年,有49.99%的受访者经常阅读图书、报纸、期刊,书报刊受欢迎程度在十大文化产品中排名第四。

城乡方面,2013—2014 年城镇居民中图书、报纸、期刊消费人群比例均高于农村居民,且城乡差距有扩大趋势。从城乡与学历交叉角度看,2013—2014 年,不论城镇还是农村,硕士及以上学历图书、报纸、期刊消费人群比例较高,初中及以下学历图书、报纸、期刊消费人群比例较低。从城乡与年龄交叉角度看,2013—2014 年,图书、报纸、期刊在 66 岁以上城乡居民中最受欢迎,在 17 岁以下城乡居民中受欢迎程度最低;同一年龄段,图书、报纸、期刊消费在城镇居民中的受欢迎程度均高于农村居民。

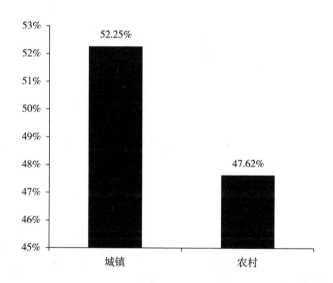

图 8-7　2014 年城乡居民阅读图书、报纸、期刊人数比例情况

性别方面,2014 年图书、报纸、期刊在男性中受欢迎程度高于女性。从性别与城乡交叉角度看,不论男性还是女性,2014 年图书、报纸、期刊在城镇居民中的受欢迎程度均高于农村;从性别与学历交叉角度看,2014 年,图书、报纸、期刊在硕士及以上学历的女性人群中受欢迎程度最高,比例高达62.86%,其次是高中男性人群,第三是高中女性人群。从性别与年龄交叉角度看,66 岁以上男性居民最喜欢阅读图书、报纸、期刊,人群比例达62.42%,其次是 66 岁以上女性居民和 41—65 岁男性居民,消费人群均在55% 以上。

学历方面,2014 年,图书、报纸、期刊在硕士及以上群体中受欢迎程度最

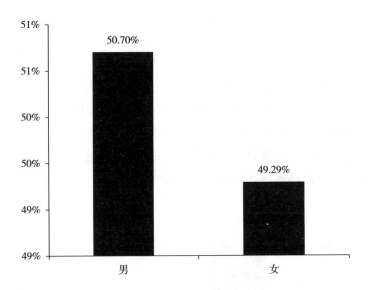

图 8-8　2014 年不同性别居民阅读图书、报纸、期刊人数比例情况

高,消费人群比例为 56.67%,其次是高中学历,第三是大学本科学历,初中及以下学历人群对图书、报纸、期刊的爱好程度略低,为 45.96%。

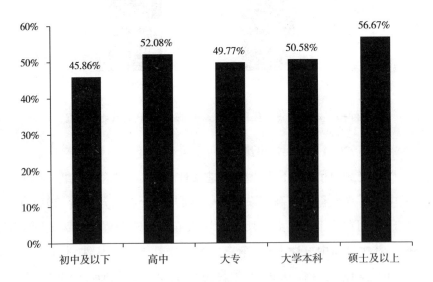

图 8-9　2014 年不同学历人群阅读图书、报纸、期刊人数比例情况

　　年龄方面,年龄越大,居民对图书、报纸、期刊的爱好程度越高。2014 年,66 岁以上居民最喜欢阅读图书、报纸、期刊,人群比例达 60.09%,其次是 41—

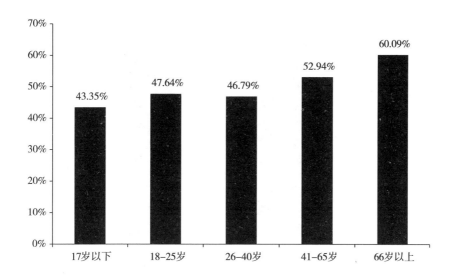

图 8-10　2014 年不同年龄段居民阅读图书、报纸、期刊人数比例情况

65 岁居民,第三至第五名的年龄段居民消费人群比例均在 50%以下。

(二)消费支出分析

1.金钱支出分析

2014 年,我国居民平均每月图书、报纸、期刊支出 31.79 元,位居文化旅游、电影和网络文化活动之后。

城乡方面,2014 年,城镇居民平均每月图书、报纸、期刊支出为 33.31 元,比农村高 3.11 元。在城乡与学历交叉分析中,城乡居民平均每月图书、报纸、期刊的支出均随学历的提升而增加,硕士及以上城乡居民图书、报纸、期刊支出较高,初中及以下的农村居民图书、报纸期刊则较低。在城乡与年龄交叉分析中,不论是城镇还是农村,年龄越高,图书、报纸、期刊的支出越高,但差异不是很大。

区域方面,广东、山东、江苏、贵州、山西等省市居民平均每月图书、报纸、期刊支出较高,均在 40 元以上;而黑龙江、新疆、天津、四川、安徽、宁夏等地居民图书、报纸、期刊支出较少,每月在 25 元以下。

性别方面,2014 年,女性居民平均每月图书、报纸、期刊支出为 32.73 元,

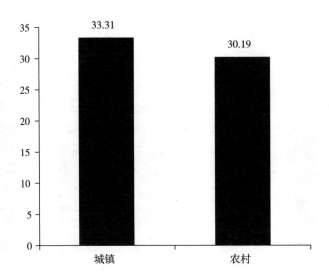

图 8-11　**2014 年城乡居民每月图书、报纸、期刊支出情况**（单位：元/月）

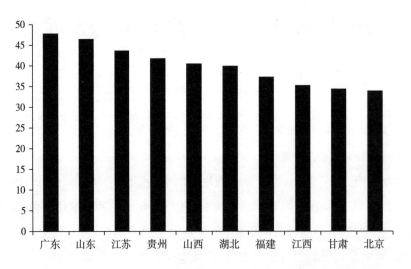

图 8-12　**2014 年部分省份居民每月图书、报纸、期刊支出情况**（单位：元/月）

比男性居民高 1.91 元。在性别与城乡交叉分析中，城镇男性居民图书、报纸、期刊支出最高，每月可达 34.20 元，但农村男性居民图书、报纸期刊支出最低，每月花费 27.31 元，对于女性，城乡之间图书、报纸、期刊支出差异不大。在性别与学历交叉分析中，不论是男性还是女性，学历越高，图书、报纸、期刊支出越高，且不同学历中女性的图书、报纸、期刊支出均高于男性。在性别与年龄交叉分析中,66岁以上女性居民每月图书、报纸、期刊支出最高,为40.65元,其次是66岁以上男性居民,第三是41—65岁女性居民,17岁以下男性居民图书、报纸、期刊支出最少,为21.43元。

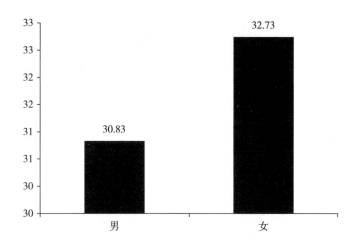

图8-13　2014年不同性别居民每月图书、报纸、期刊支出情况(单位:元/月)

年龄方面,2014年,66岁以上居民每月图书、报纸、期刊支出最高,为37.04元,18—25岁、26—40岁和41—65岁居民每月图书、报纸、期刊支出差异不大,在32元左右,17岁以下居民每月图书、报纸、期刊支出较低,为24.03元。

学历方面,图书、报纸、期刊支出与学历呈正相关关系。2014年,硕士及以上居民图书、报纸、期刊支出最高,每月达53.33元,其次是本科人群,每月支出37.90元,初中及以下人群支出最低,每月花费25.45元。

2.时间支出分析

2014年,居民每天用于图书、报纸、期刊的时间支出为0.42小时。城镇居民每天图书、报纸、期刊时间支出为0.44小时,仅比农村高0.02小时。男性居民每天图书、报纸、期刊支出时间为0.42小时,仅比女性高0.01小时。学历方面,硕士及以上人群每天阅读图书、报纸、期刊的时间最长,为0.51小时,其次是高中人群,每天花费0.44小时阅读,其他学历人群差异不大,每天在0.40小时左右。年龄方面,66岁以上居民阅读图书、报纸、期刊时间最长,每天为0.50小时,其次是41—65岁居民,17岁以下和26—40岁居民花费时

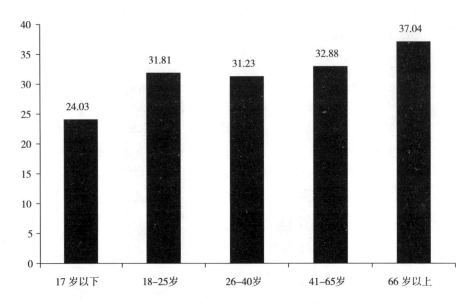

图 8-14   2014 年不同年龄居民每月图书、报纸、期刊支出情况(单位:元/月)

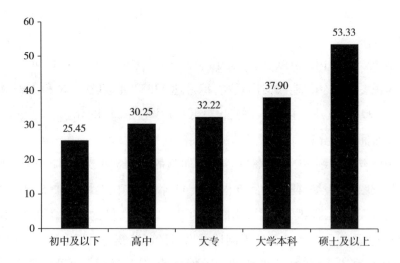

图 8-15   2014 年不同学历居民每月图书、报纸、期刊支出情况(单位:元/月)

间较少。

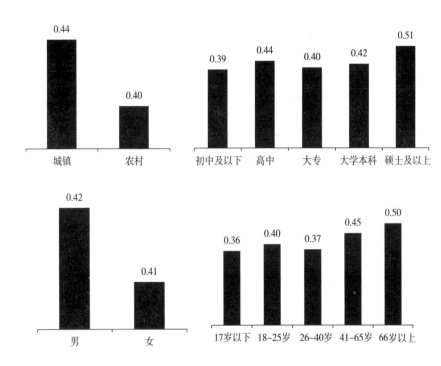

图 8-16 **2014 年不同人群每天阅读图书、报纸、
期刊的时间支出情况**(单位:小时/天)

(三) 消费意愿分析

1. 金钱支出意愿分析

2014 年,我国居民每月图书、报纸和期刊支出意愿为 82.09 元。城乡方面,2014 年,城镇居民图书、报纸、期刊平均每月的支出意愿为 84.88 元,比农村居民高 5.71 元。从城乡与学历交叉角度看,城乡居民图书、报纸、期刊的支出意愿随学历层次的提升而增大,但是城镇居民不同学历层次之间图书、报纸、期刊支出意愿差距较小,农村居民差距则较大;从城乡与年龄交叉角度看,城乡地区 66 岁以上居民图书、报纸、期刊支出意愿均比较高,17 岁以下较低。

区域方面,山西、山东、江苏等地居民每月图书、报纸、期刊支出意愿较高,安徽、黑龙江、新疆、宁夏等 8 个省份居民的图书、报纸、期刊支出意愿较低。

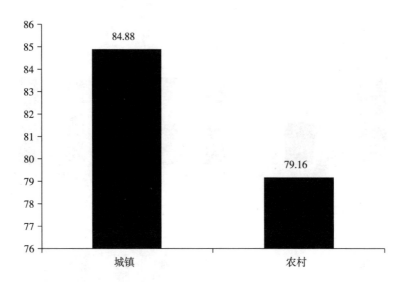

图 8-17　2014 年城乡居民每月图书、报纸、期刊支出意愿（单位：元/月）

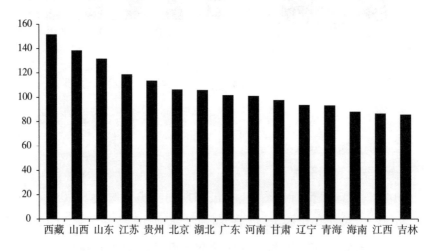

图 8-18　2014 年部分省、区、市居民平均每月图书、
报纸、期刊支出意愿（单位：元/月）

　　性别方面，2014 年，女性居民平均每月图书、报纸、期刊支出意愿为 85.12 元，比男性居民高 6.11 元。从性别与城乡交叉角度看，男性中城乡居民图书、报纸、期刊支出意愿差异较大，每月差距在 10 元以上，女性差异较小。从性别与学历交叉角度看，女性硕士及以上学历居民图书、报纸、期刊支出意愿最高，

每月高达 120.71 元,其次是女性大学本科学历居民,每月图书、报纸、期刊支出意愿为 99.65 元,第三名是硕士及以上男性居民,每月图书、报纸、期刊支出意愿为 93 元。从性别与年龄交叉角度看,66 岁以上的男性居民图书、报纸、期刊支出意愿最高,每月达 104.94 元,其次是 66 岁以上的女性居民,每月图书、报纸、期刊支出意愿为 90.31 元,其他年龄段的男性和女性居民每月图书、报纸、期刊支出意愿均在 90 元以下。

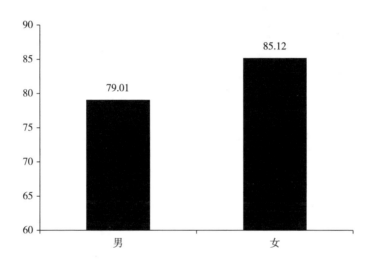

图 8-19 2014 年不同性别居民每月图书、报纸、期刊支出意愿(单位:元/月)

学历方面,2014 年,居民学历越高,图书、报纸、期刊支出意愿也越高,初中及以下人群支出意愿最低,硕士及以上学历人群支出意愿最高,每月为 109.17 元,其次是本科学历人群,每月支出意愿为 90.64 元,第三是大专学历人群,其他学历人群支出意愿较低,每月在 80 元以下。

年龄方面,2014 年,66 岁以上的居民图书、报纸、期刊支出意愿最高,每月达 100.27 元,其次是 41—65 岁居民,每月支出意愿为 84.93 元,第三是 18—25 岁居民,每月支出意愿为 80.72 元,17 岁以下居民支出意愿最低,每月为 64.21 元。

2. 时间意愿分析

2014 年,我国居民平均每天愿意花费 0.87 小时用于阅读图书、报纸和期刊。城镇居民每天愿意在图书、报纸、期刊上投入 0.91 小时,比农村高 0.08 小时;在性别方面,女性平均每天愿意花费 0.89 小时阅读图书、报纸、期刊,比

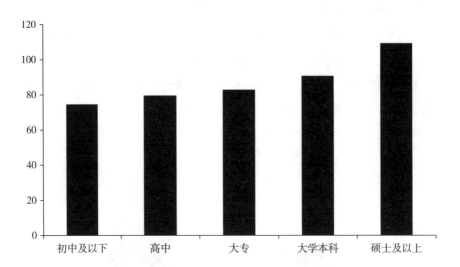

图 8-20　2014 年不同学历居民每月图书、报纸、期刊支出意愿（单位：元/月）

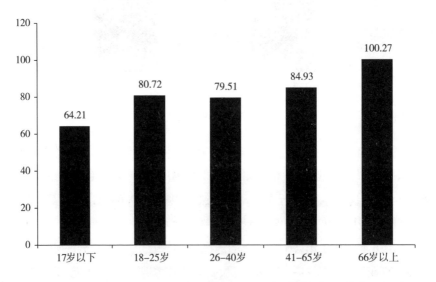

图 8-21　2014 年不同年龄段居民每月图书、报纸、期刊支出意愿（单位：元/月）

男性多 0.05 小时；在年龄方面，66 岁以上居民图书、报纸和期刊时间意愿最高，每天可达 1.11 小时，其次是 41—65 岁居民，每天时间意愿为 0.92 小时，第三是 18—25 岁，每天时间意愿为 0.83 小时，其他年龄段的居民时间意愿均在 0.8 小时以下；学历方面，硕士及以上学历人群图书、报纸和期刊时间意愿最高，每天为 1.02 小时，其次是大学本科学历人群，每天时间意愿为 0.93 小

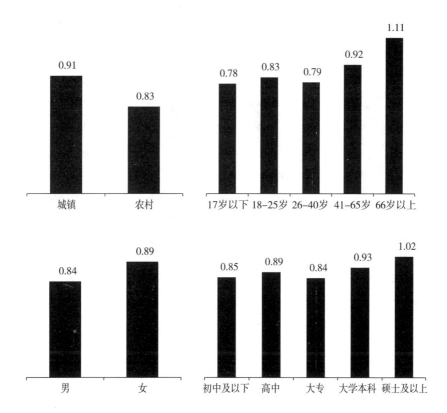

图 8-22　2014 年不同人群每天图书、报纸和期刊支出时间意愿情况（小时/天）

时,其他学历人群的时间意愿在 0.9 小时以下。

（四）其他分析

在图书、报纸和期刊的获取渠道方面,书店、网络、图书馆、书摊、报摊等渠道受欢迎程度均较高,在 50%以上。可以看出,书店作为传统的销售渠道,仍然最受读者欢迎;随着电子商务的日益成熟,网上书店应运而生,其受欢迎程度略低于实体书店。亚马逊、当当网等网上书店是当前比较成功的网上书店,与实体书店相比,网上书店足不出户就可以购买或者阅读到喜欢的图书、期刊,但是,目前网上书店与各类出版机构的合作程度还比不上实体书店,其种类略次于实体书店;随着文化基础设施的不断完善,图书馆也日益成为图书、报纸、期刊的一种重要获取渠道,另外,图书馆的覆盖程度远低于书店,居民在购买图书、报纸时通常倾向于就近原则,但图书馆可以对外借阅,居民可以用较低的成本阅读较多的图书、期刊;相比之下,报摊、书摊比较便利,但是书报种类丰富性有限。

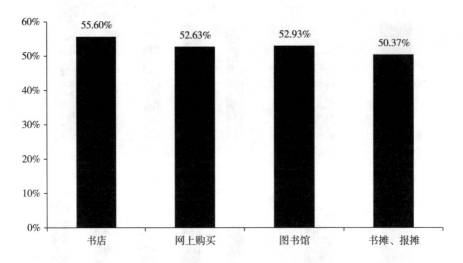

图 8-23　图书、报纸、期刊的获得渠道

在提升图书、报纸、期刊质量方面,有一半以上的受访者认为内容质量、价格、版面设计水平有待完善,此外,也有受访者认为题材、印刷质量需要提升。2013 年我国共出版图书 44.8 万种,期刊 9966 种,报纸 1912 种,在种类方面基本满足居民的需求,而高水平、高质量,切合居民需求的图书、报纸和期刊比重略偏少,距离满足居民的需求尚有一段距离。

三、电　影

在相关政策的扶持下,2014 年我国电影产业快速发展,城镇化速度加快、居民文化消费快速增长和融资渠道多元化为电影产业的发展提供了新的契机。随着电影制作流程的不断完善、国产影片凭借其本土优势以及精准化的营销上位,逐渐找到了一条在好莱坞电影强力竞争下的发展道路。

2014 年我国电影市场整体保持健康、稳定、科学发展的良好态势,居民对电影的消费需求越来越大,吸引了越来越多的资本、人才和技术进入电影行业。当前,移动终端电影售票选座 APP 为消费者提供了集影讯查询、地理定位、影片及场次推荐、24 小时在线购票选座、评论与社交等功能于一体的服

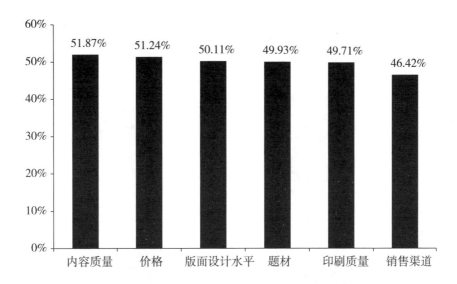

图 8-24　2014 年我国图书、报纸、期刊提升的关键因素分析

务,在线购票技术的成熟推动电影消费需求的增加。在银幕覆盖率提升、影院观影体验改善、选座支付方式便利化、票价平民化、电影消费评价体系完善等因素的推动下,我国电影正在加速进入大众消费领域,国内人均年观影次数不断增长。

(一) 市场受欢迎程度分析

在市场受欢迎程度方面,有 69.78% 的受访居民比较喜欢看电影,使之成为 2014 年最受欢迎的文化产品。与 2013 年(61.59%)相比,电影的市场受欢迎程度有所提高。

就城乡而言,2013—2014 年在城乡地区电影的受欢迎程度均显著提高,2013 年城镇地区有 72.06% 的受访居民比较喜欢看电影,比例较 2013 年增长 19.17 个百分点;农村地区电影的消费人群比例为 67.38%,同比增长 6.86 个百分点。在城乡与年龄的交叉分析中,城镇地区 18—25 岁、26—40 岁居民中电影的消费人群比例均在 70% 以上,显著高于其他年龄段;农村地区 17 岁以下、18—25 岁居民中电影的消费人群比例也在 70% 以上,说明在电影在城镇地区中青年人群和农村地区青少年人群中比较受欢迎。在城乡与学历的交叉分析中,无论是城镇还是农村,居民学历水平越高,电影消费的人群所占的比例也越高,城镇地区硕士及以上学历居民中有 78.26% 的人喜欢看电影,而农村地区硕士及以上学历居民中也有 72.55% 的人喜欢看电影。

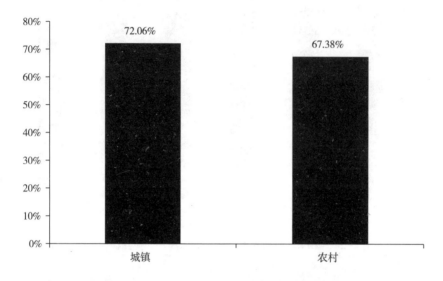

图 8-25　2014 年城乡居民观看电影人数比例情况

就不同区域而言,西藏、甘肃、海南、重庆、江西、山东、北京、江苏、广东等地电影的市场受欢迎程度较高。以北京地区为例,有 82.01% 的受访居民喜欢看电影,说明受欢迎程度很高。受欢迎程度较高的省市一部分是位于东部地区,以北京、山东、江苏、广东为代表的省份居民收入水平高,更加注重精神文化生活,且当地经济发达,文化商业基础设施完善,各种类型的电影院众多,因而电影比较受欢迎;另一部分是以甘肃、海南、江西为代表的中西部省份,这些省份近年来普遍制定了相关的文化消费促进政策,且受国产影片区域精准化营销的影响,居民中电影的消费人群比例也很高。

就性别而言,2013—2014 年女性居民中电影的消费比例明显高于男性,但是,男性居民中电影消费比例的增幅显著高于女性居民,说明电影在女性居民中更受欢迎,男性居民中受欢迎程度虽然不如女性居民,但近年来受欢迎程度显著提高。在城乡与性别的交叉分析中,无论男性还是女性,城镇地区居民中电影的受欢迎程度都高于农村地区居民。在性别与年龄的交叉分析中,17 岁以下、41—65 岁、66 岁及以上男性居民中电影受欢迎程度更高,18—25 岁、26—40 岁的女性居民中电影受欢迎程度高于男性居民,在性别与学历的交叉

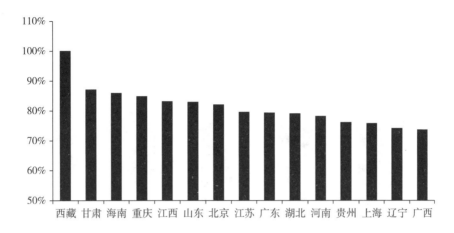

图 8-26　2014 年部分省份居民观看电影人数比例情况

分析中,初中及以下、高中、硕士及以上学历的男性居民中消费人群的比例高于女性,但相差不大;大专、大学本科学历的男性居民中消费人群的比例明显低于女性,其中,大学本科学历的女性居民中电影最受欢迎,消费人群的比例高达 76.73%。从消费人群比例可以看出,电影在中青年女性居民中受欢迎程度较高。

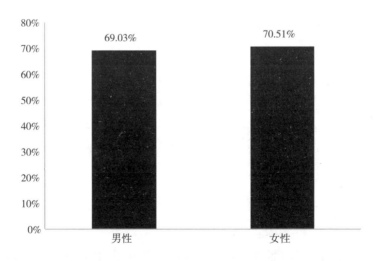

图 8-27　2014 年不同性别居民观看电影人数比例情况

　　就年龄而言,2014 年,41—65 岁、66 岁及以上居民中电影的消费人群比例在 70% 以下,低于其他年龄段,18—25 岁居民中电影的消费人群比例较高,说明电影在中老年人群中受欢迎程度不如在中青年居民中的受欢迎程度,这可能与当前电影的内容有关,绝大多数影片的目标消费人群是中青年消费者,针对老年消费者的影片较少。

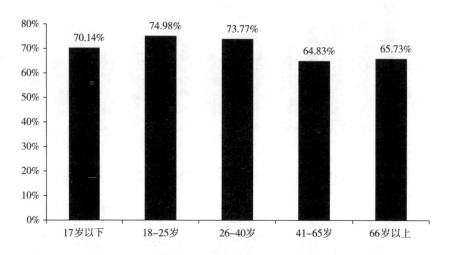

图8-28　2014年不同年龄段居民观看电影人数比例情况

就学历而言,2014年电影的受欢迎程度与学历程度呈正相关关系,居民学历越高,电影的消费人群比例越高,硕士及以上学历居民中电影最受欢迎,电影的消费人群比例高达 75.83%。2013 年也基本呈现上述特征,2013——2014 年各学历层次居民电影的消费人群比例都出现较大幅度的增长,说明整体而言,电影的受欢迎程度明显上升。

(二) 电影产品支出分析

1. 金钱支出分析

在电影消费支出方面,由于居民通常是在电影院或者通过电脑观看电影,涉及的成本主要是影片票价。2014 年居民平均每月电影支出为 44.41 元,在文化产品消费支出中位列第二。

就城乡而言,2014 年,城镇居民平均每月电影支出为 46.27 元,比农村居民平均每月支出高 3.82 元。在城乡和性别的交叉分析中,城镇男性、女性居民电影消费支出均高于农村地区,其中,城镇地区女性居民电影消费支出最高,平均每月约 50 元。在城乡和年龄的交叉分析中,17 岁及以下、66 岁及以

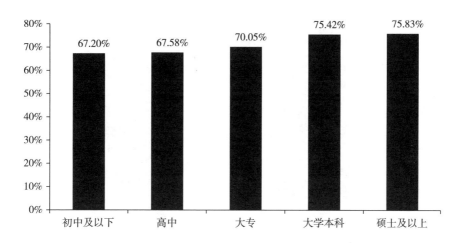

图 8-29 2014 年不同学历居民观看电影人数比例情况

上城乡居民平均每月支出较低,均低于 40 元。18—25 岁、26—40 岁和 41—65 岁城乡居民平均每月电影支出较高,且这三个年龄段城镇居民支出均高于农村居民。在城乡和学历的交叉分析中,除初中及以下学历外,其他学历的城镇居民平均每月电影支出均高于农村居民,其中,硕士及以上学历城镇居民电影支出最高,平均每月 73.55 元。中青年、受教育程度高的女性城镇居民是电影消费的主力。

就不同区域而言,2014 年天津、黑龙江、内蒙古、河北、广东、浙江、福建、江苏、北京等省份居民平均每月电影支出较高,其中,天津市居民电影支出最高,平均每月 89.67 元。在区域和性别的交叉分析中,大多数省份女性居民电影支出高于男性,天津市女性居民电影支出最高,平均每月 110.58 元。在区域和城乡的交叉分析中,除个别省市外,多数省份城乡居民电影支出相差不大,黑龙江省城镇居民电影支出最高,平均每月 97.30 元。电影支出较高的省份主要集中在以北京、天津、江苏、浙江为代表的东部省份和以黑龙江、内蒙古为代表的的中西部省份,东部地区经济发展水平高,居民收入高,居民文化素养相对较高,同时各种类型的电影院齐全;以黑龙江、内蒙古为代表的中西部省份近年来居民收入水平快速提高,同时文化基础设施改善,以 IMAX 和 3D 为代表的技术在这些中西部省份广泛普及,使得这些省份居民电影消费支出提高。

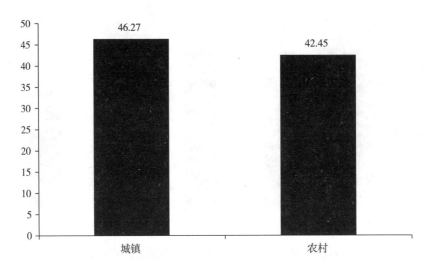

图 8-30　2014 年城乡居民每月电影支出情况(单位:元/月)

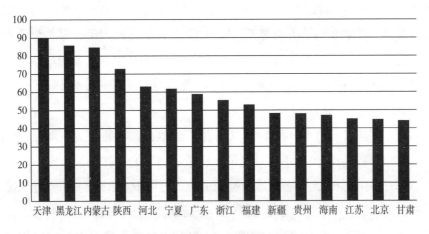

图 8-31　2014 年部分省份居民每月电影支出情况(单位:元/月)

　　就性别而言,2014 年女性居民平均每月电影支出为 46.36 元,比男性居民(42.42 元)高 3.94 元。在性别与年龄的交叉分析中,除 26—40 岁男性居民平均每月消费支出高于女性外,其他年龄段女性居民电影支出均高于男性居民,在所有年龄段男性和女性居民中,26—40 岁女性居民电影支出最高,平均每月 53.32 元。在性别和学历的交叉分析中,除初中及以下学历外,其他学历女性居民电影支出均高于男性;无论男性还是女性,电影支出与学历水平均呈现正相关关系,居民学历越高,电影支出也越高,其中,硕士及以上学历女性居民电影支出最高,平均每月 77.86 元。这说明,女性是电影消费的主力,她们对影讯更为关注,经常在电影上线的第一时间去电影院观看电影,而且与男性不同,女性对不同类型的电影均会尝试,因此,女性的电影消费支出明显高于男性。

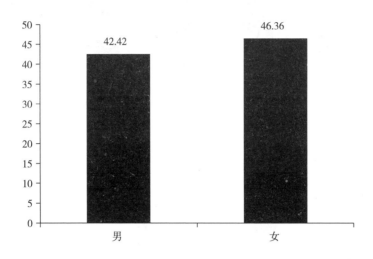

图 8-32　2014 年不同性别居民每月电影支出情况(单位:元/月)

　　就年龄而言,18—25 岁和 26—40 岁居民电影消费支出较高,其中,26—40 岁居民电影支出最高,平均每月 52.58 元,其次是 18—25 岁居民,平均每月电影支出 50.56 元,与 26—40 岁居民电影支出相差不大。支出最低的是 66 岁以上居民,平均每月仅 34.82 元。中青年是电影消费的主体,这部分人群多处于事业的起步及上升期,有一定的经济能力、社会地位和时尚品味,自主选择能力较强。17 岁以下年轻人虽然有敏锐的时尚嗅觉,容易接受以美国大片为代表的电影,但是缺乏独立的经济能力,因此限制了电影的支出;41—65 岁年龄段的居民由于生活繁忙、事业家庭需要兼顾,因此电影消费较低。当前的影片内容、风格的目标人群并没有老年人,且老年人兴趣爱好也不在电影这种文化产品上,因此老年人的电影消费支出最低。

　　就学历而言,2014 年,不同学历的居民消费支出存在较为明显的差异,电影的消费支出与学历呈正相关关系,电影的消费支出随着学历的上升而增长,

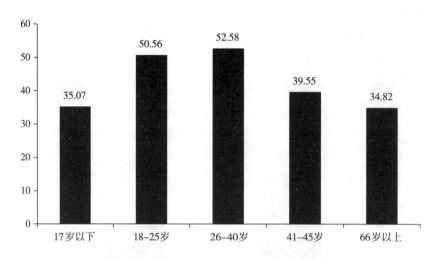

图 8-33　2014 年不同年龄段居民每月电影支出情况（单位：元/月）

硕士及以上学历的居民电影消费支出最高，平均每月 73.13 元。电影作为一种文化产品，要求其消费者在知识上具有一定的文化欣赏能力和审美辨别能力，因此，学历越高的居民对电影的消费支出越高。

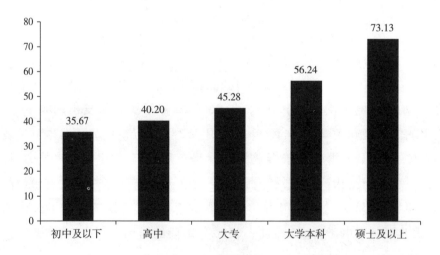

图 8-34　2014 年不同学历居民每月电影支出情况（单位：元/月）

2. 时间消费分析

时间是居民进行文化消费的必要条件，尤其是对于电影消费而言，观看电影需要花费大量的时间，只有具备足够的闲暇时间，居民才有条件进行文化消费。总体来看,2014 年,我国居民平均每周花费 1.46 个小时观看电影。就城乡而言,2014 年城镇居民平均每周电影消费时间为 1.52 小时,比农村居民多 0.13 小时;就性别而言,女性电影消费时间略多于男性,女性平均每周电影消费时间为 1.50 小时,男性为 1.42 小时;就年龄而言,41—65 岁、66 岁及以上居民电影消费时间明显少于其他年龄段,18—25 岁居民电影消费时间最多,平均每周 1.76 个小时。就学历而言,电影消费时间基本上与学历呈正相关关系,学历越高,居民的电影消费时间越多,硕士及以上学历居民电影消费时间最多,平均每周 1.80 个小时。说明中青年、女性、高学历城镇居民是电影消费的主力。

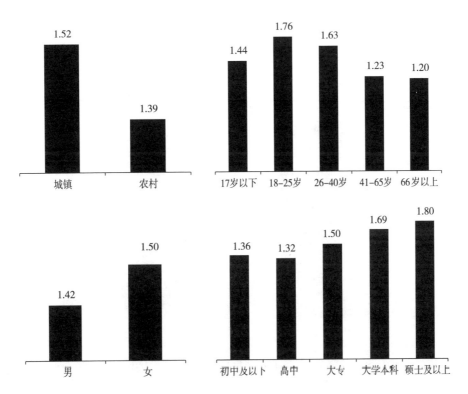

图 8-35　2014 年不同人群每周观看电影的时间支出情况(单位:小时/周)

(三) 电影产品消费意愿分析

1.金钱支出意愿分析

就支出意愿来说,我国居民平均每月在电影方面的支出意愿为 107.80 元,在十大文化产品中位于前列。但是由上述分析可知,2014 年居民平均每月电影支出仅44.41元,消费缺口超60元,市场成长空间很大。

就城乡而言,2014年,城镇居民平均每月电影支出意愿为110.87元,比农村居民平均每月支出意愿高6.28元。在城乡与性别的交叉分析中,城镇和农村地区男性居民平均每月电影的支出意愿相差不大,城镇地区女性居民平均每月电影支出意愿为116.88元,比农村地区女性居民支出意愿高12.36元。在城乡与年龄的交叉分析中,26—40岁城乡居民支出意愿差距最大,城镇地区平均每月支出意愿为126.78元,比农村地区(105.74元)高21.04元;城镇地区中青年居民的电影支出意愿高于农村地区,而17岁及以下和66岁及以上年龄段居民支出意愿低于农村地区。在城乡与学历的交叉分析中,除初中及以下学历居民外,其他学历城镇居民电影的支出意愿均高于农村居民,其中,硕士及以上学历城镇居民电影支出意愿最高,平均每月141.67元。

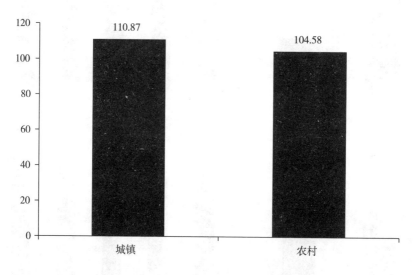

图 8-36　2014 年城乡居民每月电影支出意愿情况(单位:元/月)

就不同区域而言,甘肃、江西、贵州、广东、青海、北京、海南、江苏、山东、重庆位于前列,平均每月电影消费支出意愿均在110元以上。不同省、区、市男性、女性以及城乡之间电影消费支出意愿存在较大差异。但是,根据调查数据,2014年电影实际支出最高的天津市居民平均每月不到90元,说明就不同区域而言,居民的电影消费存在较大的消费缺口。

就性别而言,2014年女性居民平均每月电影支出意愿为110.88元,比男

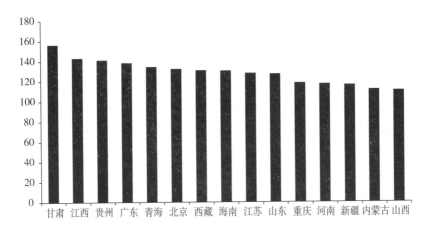

图 8-37　2014 年部分省份居民每月电影支出意愿情况(单位:元/月)

性居民高 6.21 元。在性别与年龄的交叉分析中,41—65 岁、66 岁及以上男性居民电影支出意愿高于女性,其他年龄段女性支出意愿高于男性,其中,18—25 岁女性居民电影消费的支出意愿最高,平均每月 126.25 元。在性别与学历的交叉中分析,学历越高,不同性别之间电影消费支出意愿差距越大,硕士及以上学历女性居民平均每月电影消费支出意愿为 146.43 元,比同学历男性居民高将近 20 元。

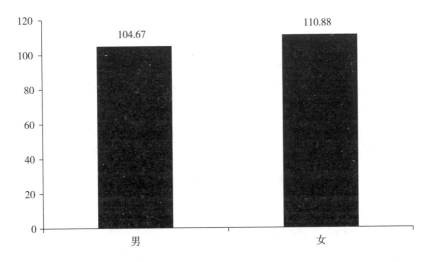

图 8-38　2014 年不同性别居民每月电影支出意愿情况(单位:元/月)

　　就年龄而言,18—25岁和26—40岁居民电影消费支出意愿较高,平均每月均在120元左右。17岁及以下居民虽然没有稳定的收入,但是对于电影的关注度比较高,支出意愿仅次于中青年居民,平均每月将近100元。41—65岁和66岁及以上年龄段居民电影消费支出意愿相差不大,平均每月96元左右。中青年居民收入稳定,对新电影的关注度比较高,普遍将电影作为消遣放松的手段,因而支出意愿较高,但是应该注意到的是,中青年居民实际电影消费支出仅50元左右,消费缺口巨大。

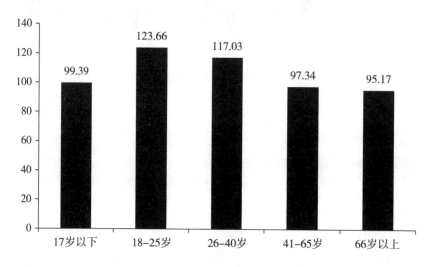

图8-39　2014年不同年龄段居民每月电影支出意愿情况(单位:元/月)

　　就学历而言,居民的电影消费支出意愿与学历呈正相关关系,学历越高,电影消费支出意愿越高,其中,初中及以下学历居民电影消费支出意愿最低,平均每月98.62元,硕士及以上学历居民电影消费支出意愿最高,平均每月138.13元。但是,通过与实际支出水平相比较可知,硕士及以上学历居民平均每月电影的实际支出仅73元左右,消费缺口超过60元,说明就学历而言,各学历程度的居民电影消费市场成长空间都比较大。

2. 时间消费意愿分析

　　居民的闲暇时间是文化消费的基础。总体来看,2014年居民平均每周电影消费的时间意愿是2.11个小时,与实际相比,相差0.65个小时,电影消费时间缺口较大,市场成长空间较大。城镇居民平均每周观看电影的时间意愿为2.17个小时,明显高于农村居民(2.05个小时);就性别而言,相比男性,女性观看电影的时间意愿较长,平均每周2.18个小时,男性则为2.05个小时;就年龄而言,中青年、青少年居民观看电影的时间意愿较高,18—25岁居民观看电影的时间意愿最高,平均每周2.47个小时,66岁及以上居民对电影不感兴趣,意愿不高;就学历而言,硕士及以上学历居民电影消费的时间意愿最高,平均每周2.45个小时,高中学历居民电影消费时间意愿最低。

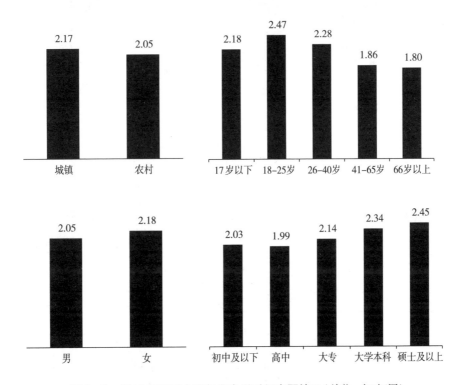

图8-40　2014年不同人群每周电影时间意愿情况(单位:小时/周)

(四) 其他分析

在对喜欢电影的居民调查观看途径时发现,2014年,有56.73%的受访居民去电影院看电影,使用电脑、电视和移动客户端观看电影的受访比例差不大,均在50%左右。随着信息技术的发展,电脑、移动客户端等新途径可以使居民,尤其是上班族充分利用碎片化时间,满足其精神文化需求,因此,所占比例越来越高。

就国内外电影的偏好而言,2014年,有62.19%的居民偏好国外电影,有

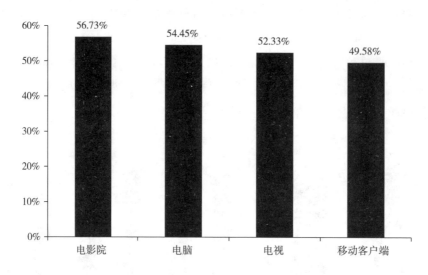

图 8-41　2014 年居民观看电影方式

37.81%的居民偏好国内影片。大部分观众青睐国外影片,国产影片种虽然不乏票房不错者,但是,许多国产影片内容中充斥着低俗、娱乐,追求经济效益,忽略社会效应。为了争取高票房,部分导演用明星造势,用宏大的场景吸引观众,而忽略影片本身价值。与国产影片相比,国外电影尤其是好莱坞电影在创作上尊重观众,尊重电影本身,尊重真善美,注重产品的制作水平和质量,因此更多居民喜欢国外电影。

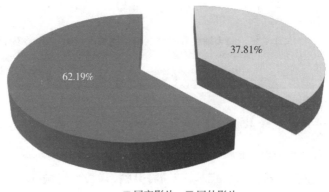

图 8-42　2014 年居民的国内外影片偏好情况

国产电影需要改进的地方很多,调查发现,丰富题材是大部分观众的首选,有 54.43% 的受访居民认为国产电影应当丰富题材,然后是内容质量、视听效果、演员演技、电影票价。当前,我国国产电影呈现多样化的态势,但是,在繁荣背后隐藏着众多问题,国产电影质量良莠不齐,重数量不重质量,文艺创作重复雷同,缺乏实质的新意。

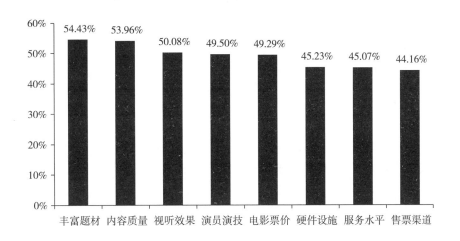

图 8-43　2014 年提升国产电影消费的关键因素

针对票价,通过调查居民能接受的票价范围,有将近 60% 的居民认为 10—30 元是合理的,通过价格区间的对比可以看出,50 元以上的票价定位偏高,只有不到 10% 的观众会选择观看。目前中国的电影消费仍不能称之为大众消费,票价是影响观众需求的关键因素,在影院既有容量和座位能满足的前提下,一定区间内的票价下降必将为影院带来更多的观众和更高的票房收入。

四、广播电视

改革开放以来,我国广播电视业经过 30 多年的发展,基本进入规模化和产业化经营。在 2014 年,广播影视行业新闻宣传引导作用有效发挥,文艺创作全面繁荣,我国广播电视行业总收入 4226.27 亿元,相比上年增长 13.16%;电影票房收入 296.39 亿元,相比上年增长 36.15%。广播、电视综合人口覆盖率分别达97.99%和98.60%。全国广播电视从业人数达到86.44万人,比2013增加2.01万人。21世纪随着信息技术及移动通讯技术的发展,广播电视数字化与网络化的业务融合、渗透日趋明显,以数字电视、手机电视、IPTV、互联网电视等为代表的多样化广播电视媒体形态崛起,广播电视的生产、传播、交换、消费方式逐渐具有多元性、共享性、开放性、互动性的新特点。产业稳步发展,收入平稳增长、结构持续优化。但结构优化仍然延续着"内容制播与发布—网络传输—用户终端"的价值链结构,各环节环环相扣、相互依托,构成了整个广播电视产业的生态链条。因此,在广播数字电视与网络化逐渐融合的大背景下,需要不断完善"内容为王"的创新机制、多渠道传播机制,并加强二者与移动终端的整合,进一步促进广播电视业的发展。

(一) 市场受欢迎程度分析

从观看广播电视的人数来看,2014年有69.78%的受访者比较喜欢观看广播电视,在文化产品的消费中排第二位,表明电视广播仍然是广大受访者的主要文化产品消费方式之一。另外,观看广播电视的人数比例较2013年有7%的增长幅度,发展趋势良好。

城乡方面,2014年,有67.67%的城镇居民喜欢观看广播电视,略高于农村居民1%。分别从城乡与性别、年龄、学历交叉角度看,无论城镇或农村,电视广播在男性中的受欢迎程度均略高于女性。66岁以上的受访者中受欢迎程度均是最高,但城镇中受欢迎程度最低的是18—25的受访者,而在农村则是17岁以下的受访者。电视广播在高中(含中专、技校)学历的受访者受欢迎程度最高,城镇中硕士及以上的受访者和农村初中及以下的受访者受欢迎程度最低。

区域方面,2014年广播电视在湖南、山西、广东、北京、河南、甘肃、湖北、广西、上海、吉林、河北、四川等地比较受消费者欢迎,受欢迎度均在70%以上。而广播电视在江西、宁夏、天津、云南、安徽、陕西、黑龙江、福建、新疆、内蒙、古浙江、西藏等地不太受欢迎,受访者比例均在60%以下。

性别方面,2014年,广播电视在不同性别居民中受欢迎程度差别不大,男性略高于女性0.22%,较2013而言,广播电视在男性中受欢迎程度大幅度反超女性。此外,不论男性还是女性,广播电视在城镇居民中的受欢迎程度更

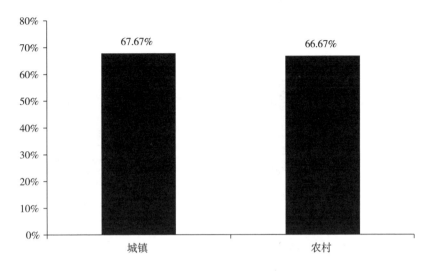

图 8-44 2014 年城乡居民观看广播电视人数比例情况

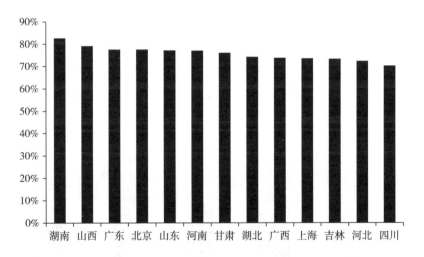

图 8-45 2014 年部分省份居民观看广播电视人数比例情况

高。广播电视均在 66 岁以上不同性别的居民中受欢迎程度最高,在 17 岁以下的居民中受欢迎程度最低;其中,以 41 岁为分水岭,广播电视在 40 以下女性居民中更受欢迎,而在 41 岁以上男性居民中更受欢迎。不论男性或女性,广播电视在硕士以上学历的受访者中受欢迎程度最低,在高中(含中专、技校)及以下最高;与同龄层相比,受欢迎程度最高分别包括高中及以下的男性大专及以上学历的女性。

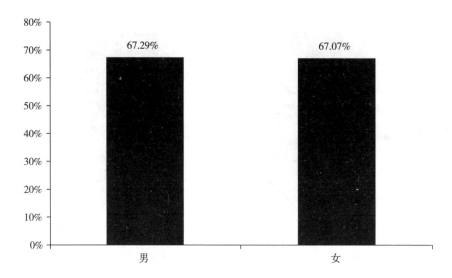

图 8-46　2014 年不同性别居民观看电视广播人数比例情况

年龄方面,随着年龄的增长,对广播电视的喜欢程度逐渐递增,2014 年电视广播在 66 岁以上的居民中最受欢迎,消费者比例为 75.79%,其次是 41—65 岁的居民,消费者比例为 72.87%,17 岁以下的青少年对广播电视不太关注。

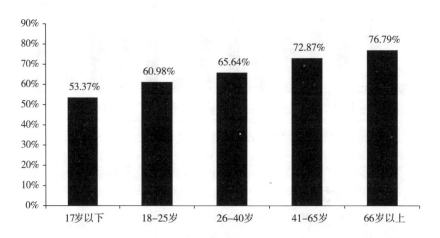

图 8-47　2014 年不同年龄段居民观看电视广播人数比例情况

学历方面,高中有 69.73% 的受访者喜欢观看广播电视,比例最高,其次是大专学历,受访者比例为 68.04%,然后就是大学本科和初中及以下学历,受访者比例分别为 64.99%、64.33%,最后是硕士及以上学历,受访者比例为 56.67%。说明,学历水平相对较低的受访者比较喜欢看广播电视。

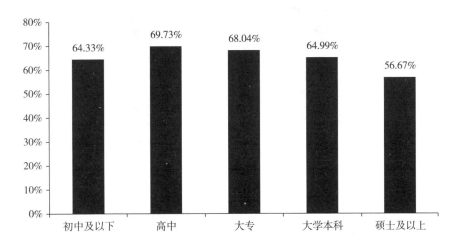

图 8-48　2014 年不同学历居民观看电视广播人数比例情况

(二) 消费水平分析

1. 金钱支出水平分析

2014 年,受访者居民平均每月动漫产品支出为 12.69 元,在十大文化产品支出中排名第九。

在城乡方面,2014 年,城镇居民每月广播电视支出为 13.40 元,比农村居民高 1.46 元。在城乡与年龄交叉中,66 岁以上农村居民平均每月广播电视支出最高,为 16.11 元,其次是 41—65 岁城镇居民,每月电视广播支出为 15.03 元,17 岁以下的城镇和农村居民电视广播支出均比较低,每月不足 10 元。在城乡与学历交叉中,城镇居民硕士及以上学历居民平均每月广播电视支出最低为 8.62 元,而农村居民硕士及以上学历居民平均每月广播电视支出最高为 20.78 元,此外,城乡居民其他学历平均每月广播、电视支出差距均比较小,均为 10—15 元之间。

在区域方面,2014 年,宁夏、安徽、海南、黑龙江、陕西、河北、云南、天津等地居民电视广播支出较高,平均每人每月动漫支出在 15 元以上,尤其是宁夏、

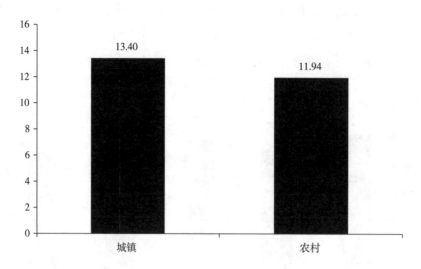

图 8-49   2014 年城乡居民每月电视广播支出情况(元/月)

安徽两省居民平均每人每月动漫支出在 20 元以上。而甘肃、福建、吉林、广西、重庆、辽宁、江西、西藏、青海等地的居民电视广播支出较低,每月不足 10 元。

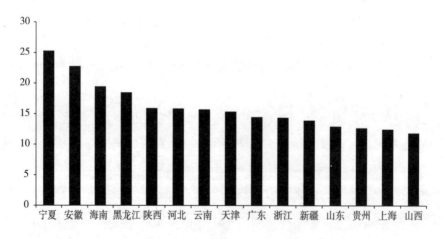

图 8-50   2014 年部分省份居民每月电视广播支出情况(元/月)

性别方面,男性平均每月电视广播支出 12.82 元,略高于女性 0.26 元。在性别与城乡交叉中,不论男性或女性,城镇平均每月广播电视支出均高于农村居民;且城镇女性平均每月广播电视支出高于男性,农村居民则相反。在性别与年龄交叉中,不同性别居民在 66 岁以上平均每月广播、电视消费支出最高,平均月消费在 15 元以上,17 岁以下居民最低,平均月消费均在 10 元以下。在性别与学历交叉中,大学本科和硕士及以上学历的男性,平均每月广播电视消费支出均低于女性,大专以下学历则相反,说明受教育程度越高的男性看广播电视比较少。

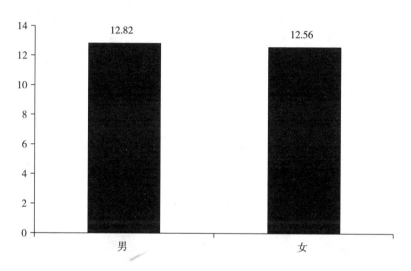

图 8-51 2014 年不同性别居民每月广播电视支出情况(元/月)

年龄方面,2014 年,同样随着年龄的增长,电视广播支出逐渐递增,66 岁以上居民每月电视广播支出最高,为 15.39 元,其次是 41—65 岁居民,为 13.47 元,17 岁以下居民动漫支出最低,每月平均消费为 7.72 元。

学历方面,2014 年,随着学历水平的提升,不同学历居民每月均广播电视支出基本上呈递增趋势,硕士及以上学历居民平均每月广播、电视支出最高,为 13.79 元,其次是大学本科,平均电视广播支出为 13.42 元,初中及以下学历最低,为 11.90 元。

2. 时间支出分析

2014 年,受访者居民平均每天花费 1.21 小时观看电视广播;男性观看动漫花费的时间相比女性略长,男性每天观看动漫时间为 1.25 小时,高于女性 0.08 小时;城镇居民每周观看电视广播时间为 1.24 小时,略高于农村(1.18 小时);区域方面,河北、山东、广东、山西、湖南、北京、辽宁等地的居民观看电视广播时间较长,均在 1.40 小时以上,尤其是河北、山东两省,平

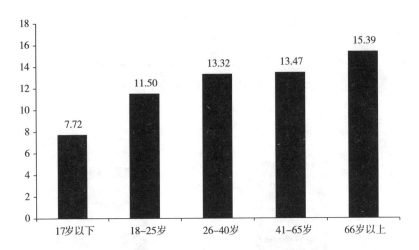

图 8-52　2014 年不同年龄段居民每月电视广播支出情况（元/月）

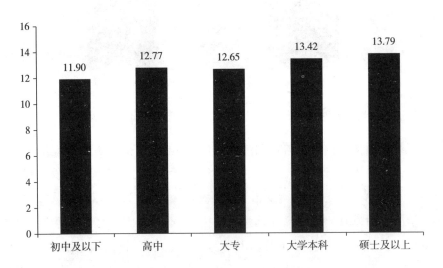

图 8-53　2014 年不同学历居民每月广播电视支出情况（元/月）

均每天在 1.54 小时，而陕西、云南、青海、福建、浙江、新疆、内蒙古、海南、西藏等地居民观看电视广播时间比较短，每天不足 1 小时；年龄方面，66 岁以上居民观看电视广播时间最长，为 1.49 小时，其次是 41—65 岁居民，为 1.40 小时，再次是 26—40 岁居民每天观看电视时间为 1.11 小时，17 岁以下居民观看广播电视时间最少，每天不足 1 小时；学历方面，大专学历以下的居民每天观看电视广播时间最长，平均每天超过 1.20 小时，其中高中学历(含中专、技校)每天观看电视广播时间最高,为 1.24 小时。大学本科学历以上的居民学历每天观看广播电视的时间较少,其中大学本科居民每天观看时间最低,为 1.11 小时。

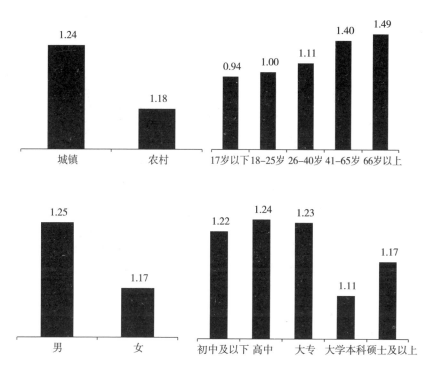

图 8-54 2014 年不同人群居民每天广播电视时间支出情况(小时/天)

(三) 消费意愿分析

1. 金钱支出意愿分析

2014 年,受访者居民平均每月电视广播支出意愿为 27.14 元,与实际支出相比,缺口达 14.15 元,支出缺口在十大文化产品/服务中排名第十。

在城乡方面,2014 年,城镇居民的每月广播电视支出意愿为 27.22 元,略高于农村的 27.05 元。在城乡与年龄交叉中,城镇地区 41—65 岁人群每月电视广播支出意愿最高,为 31.10 元,农村则是 66 岁以上的居民电视广播支出意愿最高,为 37.76 元。但不论是农村还是城镇,41 岁以上的人群电视广播支出意愿均比较高,每月超过 30 元,45 岁以下的人群每月平均支出意愿则不超过 25 元。在城乡与学历交叉中,不论城镇或农村,均是高中(含中专、技校)学历的人群电视广播支出意愿最高,农村和城镇的所占比例分别为 30.11%、29.65%,对电视广播支出意愿最低的则是硕士及以上的城镇居民,每月平均消费支出意愿为 14.57%。

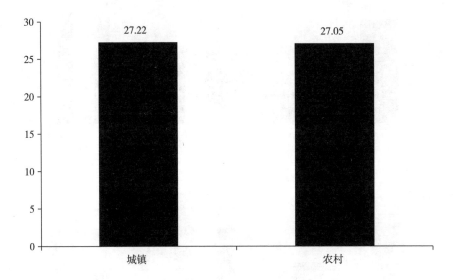

图 8-55　2014 年城乡居民每月电视广播支出意愿情况(元/月)

在区域方面,山西、四川、湖南、广东等 10 个省份居民每月电视、广播支出意愿较高,均超过 30 元。相比之下,黑龙江、青海、内蒙古、浙江、新疆、福建、天津等 8 个省份居民每月电视、广播支出意愿较低,均不足 20 元。

在性别方面,2014 年,男性居民平均每月广播电视支出意愿为 27.88 元,高于女性 1.46 元。在城乡与性别的交叉中,不同性别的城镇居民每月广播电视支出意愿较为接近,均在 27 元左右,而农村地区相差较大,其中农村男性支出意愿为 28.74 元,女性支出意愿则是 25.38 元。从性别与年龄交叉角度看,不论男性或女性,随年龄的增长平均每月广播电视支出意愿呈递增趋势,66 岁以上居民消费意愿最高,平均为 34 元左右。在性别与学历交叉方面,高中学历的男性、女性居民平均每月广播电视支出意愿最高,分别为 30.35 元和 29.32 元。大专学历以下男性居民平均每月支出意愿高于女性居民,大学本科及以上学历则相反。

在年龄方面,电视广播支出与年龄呈正相关关系,66 岁以上居民平均每

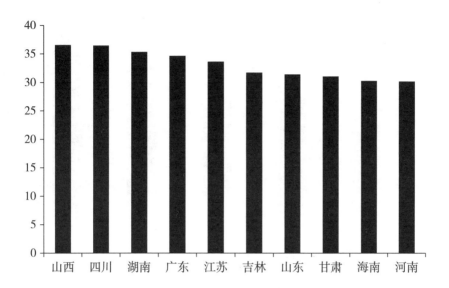

图 8-56　2014 年部分省份居民每月电视广播支出意愿情况(元/月)

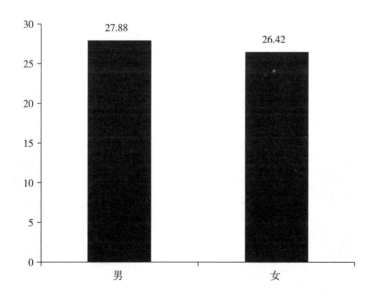

图 8-57　2014 年不同性别居民每月广播电视支出意愿情况(元/月)

月支出意愿最高,为 34.57 元;其次是 41—65 岁的居民平均每月电视广播支出意愿为 31.19 元;17 岁以下居民的电视广播支出意愿最低,为 17.77 元。

学历方面,2014 年,高中学历居民平均每月广播电视支出意愿最高(29.87

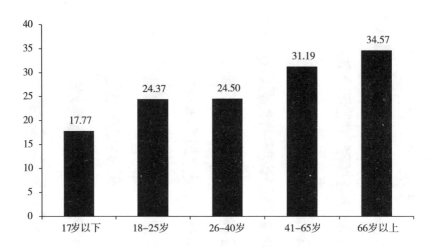

图 8-58　2014 年不同年龄段居民每月电视广播支出意愿情况（元/月）

元），其次是大专学历居民（27.04 元），硕士及以上学历最低（19.08 元）。可见学历水平越高，对电视广播的观看兴趣相对较低。

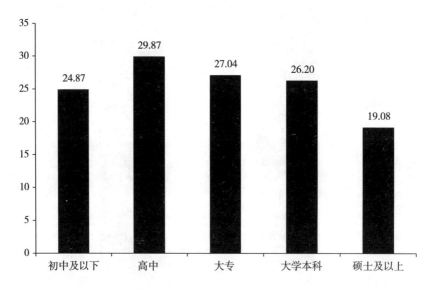

图 8-59　2014 年不同学历居民平均每月广播电视支出意愿情况（元/月）

2.时间支出意愿分析

2014 年,我国居民平均每天广播、电视时间支出意愿为 1.81 小时,与实际相比,相差 0.2 小时。城乡方面,城镇居民平均每天广播、电视时间支出意愿为 1.82 小时,比农村居民高 0.03 小时。性别方面,2014 年,男性居民平均每天广播、电视时间支出意愿为 1.85 小时,比女性居民高 0.08 小时。学历方面,2014 年,随学历层次的提升,居民平均每天广播、电视时间支出意愿逐渐减少,但是差距不大,其中,初中及以下学历居民平均每天广播、电视时间支出意愿最高(1.88 小时),大学本科及以上学历最低(1.68 小时)。年龄方面,2014 年,随年龄的增长,居民平均每天广播、电视时间支出意愿逐渐增大,66岁以上居民平均每天广播、电视时间支出意愿最强(1.50 小时),17 岁以下居民最短(1.50 小时)。

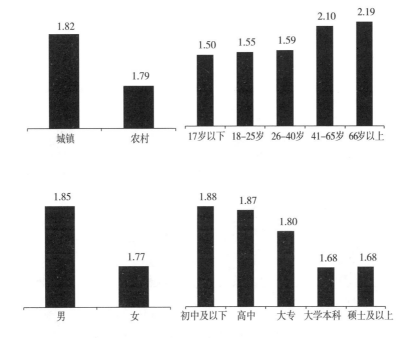

图 8-60　2014 年不同人群居民每天广播、电视时间意愿情况(小时/天)

(四) 其他分析

通过对居民喜欢的电视节目类型调查发现,电视剧类老牌节目形式稳坐第一,新闻类和娱乐类节目紧跟其后,相比之下,教育类节目不太受欢迎,不足 50%的居民喜欢。尽管近年来不少业内人士担心"泛娱乐化"风潮会对新闻节目发展造成冲击,但借助报道形式发展、报道技术升级、节目模式创新和节目内容多元等特点,新闻节目在整体市场中的播出比重有增无减。近年来,电视娱乐节目发展迅速,各式各样的娱乐类节目不断涌现,许多节目受到了观众的好评,如"中国好声音"、"快乐大本营"等。但也有许多娱乐过于庸俗、低级,为防止过度娱乐化和低俗倾向,满足广大观众多样化、多层次、高品位的收视需求,2011年,国家广电总局下发"限娱令",对播出量进行了限制,2013年又对播出时长等做了进一步限制,并要求提高教育类节目的比例。长期以来教育节目较为弱势,收视率比较低,其原因主要有以下两点:一是,人们在经历了紧张的工作和学习之后,对教育类节目的需求本身不高;二是,有些教育节目形式过于呆板,以"传教者"角色传播信息,教导味浓重,缺乏互动性。

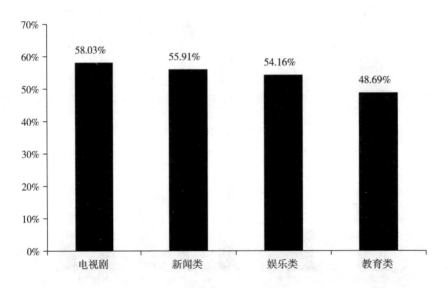

图8-61　居民对不同类型广播、电视节目偏好情况

在广播、电视的改进方面,广告首当其冲,然后是节目种类、内容和创新性,虽然广电总局的"广告限令"之后,广告的播出时长和频率都有所下降,但是仍然是观众比较头疼的问题,不过取消广告是不现实的,但合理的安排广告时间和播出频次可大大改善观众体验。此外,在对节目内容、节目种类、节目时间安排的满意度调查中发现,受访者对节目内容持否定态度的人群比例最高,持肯定态度的比例最低,说明我国虽然节目内容丰富、种类繁多,但是高质量、高品位的节目少之又少,并且近来节目有同质化趋势,模仿外境节目比较

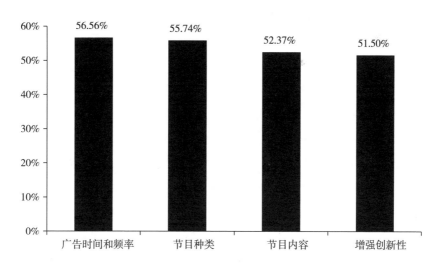

图 8-62　2014 年我国广播、电视提升的关键因素分析

严重,创新性明显不足。

五、文艺演出

　　文艺演出业是文化产业中非常重要的一个分支,从根本上讲,文艺演出业是以艺术创作和生产为核心,通过艺术产品为民众提供文化娱乐消费品的行业,其经营主体包括演艺团体、演出公司和演出场所。近年来,我国文艺演出市场呈现井喷式增长,2014 年全国共有艺术表演团体 8769 个,比上年年末增加 589 个;从业人员 26.29 万人,比上年增加 0.20 万人;全年全国艺术表演团体演出 173.91 万场,比上年增长 5.3%;国内演出观众 91020 万人次,比上年增长 1.1%;演出收入 226.40 亿元,比上年下降 19.1%[①]。目前,我国演艺市场已出现多元发展格局,交响乐、歌剧、芭蕾、现代舞蹈和音乐剧,民族戏剧、民间歌舞,杂技、曲艺、皮影戏等精彩纷呈。科技在演艺产品和创作过程中的应用,提升了演艺产品的表现和影响力,成为未来演出产业的核心驱动力,同时,融入中国传统历史文化元素的演出服装,为中国的演艺市场增光添彩。一些大型艺术活动,如北京国际音乐节、上海国际音乐节等丰富了演出产品,助推

---

　　① 《2015 年文化发展统计报告》,中国统计出版社 2015 年版。

演出市场繁荣与发展。

（一） 市场受欢迎程度分析

据调查,2014 年,有 11.34% 的受访者经常观看文艺演出,与其他文化产品相比,受欢迎程度排名第八,受欢迎程度较低。

从城乡角度看,2014 年城镇有 11.53% 的受访居民喜欢观看文艺演出,比例略高于农村(11.14%)。在城乡和年龄的交叉中,18—25 岁城乡居民比较喜欢观看文艺演出,但 17 岁以下和 66 岁以上的城乡居民对文艺演出不是很感兴趣,消费人群比例不足 10%。在城乡和学历的交叉中,硕士及以上农村居民最喜欢看文艺演出,消费人群有 29.41%。无论城镇还是农村,17 岁及以下、66 岁及以上和低学历居民均不喜欢观看文艺演出。

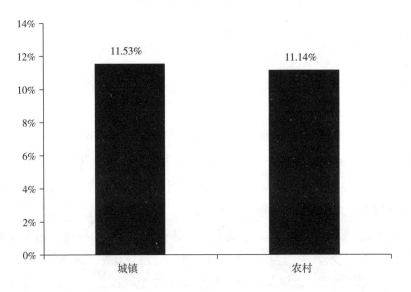

图 8-63　2014 年城乡居民观看文艺演出人数比例情况

从区域角度看,文艺演出在天津、黑龙江、浙江、安徽、云南、陕西等地比较受消费者欢迎,其中,安徽省喜欢看文艺演出的受访者比例达 33.48%,而文艺演出在山西、吉林、江西、湖南、海南、西藏等省份不太受欢迎。说明喜欢看文艺演出的居民主要还是集中在东部地区经济较为发达的地区。

从性别角度看,相比男性,女性对文艺演出更感兴趣,2014 年,女性受访居民中有 13.02% 的居民喜欢观看文艺演出,比男性(9.62%)高出 3.40 个百

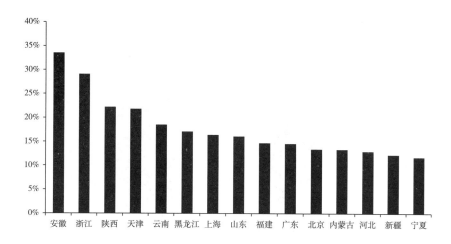

图 8-64 2014 年部分省份居民观看文艺演出比例情况

分点。在性别与城乡的交叉中,无论城镇还是农村,女性比男性更喜欢看文艺演出,城镇女性居民中有 13.32% 的受访者表示喜欢看文艺演出。在性别与学历的交叉中,各学历女性居民喜欢文艺演出的人群比例均明显高于男性居民,硕士及以上女性居民比例最高,为 21.43%。在性别与年龄的交叉中,对文艺演出比较感兴趣的是 18—25 岁、26—40 岁的男性和女性居民,以及 41—65 岁女性居民。说明文艺演出在中青年、高学历女性居民中比较受欢迎。

从年龄角度看,2014 年,文艺演出在 18—25 岁居民中最受欢迎,消费人群比例为 13.81%,17 岁以下和 66 岁以上居民对文艺演出热爱程度不高,消费人群比例不足 10%。

从学历角度看,2014 年,文艺演出受欢迎程度与学历呈正相关关系,硕士及以上中有 20.00% 的受访者喜欢看文艺演出,比例最高,其次是大学本科学历,受访者比例为 15.19%,比例最低的是初中及以下学历居民,不足 10%。

(二)消费支出分析

1. 金钱支出分析

2014 年,受访者居民平均每月观看文艺演出的支出为 12.73 元,在十大

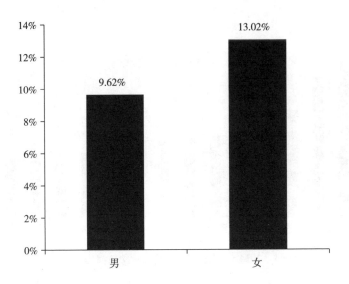

图 8-65 2014 年不同性别居民观看文艺演出人数比例情况

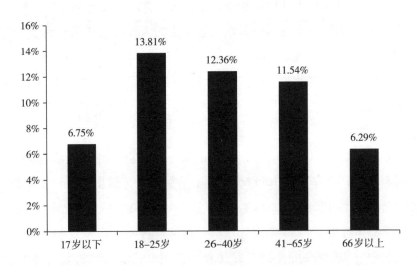

图 8-66 2014 年不同年龄段居民观看文艺演出比例情况

文化产品支出中排名第八。

城乡方面,2014 年城镇居民平均每月文艺演出支出为 13.57 元,略高于农村(11.85 元)。从城乡与学历交叉角度看,不同学历城乡居民的文艺演出消费支出相差较大,其中,硕士及以上学历农村居民文艺演出消费支出最高,平均每月高达 53.92 元,从城乡与年龄交叉角度看,不同年龄段的城乡之间文

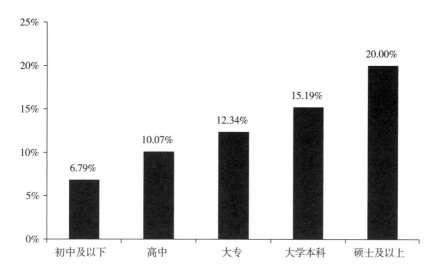

图 8-67　2014 年不同学历人群观看文艺演出比例情况

艺演出消费支出相差不大,其中,26—40 岁城镇居民文艺演出支出最多,每月为 15.38 元。说明无论城镇还是农村,中青年、高学历居民都是文艺演出消费的主力。

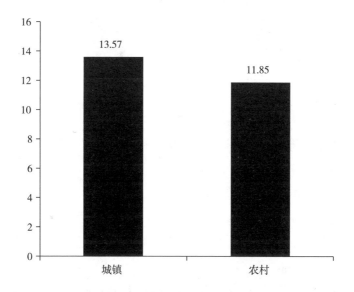

图 8-68　2014 年城乡居民每月文艺演出支出情况(单位:元/月)

性别方面,2014 年,男性居民平均每月观看文艺演出的支出为 11.36 元,女性略高,为14.08元。从性别与城乡交叉角度看,城乡男性居民之间差距不大,但是城镇女性居民较大幅度高于农村居民;不论是城镇还是农村,女性居民每月文艺演出的支出均高于男性。从性别与学历交叉角度看,不论是男性还是女性,随学历层次的提升,文艺演出的支出呈现上升趋势;除高中学历外,其他学历女性居民平均每月观看文艺演出的支出均高于男性。从性别与年龄交叉角度看,不论是男性还是女性,17岁以下和66岁以上居民平均每月观看文艺演出的支出较低,18—25岁男性和41—65岁的女性居民文艺演出消费较高,每月在15元以上。

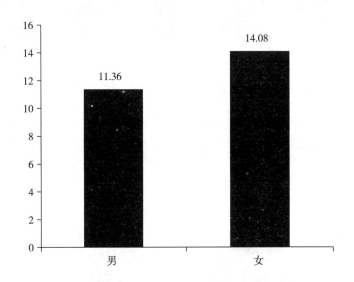

图8-69　2014年不同性别居民每月文艺演出支出情况(单位:元/月)

　　学历方面,2014年,居民文艺演出支出随着学历的提升,呈上升趋势,其中,硕士及以上人群文艺演出支出远高于其他人群,每月高达37.08元,初中及以下人群文艺演出支出最低,每月仅为6.34元。

　　年龄方面,2014年,除17岁以下和66岁以上居民文艺演出支出较低(每月不足10元)外,其他年龄段居民每月文艺演出支出在13元以上。

2.时间支出分析

　　2014年,我国居民平均每月观看文艺演出的时间仅为0.26小时。2014年,城镇居民每月观看文艺演出的时间为0.26小时,略高于农村(0.25小时);女性居民每月观看文艺演出的时间为0.29小时,高于男性0.07小时;随

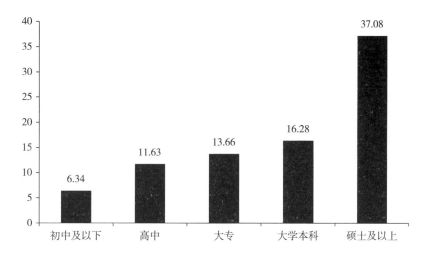

图 8-70 2014 年不同学历人群每月文艺演出支出情况(单位:元/月)

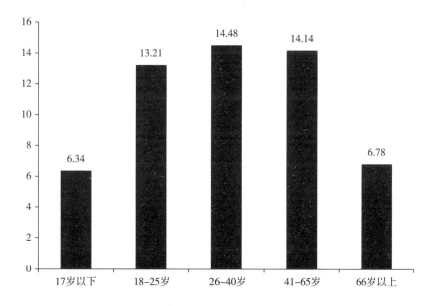

图 8-71 2014 年不同年龄段居民每月文艺演出支出情况(单位:元/月)

学历层次的提升,居民观看文艺演出的时间越长,其中,硕士及以上人群每月观看文艺演出的时间最长(0.48 小时),初中及以下人群最短(0.15 小时);18—25 岁、26—40 岁和 41—65 岁居民观看文艺演出时间较长,每月在 0.25 小时以上。

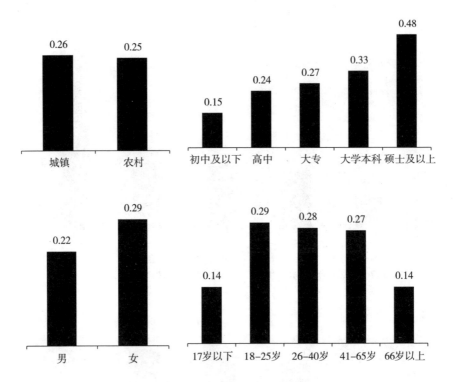

图 8-72　2014 年不同人群居民每月观看文艺
演出的时间支出情况(单位:小时/月)

(三) 市场消费意愿分析

1. 支出意愿分析

2014 年,我国居民平均每月文艺演出消费支出意愿为 15.61 元,高于实际支出 2.88 元。

城乡方面,2014 年,城镇居民每月文艺演出支出意愿为 17.32 元,高于农村 3.5 元。从城乡与学历交叉角度看,硕士及以上学历城乡居民每月文艺演出支出意愿较高,初中及以下城乡居民支出意愿较低,每月不足 10 元。从城乡与年龄交叉角度看,26 — 40 岁城镇居民文艺演出支出意愿较高,每月为 22.42 元,其次是 18—25 岁城镇居民,每月文艺演出支出意愿为 18.61 元,17 岁以下的农村居民文艺演出支出意愿较低,每月仅为 4.36 元。

性别方面,2014 年,男性居民每月文艺演出支出意愿为 13.60 元,低于女

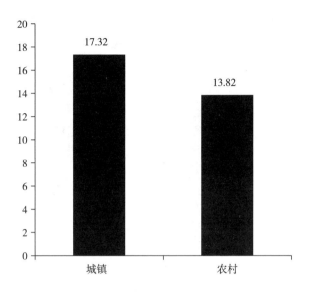

图 8-73　2014 年城乡居民每月文艺演出支出意愿情况（单位：元/月）

性(17.59 元)。从性别与城乡交叉角度看,不论是男性还是女性,城镇居民每月文艺演出支出意愿均高于农村;从性别与学历交叉角度看,硕士及以上女性居民文艺演出支出意愿最高,每月高达 46.07 元,其次是硕士及以上男性居民,每月文艺演出支出意愿为 28.50 元,第三是大学本科女性居民,每月文艺演出支出意愿为 23.96 元,初中及以下男性居民文艺演出支出意愿较低,每月仅为 5.51 元。从性别与年龄交叉角度看,41—65 岁女性居民文艺演出支出意愿较高,每月为 20.15 元,其次是 26—40 岁的男性和女性居民,每月文艺演出支出意愿接近 20 元。

学历方面,2014 年,随学历层次的提升,居民的文艺演出的支出意愿越高,其中,硕士及以上人群的文艺演出支出意愿远高于其他人群,每月高达 38.75 元,初中及以下人群文艺演出支出意愿较低,每月仅为 7.8 元。

年龄方面,2014 年,26—40 岁居民文艺演出的支出意愿最高,每月为 19.01 元,其次是 41—65 岁居民,每月文艺演出支出意愿为 16.69 元,17 岁以下和 66 岁以上居民文艺演出支出意愿较低,每月不足 10 元。

2. 时间意愿分析

2014 年,我国居民每月文艺演出的时间意愿为 0.31 小时,居民整体意愿不高。城镇居民每月观看文艺演出支出意愿为 0.31 小时,略高于农村(0.30

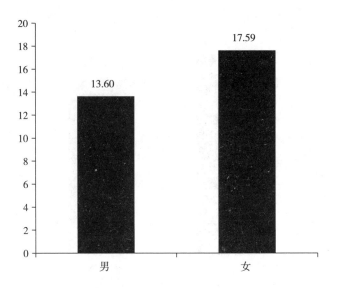

图 8-74　2014 年不同性别居民每月文艺演出支出意愿情况（单位:元/月）

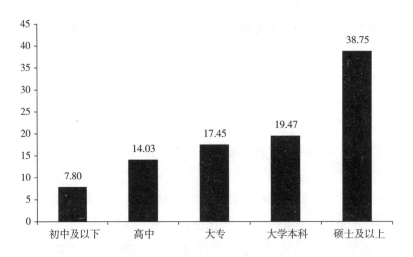

图 8-75　2014 年不同学历居民每月文艺演出支出意愿情况（单位:元/月）

小时）;男性居民每月文艺演出时间意愿为 0. 25 小时,低于女性 0. 11 小时;学历越高,居民文艺演出时间意愿越强烈;18—25 岁、26—40 岁和 41—65 岁居民文艺演出时间意愿较强,17 岁以下居民文艺演出时间意愿较弱,每月仅为 0. 13 小时。

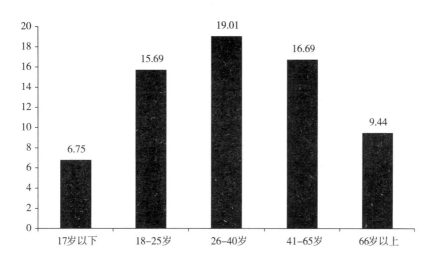

图8-76　**2014年不同年龄段居民每月文艺演出支出意愿情况**(单位:元/月)

(四) 其他分析

2014年,在对文艺演出消费者调查发现,演唱会或音乐剧、歌舞剧等比较受欢迎,戏剧、相声和话剧消费人群也较多。在大多数人看来,话剧、歌舞剧、相声是高雅的艺术,其文化素养和欣赏水平还未达到,很难形成这些高雅艺术的消费需求,通常不同的群体对文艺演出产品需求有明显的差异,青少年主要对演唱会或者音乐剧比较感兴趣,老年人则主要关注戏曲、曲艺,并且许多文艺演出主要集中城镇发达地区,比如北京、上海,而对戏曲比较感兴趣的农村居民则很难享受到。

文艺演出购票渠道方面,据调查,有59.68%的观众选择了网络购票,超过了窗口售票(53.39%)。文艺演出售票已覆盖窗口、电话、网络等各种渠道,其中网络渠道已成为热点,通过票务公司进行网络售票,已是演出商广泛使用的一种售票方式,如票务在线、春秋永乐等专业票务网站,并形成了从预订、选座、付款到最终出票的一条龙服务。

在提升文艺演出消费的关键因素方面,多数受访者认为节目种类、演员演技、票价以及内容创新等方面需要进一步完善。目前,我国文化演艺产品因为种种原因无法满足居民需求,以通俗文化为基础、符合大众心理的高雅艺术比较少,多元化、多层次的文艺演出产品亟需创作。以儿童剧演出为例,2014年儿童剧演出市场的井喷式发展,又从另一侧面暴露出演出机构

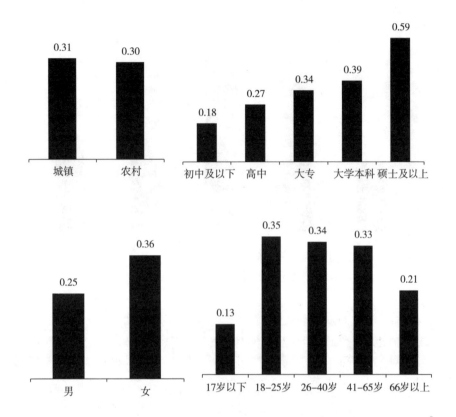

图 8-77　2014 年不同人群每月观看文艺演出时间意愿情况（单位：小时/月）

跟风现象仍然严重的问题，家长对儿童教育意识的提升，使儿童剧市场具有极大的发展潜力，然而大量制作粗劣、欠缺故事性的作品，使得正处于良好发展态势的儿童剧市场出现粗制滥造、作品良莠不齐等各类问题，盲目跟风不但影响企业的长期发展，也给市场带来极大的负面影响。投机类演出公司往往以"赚一把"的赌博心态投身市场热门领域，对一些正处于上升发展态势的领域带来恶性冲击。此外，国际上合理的演出定价范围是票价不超过当地居民月收入的 1%—5%。当前，我国演出票价结构不太合理，呈现出"两头高、中间低"的特征，即高票价和低票价比较抢手，并且由于种种原因，送票、赠票成为演出经营单位的例行公事，从而加大了经营负担，并最终转嫁到消费者头上。高票价的文艺演出俨然成了文化消费的奢侈品，普通老百姓只能望而却步。

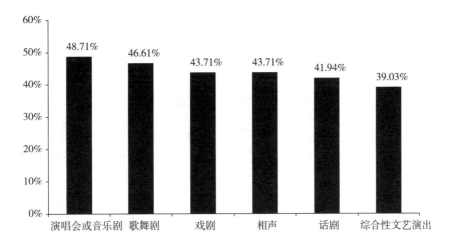

图 8-78　2014 年不同文艺演出种类受众情况

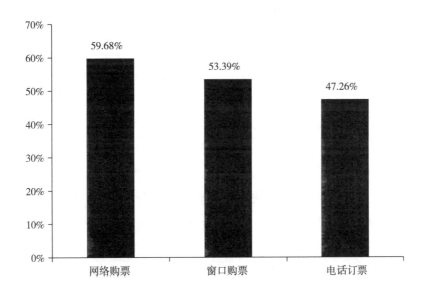

图 8-79　2014 年文艺演出购票渠道

六、动　漫

近年来,中国动漫内容生产实力进一步提升,类型和题材日趋多元化,在国家政策、资金、基地建设扶持背景下,动漫生产集群带和产业区培育初现端

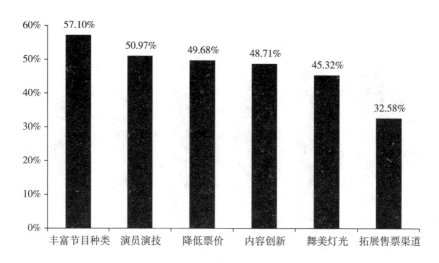

图 8-80　2014 年文艺演出提升的关键因素

倪,动漫展会和交易气氛活跃。2014 年我国动漫产业更多地受益于转型升级所带来的质量和效益提升,依旧保持强劲的发展态势,总值超过 1000 亿元,与 2013 年相比增长 14.84%。目前,我国共有动漫企业 4600 余家,专业人员近 22 万人,从业人员 50 余万人,年产值在 3000 万元以上的动漫企业 24 家,年产值超过 1 亿元的大型企业 13 家。我国动漫产业已形成以广东、上海、北京为首,珠三角、长三角和环渤海地区协同发展的核心区域,以及以奥飞动漫、华强动漫、腾讯动漫、中南卡通、炫动传播、淘米动画、央视动画等大型企业为代表的"第一阵营"①。在媒介融合背景下,动漫生产与移动终端和互联网结合日益紧密,但市场结构、调控手段、人才培育、发展理念还有待完善,整体产业仍需在探索中寻求突破。

(一) 动漫产品受欢迎情况

在动漫观看人数方面,2014 年,有 10.61% 的受访者比较喜欢看动漫,这与 2013 年(13.93%)相比,比例有所下降。这说明动漫的市场份额相对较低。

从城乡角度看,2014 年城镇有 11.81% 的受访者喜欢观看动漫,比例高于

① 《2014 年度中国动漫产业发展报告》,http://www.comicyu.com/html2012/145/2015/169903.html。

农村(9.34%);17 岁以下城镇居民、18—25 岁农村居民比较喜欢看动漫,且不论城镇还是农村,本科学历的居民均比较喜欢看动漫;相比之下,不论是城镇还是农村,41—65 岁、66 岁以上和高中学历的居民都不喜欢动漫。

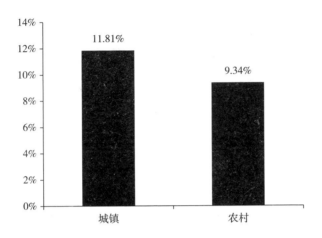

图 8-81 2014 年城乡居民观看动漫人数比例情况

从区域角度看,动漫在北京、上海、江苏、浙江、安徽、山东、重庆、甘肃等地比较受消费者欢迎,喜欢动漫的受访者比例在 12% 以上,而动漫在福建、江西、河南、湖南、西藏、新疆、青海等地不太受欢迎,喜欢动漫的受访者比例均在 10% 以下。可以发现,动漫主要在东部地区比较受欢迎。

从性别角度看,相比男性,女性对动漫比较感兴趣。2014 年,女性有 12.62% 的居民喜欢观看动漫,比例高于男性 4.07%,与 2013 年相比,比例差距有了进一步的扩大。不论男性还是女性,动漫在城镇居民中比较受欢迎;在学历与性别交叉中,与其他学历比较,本科学历的男性和女性均对动漫比较感兴趣;此外,对动漫比较感兴趣的还有 17 岁以下的男性和 18—25 岁的女性居民。

从年龄角度看,2013—2014 年,随着年龄的增长,对动漫的喜欢程度逐渐递减,2014 年动漫在 18—25 岁居民中最受欢迎,消费者比例为 17.61%,其次是 17 岁以下居民,消费者比例为 17.59%,41 岁以上居民中喜欢动漫的受访者比例不到 5%。可以发现,青少年比较喜欢观看动漫,中老年人则对动漫不太关注。

从学历角度看,大学本科有 15.96% 的受访者喜欢观看动漫,比例最高,

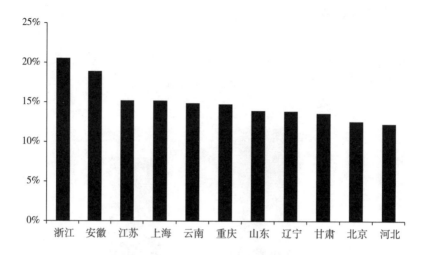

图8-82　2014年部分省份居民观看动漫人数比例情况

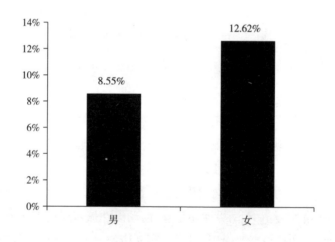

图8-83　2014年不同性别居民观看动漫人数比例情况

其次是大专学历,受访者比例为11.96%,然后就是初中及以下和硕士及以上学历,受访者比例均为10.83%,最后是高中(含中专、技校),受访者比例仅为5.70%。说明,动漫在大学本科学历中比较受欢迎。

(二) 动漫产品支出分析

1.金钱支出分析

2014年,受访者居民平均每月动漫产品支出为8.18元,在十大文化产品

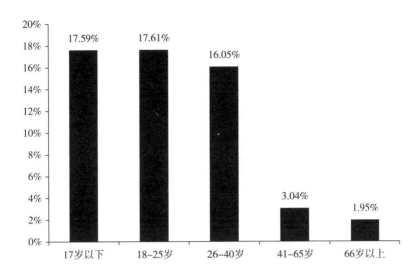

图 8-84　2014 年不同年龄段居民观看动漫人数比例情况

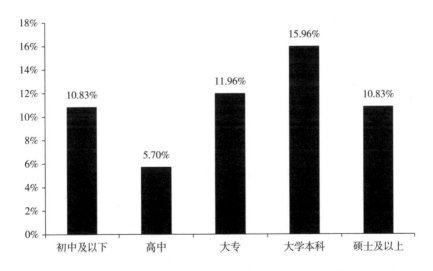

图 8-85　2014 年不同学历居民观看动漫人数比例情况

支出中排名最低。

　　在城乡方面,2014 年,城镇居民每月动漫支出为 9.39 元,略高于农村(6.91 元)。在城乡与年龄交叉中,17 岁以下城镇居民平均每月动漫支出最高,为 23.11 元,其次是 18—25 岁农村居民,每月动漫支出为 13.02 元,66 岁以下的城镇和农村居民动漫支出均比较低,每月不足 1 元。在城乡与学历交叉中,城镇地区除高中动漫支出不足 5 元外,其他学历人群动漫支出较高,均在 10—15 元;农村地区则除本科学历人群每月动漫支出为 11. 44 元外,其他学历人群动漫支出较低,在 10 元以下。

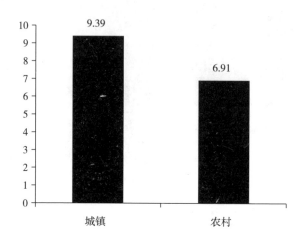

图 8-86　2014 年城乡居民每月动漫支出情况(单位:元/月)

在区域方面,2014 年,河北、黑龙江、上海、江苏、浙江、安徽和重庆等地居民动漫支出较高,平均每人每月动漫支出在 10 元以上,尤其是浙江、安徽两省居民平均每人每月动漫支出在 20 元以上。而西藏、新疆、青海、江西等地的居民动漫支出较低,每月不足 1 元。

在性别方面,女性动漫支出略高于男性,2014 年女性平均每月动漫支出为 8. 92 元,高于男性 1. 5 元。在性别与年龄交叉中,男性中 17 岁以下居民每月动漫支出最高,为 21. 15 元,女性中 18—25 岁居民每月动漫支出最高,为 13. 31 元,但不论是男性还是女性,66 岁以上居民动漫支出最低,每月不足 1 元;17 岁以下年龄中男性与女性的动漫支出差异较大,平均每月相差 10. 94 元。在城乡与性别交叉中,不论男性还是女性,城镇居民的动漫支出均高于农村,且女性城镇居民每月动漫支出最高,为 10. 20 元,男性农村居民动漫支出最低,为 6. 25 元。在性别与学历的交叉中,女性本科居民每月动漫支出最高,为 16. 36 元,其次是男性硕士及以上和初中及以下居民,而女性硕士及以上居民、男性和女性的高中居民动漫支出比较低,每月不足 5 元。

在年龄方面,2014 年,随着年龄的增长,动漫支出逐渐递减,17 岁以下居民每月动漫支出最高,为 16. 16 元,其次是 18—25 岁居民,为 12. 51 元,41—

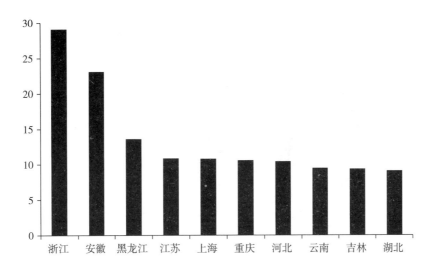

图 8-87 2014 年部分省份居民每月动漫支出情况(单位:元/月)

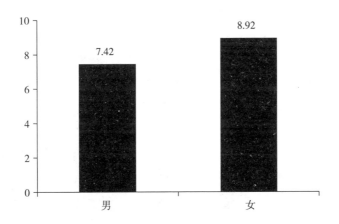

图 8-88 2014 年不同性别居民每月动漫支出情况(单位:元/月)

65 岁和 66 岁以上居民动漫支出较低,每月不足 5 元。

在学历方面,2014 年,大学本科的受访者每月动漫支出最低,为 12.10 元,其次是初中及以下的受访者,每月动漫支出 9.74 元,第三名是大专受访者,每月动漫支出为 9.22 元,高中(含中专、技校)受访者动漫支出比较少,为 3.72 元。

2. 时间支出分析

2014 年,受访者居民平均每周仅花费 0.24 小时观看动漫;女性观看动漫

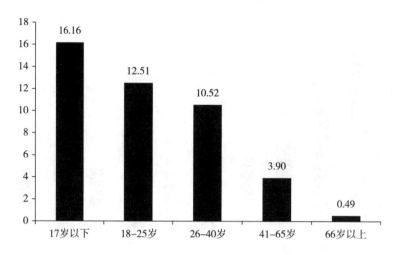

图 8-89　2014 年不同年龄段居民每月动漫支出情况（单位：元／月）

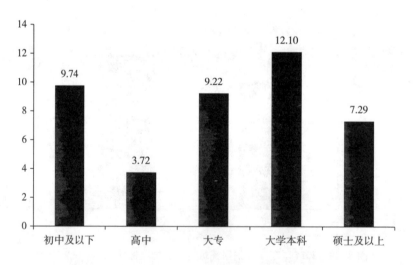

图 8-90　2014 年不同学历居民每月动漫支出情况（单位：元／月）

花费的时间相比男性略长，女性每周观看动漫时间为 0.26 小时，男性则为 0.23 小时；城镇居民每周观看动漫时间为 0.27 小时，略高于农村（0.22 小时）；区域方面，浙江、安徽、重庆、贵州、上海、黑龙江等地的居民观看动漫时间较长，尤其是浙江、安徽两省，平均每周在 0.7 小时以上，而西藏、新疆、青海、广西等地居民观看动漫时间比较短；年龄方面，17 岁以下居民观看动漫时间最长，为 0.44 小时，其次是 18—25 岁居民，为 0.40 小时，41—65 岁和 66

岁以上居民观看动漫时间较短;学历方面,大学本科观看动漫时间最长,平均每周 0.36 小时,其次是初中及以下,为 0.28 小时,高中(含中专、技校)最低,

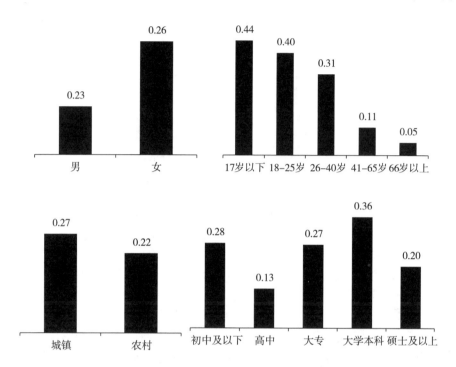

图 8-91 2014 年不同人群居民每周观看动漫的时间支出情况(单位:小时/周)

为 0.13 小时。

(三) 动漫意愿支出分析

1. 金钱支出意愿分析

2014 年,受访者居民平均每月动漫支出意愿为 13.35 元,与实际支出相比,缺口仅为 5.17 元,支出缺口在十大文化产品/服务中排名第九。

在城乡方面,2014 年,城镇居民的每月动漫支出意愿为 15.51 元,高于农村的 11.09 元。在城乡与学历交叉中,城镇地区的初中及以下人群每月动漫支出意愿最高,为 27.49 元,其次是城镇的大学本科人群,每月动漫支出意愿为 20.20 元,而不论是城镇还是农村,高中学历人群的动漫支出意愿均比较低,每月不足 10 元。在城乡与年龄交叉中,城镇地区 17 岁以下人群每月动漫支出意愿最高,为 42.11 元,其次是城镇地区的 18—25 岁人群,每月动漫支出

意愿为 22.94 元,第三名是农村地区的 18—25 岁人群,每月动漫支出意愿为 21.43 元,但不论是农村还是城镇,41—65 岁和 66 岁以上的人群动漫支出意愿均比较低,每月不足 6 元。

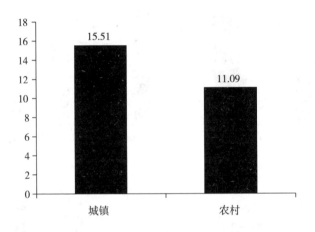

图 8-92　2014 年城乡居民每月动漫支出意愿情况(单位:元/月)

在区域方面,安徽、浙江、江苏、上海、吉林、山西、海南、重庆、甘肃等地的居民动漫支出意愿较高,每月在 15 元以上,尤其是浙江、安徽两省,每月动漫支出意愿在 30 元左右。相比之下,江西、西藏、青海、新疆、湖南、陕西等地居民动漫支出意愿较低,每月不足 5 元。

在性别方面,2013 年女性动漫支出意愿为 14.96 元,高于男性 3.25 元,在性别与年龄交叉中,17 岁以下男性每月动漫支出意愿最高,为 39.94 元,其次是 18—25 岁女性,为 25.79 元,41—65 岁以及 66 岁以上的男性和女性动漫支出意愿均比较低,每月不足 10 元。在性别与学历交叉中,大学本科女性的每月动漫支出意愿最高为 25.75 元,初中及以下和硕士及以上的男性动漫支出意愿也比较高,在 20 元以上,但高中学历的男性和女性、大学本科男性、硕士及以上女性的动漫支出意愿均比较低,每月不足 10 元。在性别与城乡交叉中,城镇地区女性,每月动漫支出意愿最高,为 17.27 元,其次是城镇地区的男性,动漫支出意愿为 13.70 元。

在年龄方面,动漫支出意愿与年龄呈负相关关系,17 岁以下居民每月动漫支出意愿最高,每月可达 29.09 元,其次是 18—25 岁居民,每月动漫支出意愿为 22.13 元,第三是 26—40 岁居民,每月动漫支出意愿为 17.03 元,41—65

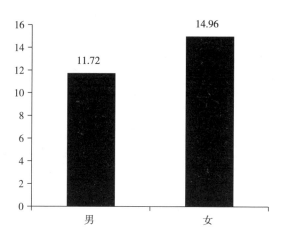

图 8-93　2014 年不同性别居民每月动漫支出意愿情况（单位：元/月）

岁和 66 岁以上居民动漫支出意愿较低，每月不足 5 元。

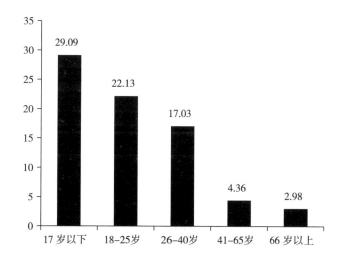

图 8-94　2014 年不同年龄段居民每月动漫支出意愿情况（单位：元/月）

在学历方面，初中及以下和大学本科学历人群动漫支出意愿最高，每月可达 18.47 元，其次是大专学历人群，每月动漫支出意愿为 13.96 元，高中（含中专、技校）人群动漫支出意愿最低，每月为 6.58 元。

2. 时间意愿分析

2014 年，受访者希望每周花费 0.39 小时观看动漫，与实际相比，相差

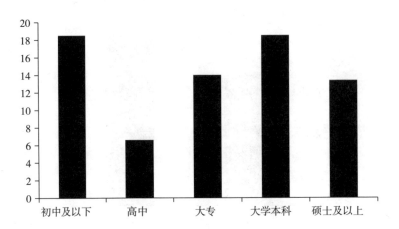

图 8-95　2014 年不同学历居民每月动漫支出意愿情况（单位:元/月）

0.15 小时;城镇地区居民每周观看动漫时间意愿为 0.42 小时,高于农村 0.07 小时;相比男性,女性的动漫时间意愿较长,每周为 0.44 小时,男性则为 0.33 小时;在年龄方面,年龄越高,希望观看动漫的时间意愿越短,17 岁以下人群希望每周观看动漫时间为 0.76 小时,其次是 18—25 岁,每周动漫时间意愿为 0.67 小时,66 岁以上居民对动漫不感兴趣,意愿不高;学历方面,大学本科和初中及以下人群的动漫时间意愿较高,高中(含中专、技校)人群的动漫时间意愿最低,每周为 0.20 小时。

（四）其他分析

在对喜欢动漫的受访者调查观看途径时发现,有高达 81.72% 的受访者是通过网络、手机客户端等新兴途径观看动漫,使用传统途径的受访者有 50.34%。网络等新兴途径可以使居民利用碎片化时间,随时、随地观看喜欢的许多动漫作品,电视机等传统途径则不具备此优势,因此大多数居民喜欢通过网络等新兴途径观看动漫。

关于国内外动漫消费偏好方面,日本动漫最受欢迎,动漫消费者中有 56.03% 的人比较喜欢日本动漫,其次是中国(49.83%),然后美国等国家或地区。日本通过动画片、卡通书和电子游戏三者的商业组合,产业链条长、附加值高,成为全球产量最大的动画大国,动漫产业产值每年约 230 万亿日元,已经占到其 GDP 的 40% 左右,动画产品出口值远远高于钢铁出口值,成为仅次于旅游业的第二大支柱产业。而中国动漫衍生产品产值占比仅有

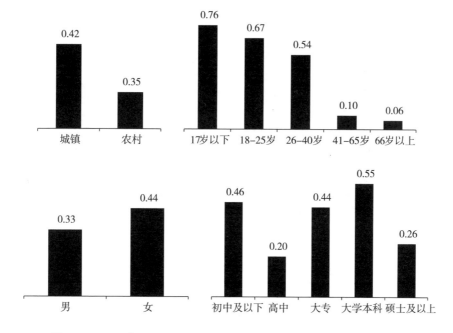

图 8-96　2014 年不同人群居民每周动漫时间意愿情况(单位:小时/周)

30% 左右。中国的动漫内容消费市场主要被日本和欧美的动漫产品所占据,本土原创动漫在我国动漫内容消费市场的占比仅为 11%①。2013 —2013 年,国内动漫企业加快进军电影市场,动画电影成为新的增长点,但在看似庞大的产业规模之上,我国动漫产业占国民生产总值的比重不足 0.2%,亟需提升发展能力②。在美国,每年的动画产品和衍生产品的产值达 50 多亿美元,从事动漫产业的人员是全社会从业人员的 3% 到 6%,成为全美最大的产业之一。

通过对我国动漫改进建议调查发现,有一半以上的受访者认为人物形象、制作技术、画风画工和动漫内容情节亟需改进,有 42.59% 的受访者认为题材也需要改进。虽然国内出现许多了优秀的作品,比如《秦时明月》,其运用了很多技术,甚至 4D 技术也融入了进去,可以说是发挥了我国动漫的最高水

① 《我国动漫产业的发展现状好前景探讨》,http://www.chinairn.com/news/20130428/170224636.html。

② 《2014 年度中国动漫产业发展报告》,http://www.comicyu.com/html2012/145/2015/169903_3.html。

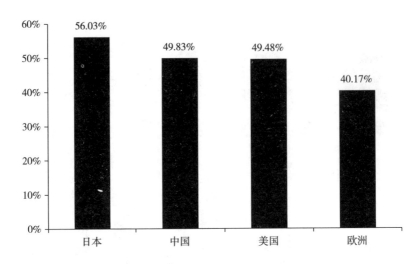

图 8-97　2014 年受访者国内外动漫偏好情况

平,但像这样优秀作品少之又少。和日本动漫相比,中国动漫缺乏人物形象,刻画不够细腻,画风单调,而日本动漫善于从不同审美层面、不同审美群体的视角出发与创新,可视性很强,且人物刻画非常细腻,这是我国动漫值得学习、借鉴的地方。此外,中国动漫市场定位低龄化,内容通俗易懂,简短明了,一些故事题材被反复使用,却无法出新,严重限制了动漫的发展,通过前面的动漫消费人群和支出分析发现,青年、本科学历人群比较喜欢观看动漫,有甚于小孩,这类人群是动漫市场应关注的重点,"全龄化"动漫应成为内容生产的主流趋势,才可以促进中国市场繁荣发展。

七、文化娱乐活动

　　近年来,政府对文化相关产业投资大幅增加,公共文化娱乐设施不断增加,文化产业资本运作方式开始呈现多元化趋势,各种文化娱乐活动层出不穷,面向居民文化娱乐活动的相关供给增长迅速,如游乐园、歌舞厅、KTV、俱乐部、棋艺社等。随着文化娱乐活动对相关产业融合的带动趋势不断加强,体育娱乐服务快速发展,各类体育娱乐项目普及发展,公共体育项目设施日趋完善。同时,社区文化娱乐、农村文化娱乐以及老年人文化娱乐受到重视。但由

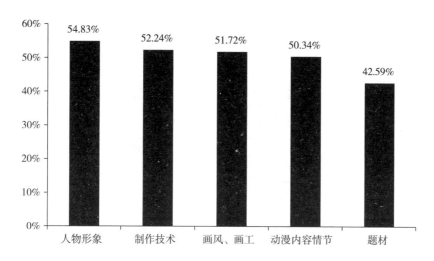

图 8-98　2014 年我国动漫提升的关键因素分析

于资金的缺乏及管理的疏漏等问题,目前的文化娱乐活动仍缺乏持续性、周期性,为居民提供良好的精神生活环境、文化产品与服务势在必行。

（一）　市场受欢迎程度分析

2014 年,有 22.76% 的受访者比较喜欢进行文化娱乐活动,其受欢迎程度略低于文化旅游。

城乡方面,2014 年,与城镇相比,农村居民更喜欢进行文化娱乐活动消费,从城乡与学历交叉角度看,大学本科以上的农村居民和硕士及以上的城镇居民比较热爱文化娱乐活动,受访者比例在 30% 以上。从城乡与年龄交叉角度看,不论是城镇还是农村,相对其他人群而言,18—25 岁和 26—40 岁居民对文化娱乐活动比较感兴趣。

区域方面,天津、内蒙古、浙江、河北、云南等地有 40% 以上的受访者经常参加文化娱乐活动,但是同时也可以发现,江西、湖南、贵州等地居民参加文化娱乐活动较少。

性别方面,2014 年,女性有 24.52% 的居民经常参加文化娱乐活动,比例略高于男性(20.98%)。从性别与城乡交叉角度看,不论是男性还是女性,文化娱乐活动在城镇中较受欢迎。从性别与学历交叉角度看,大学本科以上的男性和女性居民对文化娱乐活动比较感兴趣,消费人数比例在 30% 以上。从

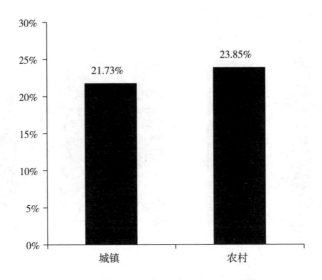

图 8-99　　2014 年城乡居民参加文化娱乐活动人数比例情况

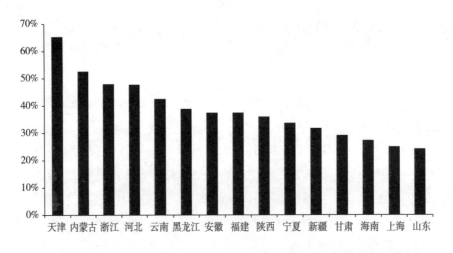

图 8-100　　2014 年部分省份居民参加文化娱乐活动人数比例情况

性别与年龄交叉角度看,18—25 岁男性居民对文化娱乐活动的热爱程度最高,其次是 26—40 岁女性居民,第三是 26—40 岁男性居民。

学历方面,2014 年,学历水平越高,居民对文化娱乐活动的热爱程度越高,其中,文化娱乐活动在硕士及以上人群中受欢迎程度最高,消费人群比例有 36.67%,其次是大学本科人群,消费人群比例有 32.30%。

年龄方面,2014 年,文化娱乐活动在 18—25 岁和 26—40 岁居民中受欢

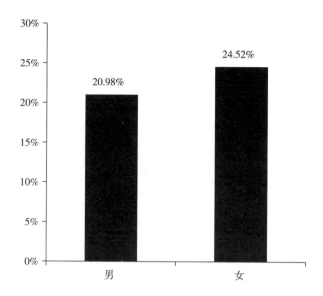

图 8-101 2014 年不同性别居民参加文化娱乐活动人数比例情况

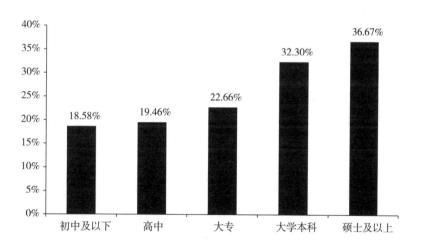

图 8-102 2014 年不同学历居民参加文化娱乐活动人数比例情况

迎程度比较高,其次是 17 岁以下居民,而 66 岁以上居民对文化娱乐活动不是很感兴趣。

(二)消费支出分析

1.金钱支出分析

2014 年,我国居民平均每月文化娱乐活动消费支出为 30.73 元,在十大

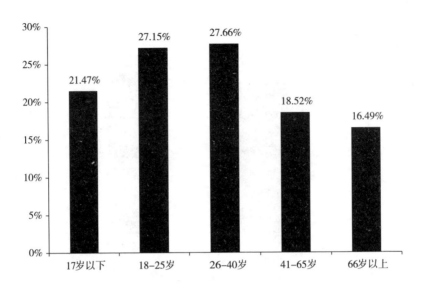

图 8-103　2014 年不同年龄段居民参加文化娱乐活动人数比例情况

文化产品中排名第五。

　　城乡方面,2014 年,农村居民每月文化娱乐活动消费支出 31.04 元,略高于城镇(30.43 元)。从城乡与学历交叉角度看,硕士及以上的城乡居民文化娱乐活动支出较高,每月在 60 元以上,初中及以下农村居民文化娱乐活动支出较低,每月不足 20 元。从城乡与年龄交叉角度看,26—40 岁的城乡居民文化娱乐活动支出较高,每月在 40 元以上,66 岁以上的城乡居民文化娱乐活动支出较低,每月不足 20 元。

　　性别方面,2014 年,女性居民平均每月文化娱乐活动支出为 31.62 元,高于男性 1.8 元。从性别与城乡交叉角度看,不论城镇还是农村,女性居民文化娱乐活动支出相比男性较高,每月在 31 元以上。从性别与学历交叉角度看,不论是男性还是女性,学历越高,文化娱乐活动支出越高,其中,硕士及以上男性居民文化娱乐活动支出最高,每月可达 88 元,其次是硕士及以上女性居民,每月文化娱乐活动支出为 64.64 元。从性别与年龄交叉角度看,26—40 岁男性居民文化娱乐活动支出最高,每月为 49.60 元;其次是 26—40 岁女性居民,每月文化娱乐活动支出为 38.97 元;第三是 18—25 岁居民,每月文化娱乐活动支出为 35.65 元。

　　学历方面,2014 年,文化娱乐活动支出与学历正相关关系,其中,硕士及

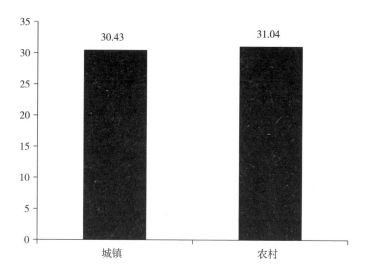

图 8-104　2014 年城乡居民每月文化娱乐活动支出情况（单位：元/月）

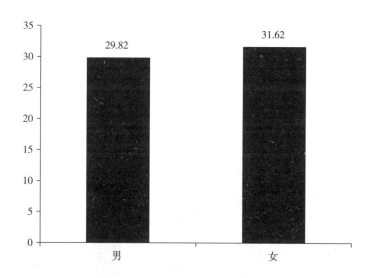

图 8-105　2014 年不同性别居民每月文化娱乐活动支出情况（单位：元/月）

以上人群文化娱乐活动支出最高,每月高达 74.38 元;其次是大学本科人群,每月文化娱乐活动支出 47.97 元;第三是大专人群,每月文化娱乐活动支出 32.38 元。

年龄方面,2014 年,26—40 岁居民文化娱乐活动支出最高,每月为 43.51元;其次是 18—25 岁居民,每月文化娱乐活动支出 33.85 元,66 岁以上居民

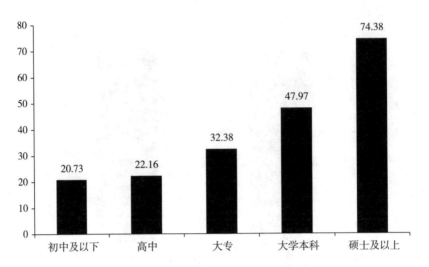

图 8-106　2014 年不同学历人群每月文化娱乐活动支出情况（单位:元/月）

文化娱乐活动支出较少,每月仅为 15.02 元。

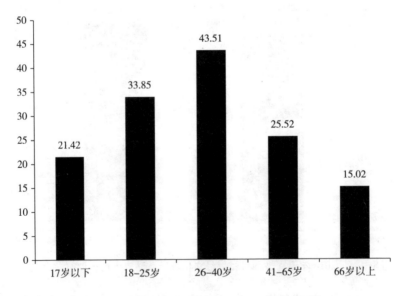

图 8-107　2014 年不同年龄段居民每月文化娱乐活动支出情况（单位:元/月）

2. 时间支出分析

2014 年,我国居民平均每周参与文化娱乐活动的时间是 0.75 小时。农村居民平均每周参与文化娱乐活动的时间是 0.80 小时,略高于城镇(0.71 小时);女性居民平均每周花费 0.80 小时参与文化娱乐活动,高于男性 0.09 小时;学历越高,居民参与娱乐活动的时间越长,其中,硕士及以上人群参与文化娱乐活动时间最长,每周为 1.38 小时;18—25 岁和 26—40 岁居民参与文化娱乐活动的时间较长,每周在 0.9 小时左右。

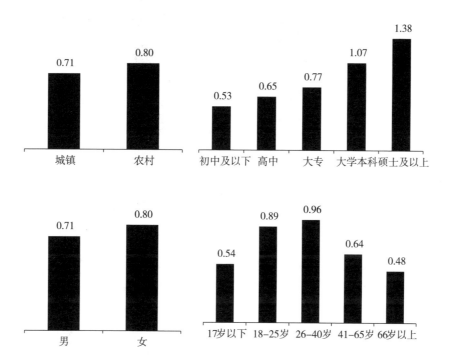

图 8-108　2014 年不同人群居民每周参加文化娱乐
活动的时间支出情况(单位:周/小时)

(三) 文化娱乐活动支出意愿分析

1. 金钱支出意愿分析

2014 年,我国居民平均每月文化娱乐活动支出意愿为 62.68 元,高于实际支出 31.95 元。

城乡方面,2014 年,城镇居民平均每月文化娱乐活动支出意愿为 58.94 元,低于农村 7.67 元。硕士及以上的城乡居民文化娱乐活动支出意愿较高,每月在 90 元以上;18—25 岁和 26—40 岁农村居民文化娱乐活动支出意愿较高,每月在 80 元以上,其次是 26—40 岁城镇居民,每月文化娱乐活动支出意愿为 71.08 元。

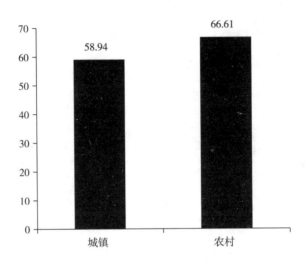

图 8-109　2014 年城乡居民每月文化娱乐活动支出意愿情况(单位:元/月)

性别方面,2014 年,女性居民平均每月文化娱乐活动支出意愿为 66.92 元,高于男性 8.55 元。从性别与城乡交叉角度看,农村地区女性居民文化娱乐活动支出意愿较高,每月为 72.03 元,其次是城镇地区女性居民,每月文化娱乐活动支出意愿为 62.10 元。从性别与学历交叉角度看,硕士及以上男性居民文化娱乐活动支出意愿最高,每月高达 136.50 元;其次是大学本科女性,每月文化娱乐活动支出意愿为 91.30 元,初中及以下男性居民文化娱乐活动支出意愿较低,每月仅为 46.50 元。从性别与年龄交叉角度看,26—40 岁男性居民文化娱乐活动支出意愿最高,每月为 85.64 元;其次是 18—25 岁男性和 18—25 岁以及 26—40 岁女性居民,每月文化娱乐活动支出意愿略高于 75 元。

学历方面,2014 年,学历越高,居民的文化娱乐活动支出意愿越高,其中,硕士及以上人群文化娱乐活动支出意愿最高,每月高达 102.08 元;其次是大学本科人群,每月文化娱乐活动支出意愿为 85.23 元;第三是大专人群,每月文化娱乐活动支出意愿为 62.51 元。

年龄方面,2014 年,18—25 岁和 26—40 岁居民文化娱乐活动支出意愿较高,每月在 75 元以上,66 岁以上居民文化娱乐活动支出意愿较低,每月为 43.44 元。

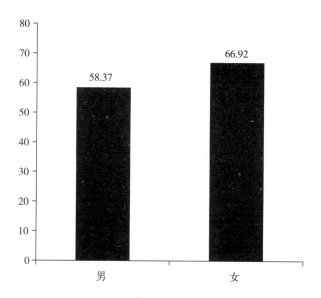

图 8-110　2014 年不同性别居民每月文化娱乐活动支出意愿情况(单位:元/月)

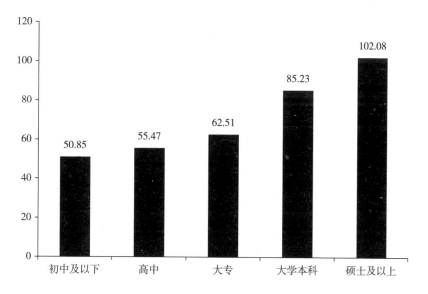

图 8-111　2014 年不同学历人群每月文化娱乐活动支出意愿情况(单位:元/月)

2.时间支出意愿分析

2014 年,居民平均每周文化娱乐活动时间支出意愿为 1.02 小时。农村
居民平均每周文化娱乐活动时间支出意愿为 1.09 小时,略高于城镇(0.95 小

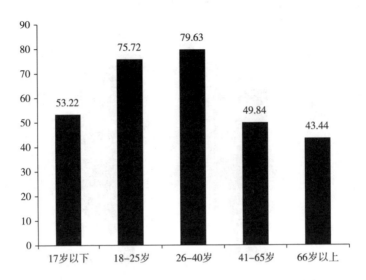

图8-112　2014年不同年龄段居民每月文化娱乐活动支出意愿情况（单位:元/月）

时）;女性居民平均每周文化娱乐活动时间支出意愿为1.09小时,略高于男性（0.95小时）;学历越高,居民文化娱乐活动时间支出意愿越强;18—25岁和26—40岁居民文化娱乐活动时间支出意愿较强,每周在1.2小时以上。

（四）其他分析

在提升居民文化娱乐活动消费质量的关键因素方面,公共文化娱乐设施最受关注,然后是文化娱乐活动种类、娱乐场所硬件设施、娱乐场所服务水平和价格。虽然近年来各类休闲娱乐活动形式多样,但是有许多娱乐活动居民参与率不是很高,如大型的健身场所、歌舞厅、俱乐部、棋牌社、台球室等,这类休闲娱乐场所价格相对偏高,在普通老百姓眼里是贵族型、奢侈型消费。而全民可参与的娱乐项目却因公共文化娱乐设施比较落后、覆盖面比较低无法实现。

八、游　戏

近年来,我国游戏行业发展态势良好,产业规模发展壮大,产业结构和发展方向不断调整,具体特征体现为多样化与扁平化。在游戏市场结构中,网络

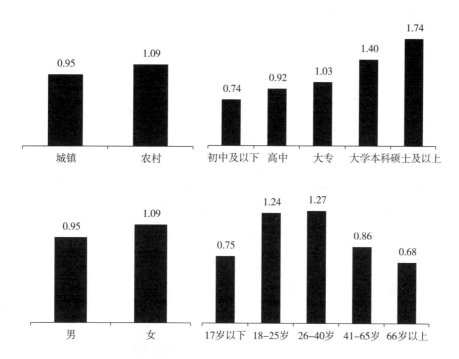

图 8-113　2014 年不同群体居民每周文化娱乐活动时间支出意愿情况（单位：小时/周）

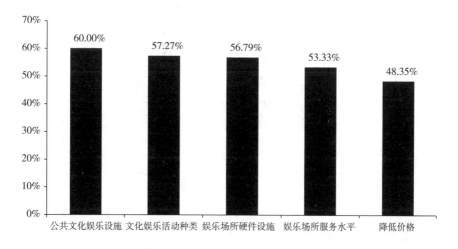

图 8-114　文化娱乐活动提升的关键因素

游戏较为迅猛,2014 年中国网络游戏市场整体销售收入为 1062.1 亿元,同比增长 29.1%,首次突破千亿大关。其中,腾讯成为最早占领移动游戏的端游企业,优势不可撼动,中国手游、乐逗游戏等手游企业增长速度较快。此外,针对网络游戏行业的投资、并购、上市等行业投融资活动活跃,重大收购、并购案例层出不穷,多家网络游戏公司通过国内、国外证券市场实现上市。

(一) 游戏受欢迎情况

2014 年,有 12.71% 的受访者以游戏为主要的文化产品消费对象,在十大文化产品中排名第七,市场份额较低。

在城乡方面,2014 年农村有 13.95% 的受访者喜欢玩游戏,城镇则有 11.53% 的受访者喜欢玩游戏,比例略低于农村;城镇和农村地区的 17 岁以下、18—25 岁居民对游戏比较有热情,消费人群在 20% 以上,且农村地区 26—40 岁年龄段也有 21.35% 的受访者喜欢玩游戏;城镇和农村地区的大学本科学历人群均比较喜欢玩游戏,受访者比例在 18% 以上。

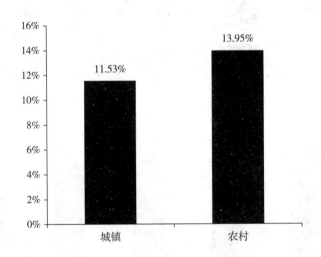

图 8-115　2014 年城乡居民玩游戏的人数比例情况

在区域方面,天津、河北、内蒙古、安徽、福建、云南、宁夏等地的居民喜欢玩游戏的人数比例比较高,均在 20% 以上,而山西、江苏、江西、河南、湖南、重庆、青海等地的居民喜欢玩游戏的人群比例比较低,不足 10%。

在性别方面,2014 年男性有 14.09% 的受访者经常玩游戏,女性则有 11.35% 的受访者经常玩游戏;不论是男性还是女性,农村地区经常玩游戏的受访者比例均高于城镇,但城镇地区男性和女性玩游戏的受访者比例差异较

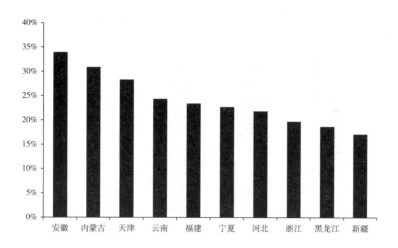

图 8-116　2014 年部分省份居民玩游戏的人数比例情况

大;男性中,大学本科和硕士以上学历人群比较喜欢玩游戏,其次是女性本科人群;男性中 17 岁以下、18—25 岁的居民经常玩游戏,受访者比例均在 27%以上,26—40 岁年龄段也有 21.92%的受访者经常玩游戏。

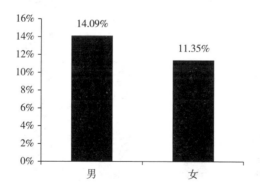

图 8-117　2014 年不同性别居民坑游戏的人数比例情况

在年龄方面,青少年群体比较喜欢玩游戏,18—25 岁年龄段有 21.04%的居民喜欢玩游戏,17 岁以下年龄段则有 20.04%的居民喜欢玩游戏,41—65 岁和 66 岁以上的居民对游戏的兴趣不高,比例不足 5%。

在学历方面,大学本科学历的人群对游戏的热情最高,人群比例达 20.33%;其次是初中以下和硕士及以上人群,高中学历的人群对游戏热情不高,消费人群比例为 8.32%。

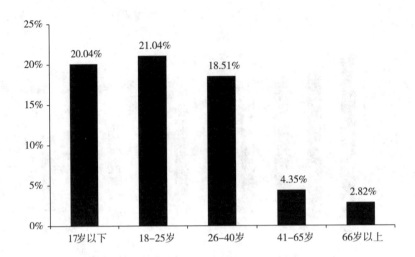

图8-118　2014年不同年龄段居民玩游戏的人数比例情况

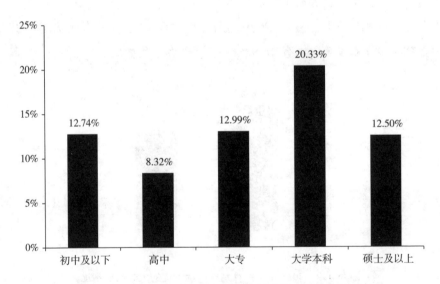

图8-119　2014年不同学历居民玩游戏的人数比例情况

（二）游戏支出分析

1.游戏金钱支出分析

2014年,我国受访者居民平均每月游戏支出为15.14元,在十大文化产品中排名第六。

在城乡方面,2014年城镇居民每月游戏支出15.52元,略高于农村

(14.74 元)。在城乡与年龄交叉中,城镇地区 18—25 岁居民每月游戏支出最高为 31.64 元;其次是城镇地区 17 岁以下居民,每月游戏支出为 23.78 元;第三是 17 岁以下的农村居民,每月游戏支出为 23.30 元,不论是城镇还是农村,41—65 岁和 66 岁以上的居民游戏支出比较少,每月不足 10 元。在城乡与学历交叉中,农村地区大学本科学历居民每月游戏支出最高,为 30.36 元;其次是农村地区硕士及以上居民,每月游戏支出 23.53 元;第三是城镇地区大学本科学历居民,每月游戏支出 19.56 元,不过农村地区高中学历人群和城镇地区硕士及以上人群游戏支出较低,每月不足 10 元。

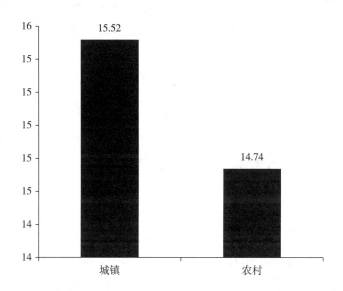

图 8-120 2014 年城乡居民每月游戏支出情况(单位:元/月)

在区域方面,内蒙古、浙江、安徽、福建、陕西、宁夏等地的居民游戏支出较高,平均每人每月支出在 30 元以上,山西、江苏、江西、广西、海南、重庆、贵州、青海等地居民游戏支出较低,平均每人每月游戏支出不足 10 元。

在性别方面,2014 年,男性平均每月游戏支出为 18.28 元,高于女性 6.24元。在性别与城乡交叉中,男性城镇居民游戏支出最高,每月为 19.16 元;其次是男性农村居民,游戏支出 17.36 元,女性城镇和农村地区的居民每月游戏支出相差不大,在 12 元左右。在性别与年龄的交叉中,18—25 岁男性居民游戏支出最高,每月 40.49 元;其次是 17 岁以下男性居民,每月游戏支出30.17 元,第三是 41—65 岁男性居民,每月游戏支出 23.68 元,女性中,17 岁

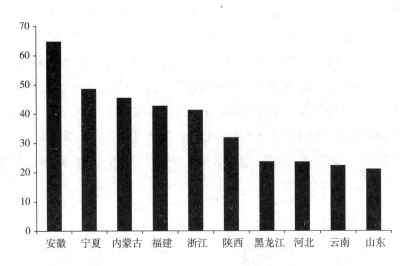

图 8-121　2014 年部分省份居民每月游戏支出情况（单位：元/月）

以下、18—25 岁和 26—40 岁居民每月游戏支出均在 15 元左右，其他年龄段的男性和女性居民每月游戏支出不足 10 元。在性别与学历的交叉中，大学本科男性游戏支出最高，每月可达 30.61 元，其次是硕士及以上男性居民，每月游戏支出 25 元，此外，大学本科女性每月游戏支出也比较高，为 18.49 元，但女性中高中和硕士及以上学历居民游戏支出较低，每月不足 10 元。

在年龄方面，2014 年，18—25 岁居民游戏支出最高，每月游戏支出 25.28 元；其次是 17 岁以下居民，每月游戏支出 23.52 元；第三是 26—40 岁居民，每月游戏支出 19.36 元，41—65 岁和 66 岁以上居民游戏支出较低，每月不足 10 元。

在学历方面，2014 年，大学本科学历人群每月游戏支出最高，为 23.84 元；其次是初中及以下人群，每月游戏支出 17.06 元，高中学历人群游戏支出较低，每月仅为 10.70 元。

2. 时间支出分析

2014 年，受访者居民平均每天花费 0.21 小时玩游戏。城乡之间居民玩游戏的时间差距不大，城镇居民每天玩游戏的时间为 0.20 小时，农村为 0.22 小时；男性受访者平均每天花费 0.26 小时，女性略少，为 0.16 小时；年龄方面，年龄越小，居民玩游戏的时间越长，17 岁以下居民平均每天花费 0.39 小时玩游戏，其次是 18—25 岁，每天花费 0.33 小时玩游戏，41—65 岁和 66 岁以

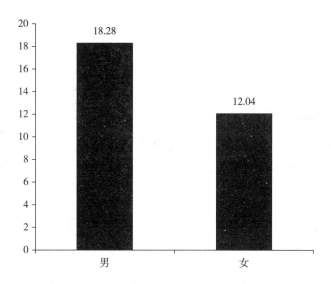

图 8-122　2014 年不同性别居民每月游戏支出情况(单位:元/月)

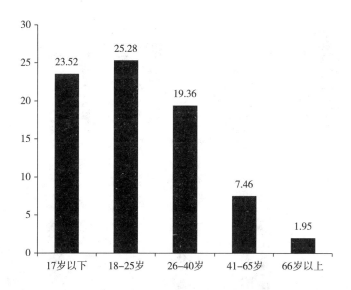

图 8-123　2014 年不同年龄段居民每月游戏支出情况(单位:元/月)

以上居民基本不玩游戏;学历方面,大学本科人群玩游戏的时间最长,平均每天 0.33 小时,其次是初中及以下学历人群,每天 0.27 小时,高中学历人群玩游戏时间最短,平均每天 0.13 小时。

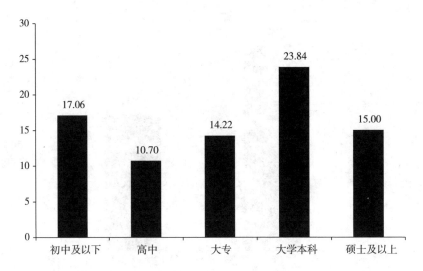

图 8-124   2014 年不同学历居民每月游戏支出情况（单位：元／月）

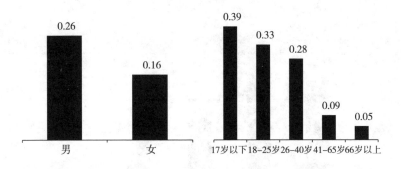

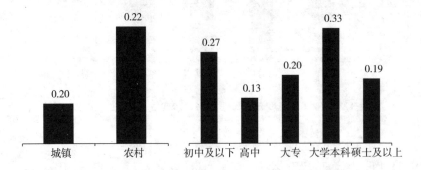

图 8-125   2014 年不同群体居民每天玩游戏的时间情况（单位：小时／天）

（三）游戏支出意愿分析

1. 金钱支出意愿分析

2014年,受访者每月游戏支出意愿为27.94元,与实际支出相比,每月缺口12.80元,缺口在十大文化产品中排名第八。

在城乡方面,2014年,城镇居民希望每月花费26.67元用于游戏支出,农村居民则希望每月花费29.27元玩游戏。在城乡与年龄交叉方面,17岁以下农村居民游戏支出意愿最高,每月79.64元;其次是17岁以下城镇居民,每月游戏支出意愿为49.11元;第三名是18—25岁城镇居民,每月游戏支出意愿为45.37元;第四名是18—25岁农村居民,41—65岁和66岁以上的城镇、农村居民游戏支出意愿比较低。在城乡与学历交叉方面,农村大学本科学历人群每月游戏支出意愿最高,为44.56元;其次是初中及以下人群,每月游戏支出意愿为42.50元;第三名是农村硕士及以上人群,每月游戏支出意愿为42.16元。

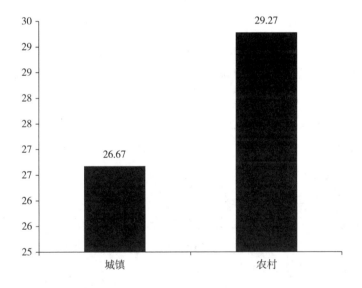

图8-126　2014年城乡居民每月游戏支出意愿（单位:元/月）

在区域方面,2014年,内蒙古、浙江、安徽、福建、山东、宁夏等地居民游戏意愿较高,平均每人每月游戏支出意愿在48元以上,而湖南、贵州、甘肃、青海、海南等地居民对游戏热情不高,每月游戏支出意愿不足10元。

在性别方面,2014年,男性居民希望每月花费36.16元用于玩游戏,意愿水平高于女性(19.85元),在性别与城乡交叉方面,不论是城镇还是农村,男

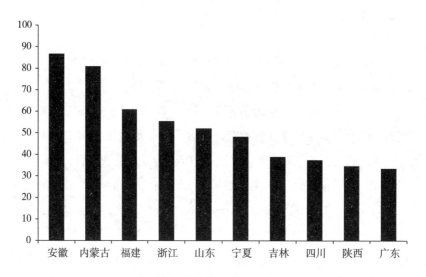

图8-127　2014年部分省份居民每月游戏支出意愿(单位:元/月)

性游戏支出意愿较高,每月在30元以上,女性则在20元左右。在性别与年龄交叉方面,17岁以下男性居民对游戏的意愿较为高涨,每月游戏支出意愿高达94.36元;其次是18—25岁居民,每月游戏支出意愿为48.08元,17岁以下和18—25岁居民每月游戏支出意愿在30元左右,不论男性还是女性,66岁以上居民的游戏支出意愿比较低,每月不足5元。在性别与学历交叉方面,男性中,初中及以下、大学本科、硕士及以上学历人群每月游戏支出意愿较高,在45元及以上,大专男性和大学本科女性的每月游戏支出意愿在30元以上,硕士及以上的女性游戏意愿不高,每月仅为5元。

　　在年龄方面,年龄越小,游戏的支出意愿越高,17岁以下居民的游戏意愿最为旺盛,每月游戏支出意愿可达65.59元;其次是18—25岁居民,每月游戏支出意愿为44.28元;第三是26—40岁居民,每月游戏支出意愿为35.89元,41—65岁和66岁以上居民游戏支出意愿较低,每月不足10元。

　　在学历方面,大学本科和初中及以下学历人群的游戏支出意愿较高,每月在38—39元,大专学历人群每月游戏支出意愿为27.09元,高中学历人群游戏支出意愿最低,为17.47元。

　　2. 时间支出意愿分析

　　2014年,受访者希望平均每天能抽出0.28小时用于玩游戏。男性居民

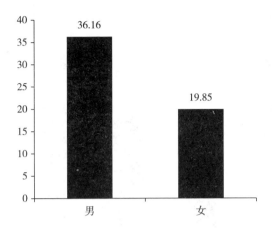

图 8-128　2014 年不同性别居民每月游戏支出意愿（单位：元/月）

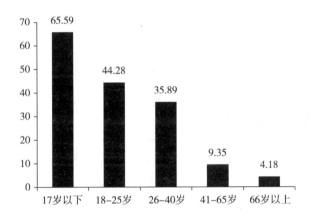

图 8-129　2014 年不同年龄段居民每月游戏支出意愿（单位：元/月）

每天游戏时间意愿为 0.36 小时,略高于女性(0.21);城乡之间对游戏的时间意愿差异不大,在 0.30 小时左右,年龄方面,年龄越小,游戏时间意愿越长,17岁以下居民每天游戏时间意愿最长,为 0.55 小时,其次是 18—25 岁,每天游戏时间意愿为 0.47 小时,第三是 26—40 岁,每天游戏时间意愿为 0.38 小时,41—65 岁和 66 岁以上的居民时间意愿较短;学历方面,大学本科学历人群每天游戏时间意愿最长,为 0.46 小时,其次是初中及以下,每天游戏时间意愿为 0.35 小时,高中学历人群游戏时间意愿较低,为 0.17 小时。

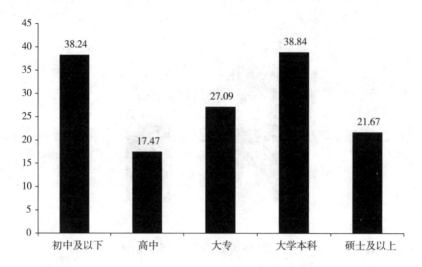

图 8-130　2014 年不同学历居民每月游戏支出意愿(单位:元/月)

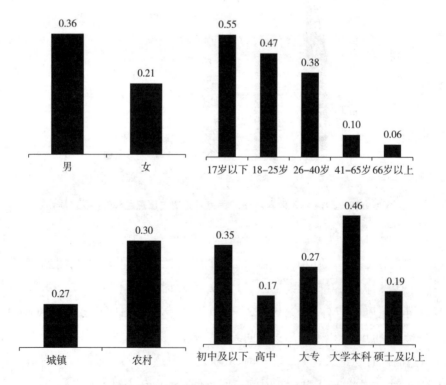

图 8-131　2014 年不同群体居民每天游戏时间意愿(单位:元/月)

（四）其他分析

对热爱游戏的受访者调查发现,使用电脑玩游戏的居民最多,为60.58%,其次是手机(60.43%),另外,使用ipad玩游戏的居民占45.47%。2014年,我国网络游戏市场用户数量约达到3.8亿人(各类游戏用户存在重合),比2013年增长了4.6%。其中,客户端游戏用户数量约达到1.2亿人,网页游戏用户数量约达到2.1亿人,移动单机游戏用户数量约达3.2亿人,移动在线游戏用户2.5亿人。端游在游戏质量,运行速度、游戏画面,设定,特效领先于其他游戏;网页游戏比较方便、快捷,不需要下载,运行退出更加方便快捷,且对电脑配置要求不高,受到许多上班族和学生的喜爱;随着智能手机的逐渐普及,手游步入了较快的发展节奏。

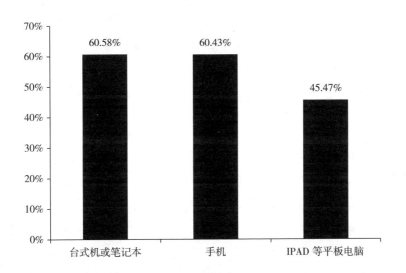

图8-132 2014年不同游戏设备使用情况

在国内外游戏偏好方面,有57.99%的居民比较喜欢国产游戏,相比国外游戏,国产游戏比较受欢迎。和国外游戏相比,国内游戏商比较重成本、销售渠道和用户留存率,且注重体验和成长乐趣,比较符合中国受众的需求。

但是,就游戏自身来讲,国产游戏在游戏画面、音效等质量方面远不如国外游戏,在国产游戏改进方面的调查中发现,游戏内容、画面首当其冲,其次是操作手感、题材和收费模式。国产游戏内容相对比较单调,内容创新性不足,游戏和产业之间交流比较少,游戏设计者就很难受到启发,因此,游戏内容和题材创新的实现有一定困难。此外,为了降低游戏成本,追逐用户使用率,游戏的画面效果、音效进行了大幅缩水。

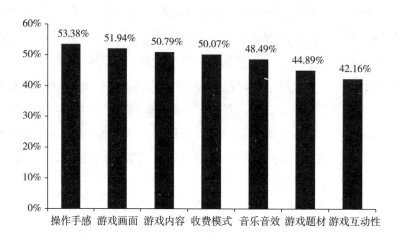

图 8-133　2014 年提升游戏的关键因素

九、文化旅游

　　文化与旅游密不可分、相辅相成,文化是旅游的灵魂,旅游是文化的载体,文化需求是旅游的重要动因,旅游过程实际是文化的体验和享受,只有具有丰富文化内涵的旅游产品,才具有持久的生命力、吸引力和感召力。当前我国经济社会的快速发展,为旅游关联产业的发展提供了广阔的空间。文化旅游是我国旅游业近来年的重头戏,众多地区将文化旅游列为区域战略性支柱产业。各地争相整合和共享文化旅游的优势资源,正逐步实现文化与旅游的产业融合,其产业链条初步成型,并为今后十年的行业深层次改革奠定了基础。2014年,国内旅游人数 36.3 亿人次,同比增长 11.4%,旅游总收入 3.38 万亿元,增长 14.7%。其中,文化旅游产品以其丰富的文化内涵、相当的发展规模和精深的人文底蕴独占鳌头,成为最具竞争力的优势产品。

(一)旅游受欢迎情况

　　2014 年,28.80% 的受访者经常外出旅游,在十大文化产品中排名第五。城乡方面,城镇有 29.48% 的受访者经常旅游,农村则有 28.08% 的受访者经常旅游,比例差距不大。不论是城镇还是农村,18—25 岁、26—40 岁年龄段均有 50%以上的受访者喜欢旅游,其他年龄段不到 10%的受访者喜欢旅游。在城乡与学历交叉方面,不论是城镇还是农村,学历越高,对旅游的热情越高,尤其是大学本科和硕士及以上学历人群,有一半以上的硕士及以上学历的农村和城镇居民经常旅游。

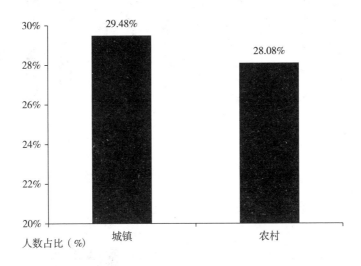

图 8-134　2014 年城乡居民旅游情况

在区域方面,大多数省份有 20%以上的受访者经常旅游,尤其是天津、河北、福建、山东、陕西、青海等地有 35%以上的受访者经常旅游,可见,2014 年各地居民的旅游受欢迎程度差异不是很大。

在性别方面,相比男性,女性比较喜欢旅游,2014 年,女性有 34.42%的受访者经常外出旅游,男性则有 23.08%的受访者经常外出旅游。不论是城镇还是农村,女性进行旅游消费的人数比例均高于男性,消费人群在 30%以上,城镇或农村男性则在 20%以上。在性别与年龄交叉方面,不论是男性还是女性,相比其他年龄段,18—25 岁、26—40 岁居民更喜欢旅游,尤其是 26—40 岁的男性和女性、18—25 岁女性、26—40 岁女性有 50%以上的居民经常外出旅游。在性别与学历交叉方面,不论是男性还是女性,学历越高,对旅游的热情越高,尤其是硕士及以上的男性和女性均有 60%以上的受访者经常外出旅游,其次是大学本科女性,有 51.15%的受访者经常外出旅游,初中及以下的男性和女性则基本不外出旅游。

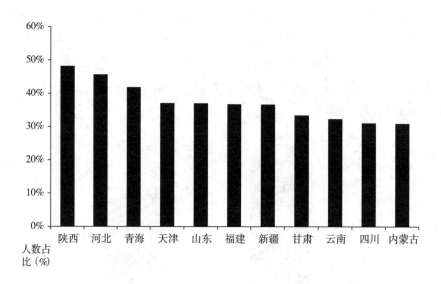

图 8-135　2014 年部分省份居民旅游情况

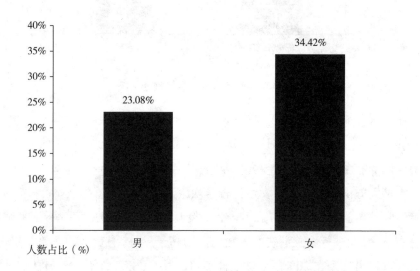

图 8-136　2014 年不同性别居民旅游情况

在年龄方面,中青年群体比较喜欢旅游,18—25 岁、26—40 岁这两个年龄段有 50%以上的受访者经常外出旅游,其他年龄段仅有不到 10%的受访者经常外出旅游。

在学历方面,学历越高,越喜欢外出旅游,尤其是硕士及以上学历有高达 60.83%的受访者经常旅游,其次是大学本科,有 46.59%的受访者经常旅游,

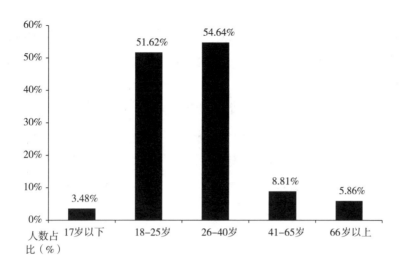

图 8-137　2014 年不同年龄段居民旅游情况

初中及以下人群不太喜欢旅游,仅有 6.37%的受访者表示经常旅游。

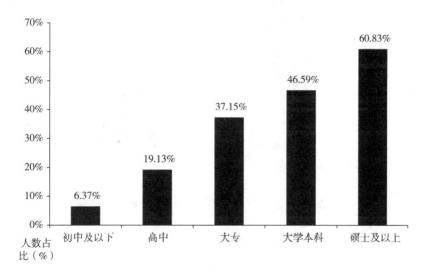

图 8-138　2014 年不同学历居民旅游情况

（二）旅游支出分析

1. 金钱支出分析

2014 年,受访者平均每年旅游支出 516.23 元,在十大文化产品支出中排名第一。在城乡方面,2014年城镇居民每年旅游支出为558.31元,农村居民每年旅游支出则为476.18元。在城乡与年龄交叉方面,不论是城镇还是农村,26—40岁居民旅游支出均高于同一区域的其他年龄段,其中,26—40岁城镇居民每年旅游支出最高,为1050.07元;其次是18—25岁农村居民,每年旅游支出887.46元;第三是26—40岁农村居民,每年旅游支出857.96元,17岁以下的城乡居民旅游支出较低,每年不足100元。在城乡与学历交叉方面,不论是城镇还是农村,学历越高,旅游支出越高,其中,硕士及以上的城镇居民旅游支出最高,每年可达2200.98元;其次是大学本科的城镇居民,每年旅游支出为1207.79元;第三是硕士及以上农村居民,每年旅游支出为1170.29元,初中及以下农村居民旅游支出最低,每年仅为87.68元。

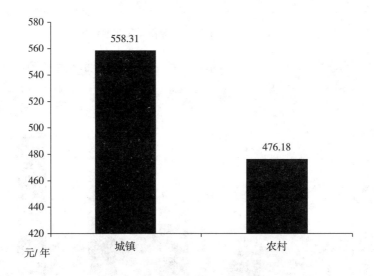

图8-139　2014年城乡居民旅游支出情况(单位:元/年)

在区域方面,2014年,相比,中西部地区,东部地区居民旅游支出较高,具体的,北京、天津、河北、内蒙古、福建、山东等地居民旅游支出较高,平均每人每年旅游支出在500元以上。

在性别方面,男女旅游消费支出差异较大。2014年,女性居民平均每年花费637.11元外出旅游,男性则平均每年花费393.34元进行旅游。在性别与城乡交叉方面,城镇女性每年的旅游支出最高,为713.94元,其次是农村女性,每年旅游支出564.66元。在性别与年龄交叉方面,26—40岁女性旅游支

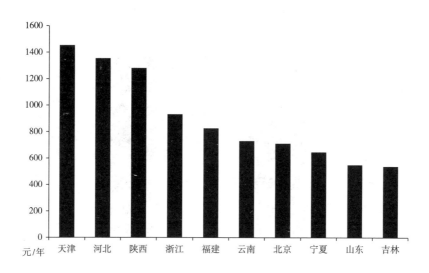

图 8-140 2014 年部分省份居民旅游支出情况(单位:元/年)

出最多,每年费用达 1031.59 元,其次是 18—25 岁女性,每年旅游支出 906.58 元,第三是 26—40 岁男性,每年旅游支出 833.60 元,此外,17 岁以下的男性和女性旅游支出均比较少,每年不足 100 元。在性别与学历交叉方面,不论是男性还是女性,学历越高,旅游花费越多。其中,硕士及以上男性旅游支出最多,每年花费大约 1700 元;其次是硕士及以上女性,每年旅游花费 1542.86 元;第三是大学本科女性,每年旅游支出 1039.75 元,初中及以下男性旅游支出较低,每年不足 100 元。

在年龄方面,中青年旅游花费较高,2014 年,26—40 岁居民旅游支出最高,每年花费 947.06 元;其次是 18—25 岁,每年旅游花费 792.86 元;第三是 41—65 岁,每年旅游花费 250.38 元,17 岁以下居民旅游支出最低,每年不足 50 元。

在学历方面,学历越高,旅游支出越高,2014 年,硕士及以上人群旅游支出最高,每年花费 1608.33 元;其次是大学本科人群,每年旅游支出 914.74 元;第三是大专人群,每年旅游花费 634.81 元,初中及以下人群旅游支出最低,每年支出 102.44 元。

2. 时间支出分析

2014 年,受访者平均每年花费 2.7 天进行外出旅游。女性居民每年大约

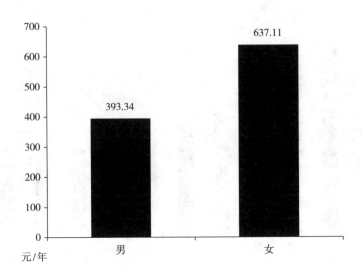

图 8-141　2014 年不同性别居民旅游支出情况（单位：元/年）

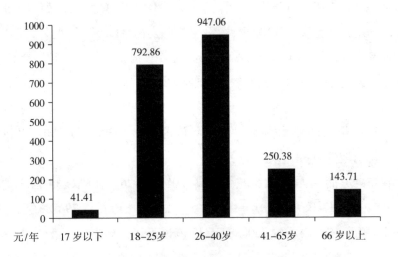

图 8-142　2014 年不同年龄段居民旅游支出情况（单位：元/年）

抽出 3.25 天进行旅游，男性平均每年旅游的时间为 2.15 天；城镇与农村居民旅游的时间差异不大，城镇居民平均每年旅游 2.75 天，农村居民平均每年旅游 2.65 天；年龄方面，18—25 岁、26—40 岁居民旅游时间较长，平均每年旅游 5 天左右，其他年龄段，平均每年旅游不足 1 天；学历方面，硕士及以上人群旅游时间最长，每年可达 6.33 天；其次是大学本科，每年旅游时间为 4.40 天；

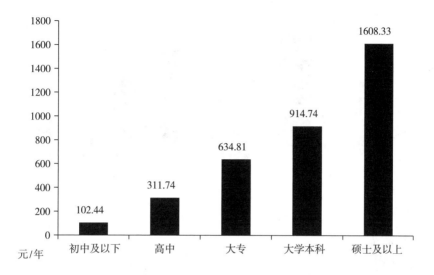

图8-143 2014年不同学历居民旅游支出情况(单位:元/年)

第三是大专人群,每年旅游时间为3.38天,初中及以下人群旅游时间最短,仅为0.62天。

(三) 旅游支出意愿分析

1. 金钱支出意愿分析

2014年,受访者希望每年花费1084.98元用于旅游,比实际支出多一倍,旅游缺口仅次于电影,图书、报纸、期刊,市场发展空间较大。

城乡方面,2014年,城镇居民每年的旅游支出意愿为1100.55元,略大于农村(1068.62元),在城乡与年龄交叉中,不论是城镇还是农村,18—25岁、26—40岁居民每年的旅游支出意愿较高,均在2000元左右,其他年龄段的城乡居民旅游支出意愿较低,尤其是17岁以下农村居民每年旅游支出意愿不足50元。在城乡与学历交叉中,不论是城镇还是农村,学历越高,旅游支出意愿越高,尤其是硕士及以上的城乡居民,每年旅游支出意愿在2400元以上,大学本科城镇居民每年旅游支出意愿也较高,为1998.38元。

在性别方面,女性旅游支出意愿高于男性,女性每年旅游支出意愿为1308.94元,男性则为857.30元。在性别与城乡方面,不论是城镇还是农村,女性的旅游支出意愿均高于男性,且女性的旅游支出意愿均在1200元以上。

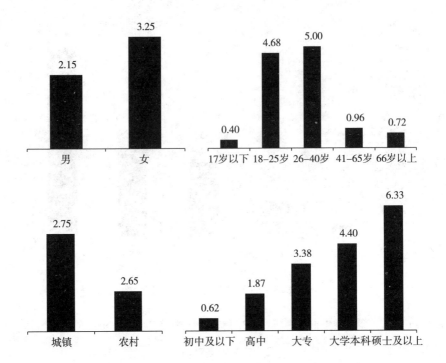

图8-144　2014年不同群体旅游时间支出情况（单位：天/年）

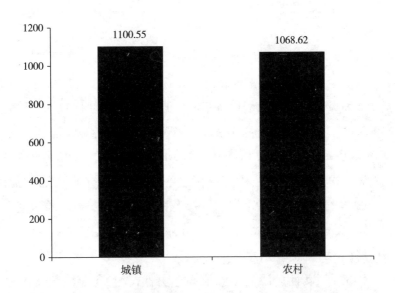

图8-145　2014年城乡居民旅游支出意愿情况（单位：元/年）

在性别与年龄交叉方面,18—25 岁、26—40 岁居民每年旅游支出意愿较高,在 2000 元以上;其次是 26—40 岁居民,每年旅游支出意愿为 1958 元,17 岁以下的男性和女性旅游支出意愿较低,每年不足 100 元。在性别与学历交叉方面,不论男性还是女性,学历越高,旅游支出意愿越高,硕士及以上的男性和女性旅游支出意愿最高,每年在 2500 元以上;其次是大学本科女性人群,每年旅游支出意愿为 1940.67 元;初中及以下男性人群旅游支出意愿最低,每年仅为 174.30 元。

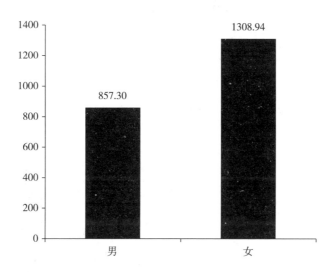

图 8-146　不同性别居民旅游支出意愿情况(单位:元/年)

在年龄方面,2014 年,26—40 岁居民旅游支出意愿最高,每年可达 2124.15 元;其次是 18—25 岁居民,每年旅游支出意愿为 1943.47 元;其他年龄段居民旅游支出意愿较低,尤其是 17 岁以下居民,每年旅游支出意愿为 74.13 元。

在学历方面,旅游支出意愿与学历呈正相关关系,2014 年,硕士及以上人群旅游支出意愿最高,每年可达 2614.58 元;其次是大学本科学历,每年旅游支出意愿为 1786.68 元;第三是大专学历,每年旅游支出意愿为 1391.94 元,初中及以下学历人群旅游支出意愿最低,为 201.43 元。

2. 时间意愿分析

2014 年,受访者每年旅游时间意愿为 5.40 天。相比男性,女性时间意愿

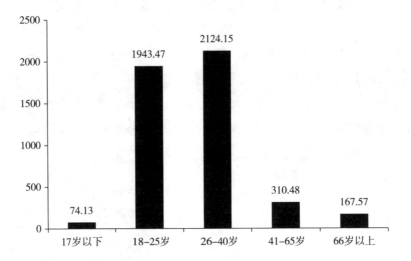

图8-147　2014年不同年龄段居民旅游支出意愿情况(单位:元/年)

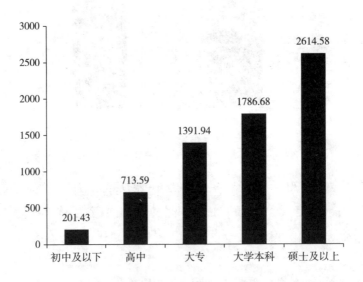

图8-148　2014年不同学历居民旅游支出意愿情况(单位:元/年)

较长,每年6.55天,男性的时间意愿为4.22天;城镇居民每年旅游时间意愿为5.49天,略高于农村(5.30天);在年龄方面,各年龄段之间旅游时间意愿差异较大,18—25岁、26—40岁居民每年旅游时间意愿10天左右,其他年龄段时间意愿较低,尤其17岁以下、66岁以上,每年旅游时间意愿不足1天;在学历方面,学历越高,旅游时间意愿越长,硕士及以上人群每年旅游时间意愿

最长,为 11.85 天,其次是大学本科学历人群(8.85 天),第三是大专学历

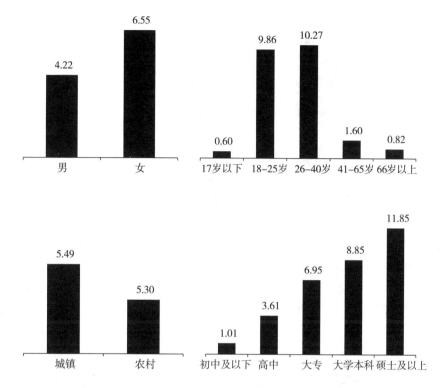

图 8-149 2014 年不同群体旅游时间意愿情况(单位:元/年)

(6.95 天),初中及以下学历人群时间意愿最短,仅为 1.01 天。

(四)其他分析

在国内外旅游偏好方面,我国有 56% 的居民选择国内旅游,仅有 5.65% 仅选择国外旅游,有 38.35% 的居民选择国内和国外两种。可以看出,国内游比较受欢迎。我国旅游资源十分丰富,是世界旅游资源大国之一,能够满足许多居民的旅游需求。

在选择旅游类型方面,自然观光旅游最受欢迎,消费人群占比为 64%;其次是历史人文体验和民族风情游,消费人群占比为 55%,还有 49.02% 的居民外出旅游是为了购物娱乐。可以看出,自然景色仍然旅游的主要内容,但以历史、民族文化资源为载体的旅游逐渐受广大居民的青睐。以富含文化内涵的综合性旅游不仅可以弥补纯自然风景旅游的不足,还可以陶冶游客情操,并能

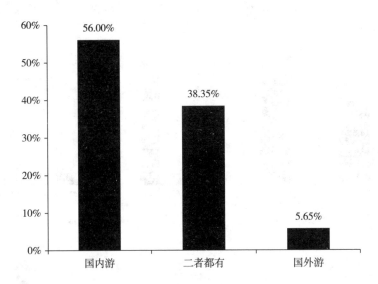

图 8-150　2014 年国内外旅游偏好情况

给国家或地区带来良好的经济效益和社会效益。

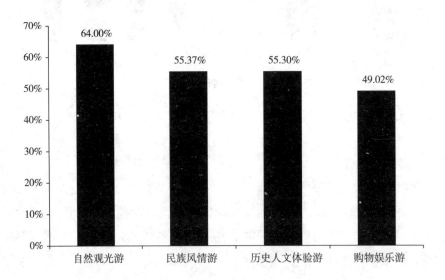

图 8-151　2014 年居民选择旅游的主要类型

　　根据旅游经历,有一半以上的居民认为旅游景点的交通、服务水平、配套
服务应需要改进,且门票价格有一定程度的偏高。旅游景区是居民放松心情、
缓解压力的场所,相关的服务水平不到位会严重影响居民的感官体验,且部分

景区存在门票价格过高、乱收费现象,管理不合理。另外,虽然许多地区逐渐注重景区文化,但是仍存在许多地方文化与旅游融合不够密切。

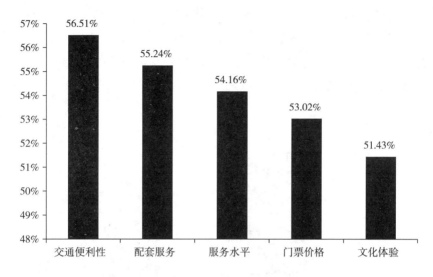

图 8-152　2014 年提升居民旅游消费的关键因素

十、工艺美术品和收藏品

我国工艺美术品类繁多,品种数以万计,花色不胜枚举。大类包括陶瓷工艺品、雕塑工艺品、玉器、印染手工艺品、花边、编织工艺品、漆器等。我国工艺品行业经过近 20 年的发展,已成为世界上最大的生产国和出口国。随着中国经济的迅速崛起以及对外交流的进一步深入,收藏成为继金融、房地产之后的又一大投资领域,作为与文化、旅游、家居装饰产业紧密相连的工艺美术产业,迎来了难得的发展机遇。艺术收藏品包含有文物类珠宝、名石和观赏石类、钱币类、邮票类、票券类、商标类、陶瓷类、绘画类等。随着居民生活水平的提高,越来越多的人倾向于投资领域,收藏品行业逐渐升温,购买艺术收藏品不仅作为馈赠佳礼,更是保值增值的投资新途径。

(一) 受欢迎情况

据调查,2014 年,仅有 2.91% 的受访者对工艺美术品或者收藏品感兴趣,消费人群比较少。城乡方面,2014 年,城镇地区有 3.07% 的受访者对工艺美术品或收藏品感兴趣,农村地区消费人群比例略少,为 2.74%。在城乡与年龄交叉方面,城镇地区 17 岁以下和 26—40 岁居民比较喜欢工艺美术品或收藏品,但 17 岁以下的农村居民对工艺美术品或收藏品不感兴趣。在城乡与学历交叉方面,城镇和农村的大学本科、硕士及以上人群相对比较感兴趣,其他学历的城镇和农村居民对工艺品美术品或收藏品的爱好差异不大。

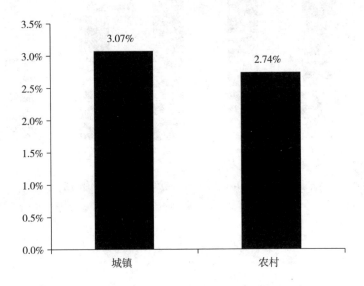

图 8-153　2014 年城乡居民消费工艺美术品和收藏品情况

　　性别方面,2014 年,女性有 3.45% 的受访者喜欢工艺美术品或收藏品,男性则有 2.36% 的受访者爱好工艺美术品或收藏品。在性别与年龄交叉中,女性各个年段对工艺美术品或收藏品的爱好程度差异不大,男性中,相比其他年龄段,26—40 岁居民比较喜欢工艺美术品或收藏品。在性别与学历交叉中,学历越高,对工艺美术品或收藏品的热爱程度越高,硕士及以上的男性和女性有 10% 以上的受访者把工艺美术品或收藏品作为主要消费的文化产品。

　　在年龄方面,2014 年,工艺美术品或收藏品在各年龄段的受欢迎程度排序为 26—40 岁、41—65 岁、18—25 岁、17 岁以下和 66 岁以上。

　　在学历方面,学历越高,对工艺美术品或收藏品的兴趣越浓,2014 年,硕士及以上人群消费工艺美术品或收藏品的比例达到 11.67%,远高于其他学历。

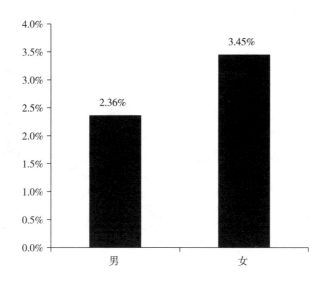

图 8-154 2014 年不同性别居民消费工艺美术品和收藏品情况

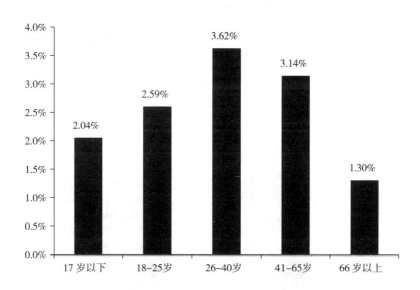

图 8-155 2014 年不同年龄段居民消费工艺美术品和收藏品情况

（二）工艺美术品

1.消费支出分析

2014 年,受访者平均每月工艺美术品花费 4.61 元,在城乡方面,城镇居民每月工艺美术品支出 5.09 元,农村居民比城镇低 0.94 元。在城乡与年龄

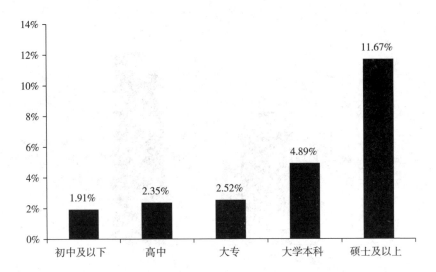

图 8-156　2014 年不同学历人群消费工艺美术品和收藏品情况

交叉中,26—40 岁城镇居民、18—25 岁和 41—65 岁农村居民工艺美术品支出较高,每月在 5 元以上,17 岁以下的城镇和农村居民工艺美术品支出较低。在城乡与学历交叉中,城镇和农村的硕士及以上人群工艺美术品支出远高于其他学历人群,每月支出达 20 元以上,初中及以下的城镇和农村居民工艺美术品支出较低。

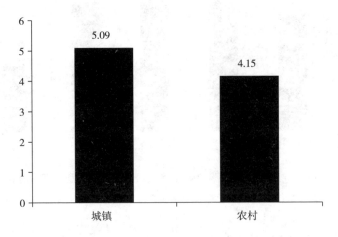

图 8-157　2014 年城乡居民每月工艺美术品支出情况(单位:元/月)

在性别方面,女性每月工艺美术品支出 4.96 元,男性支出略低,为 4.25

元。城镇和农村的女性工艺美术品支出较高,每月在5元左右。在性别与年龄交叉方面,18—25岁男性居民工艺美术品支出最高,每月为8.37元;其次是18—25岁女性居民,每月工艺美术品支出为6.39元;第三是26—40岁女性居民,每月工艺美术品支出5.13元。在性别与学历交叉方面,硕士及以上的男性和女性人群工艺美术品支出较高,每月在15元以上;其次是高中和大学本科女性、大学本科男性居民,每月工艺美术品支出在5元以上;初中及以下的女性和男性工艺美术品支出较低,每月不足2元。

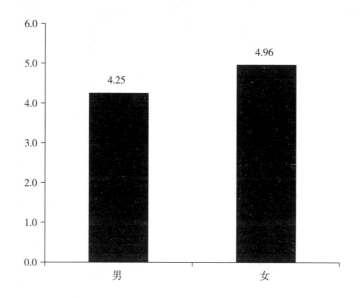

图8-158 2014年不同性别居民每月工艺美术品支出情况(单位:元/月)

在年龄方面,18—25岁居民工艺美术品支出最高,为7.16元;其次是26—40岁居民,每月工艺美术品支出5.11元;第三是41—65岁居民,每月工艺美术品支出4.49元;17岁以下和66岁以上居民工艺美术品支出较低,每月不足2元。

在学历方面,硕士及以上人群工艺美术品支出最高,为30.42元;其次是大学本科学历,每月工艺美术品支出5.79元;第三是高中学历,每月工艺美术品支出4.78元;第四是大专学历,每月工艺美术品支出4.04元;初中及以下人群工艺美术品支出最低,每月仅为1.35元。

2. 支出意愿分析

2014年,受访者居民希望每月工艺美术品花费11.53元,与实际支出相

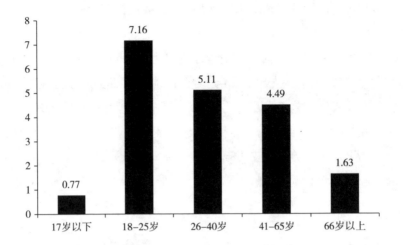

图 8-159　2014 年不同年龄段居民每月工艺美术品支出情况（单位:元/月）

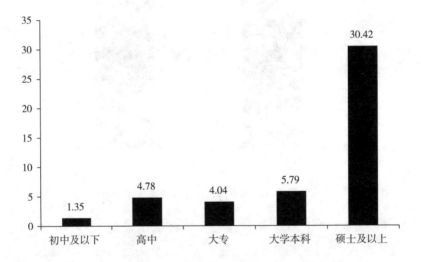

图 8-160　2014 年不同学历人群每月工艺美术品支出情况（单位:元/月）

比,缺口 6.92 元。

城乡方面,2014 年,城镇居民每月工艺美术品支出 11.70 元,略高于农村(11.36 元)。城乡与年龄交叉方面,城镇和农村地区的 18—25 岁、26—40 岁和 41—65 岁居民工艺美术品支出意愿较高,每月在 12 元以上;其他年龄段支出意愿较低,尤其是 17 岁以下的城乡居民,每月不足 2 元。在城乡与学历交叉方面,硕士及以上的城乡居民工艺美术品支出意愿较高,在 30 元以上;其次是大学本科学历的城乡居民,每月工艺美术品支出意愿在 15 元以上;初中及以下学历的城乡居民对工艺美术品支出意愿不高,每月在 10 元以下。

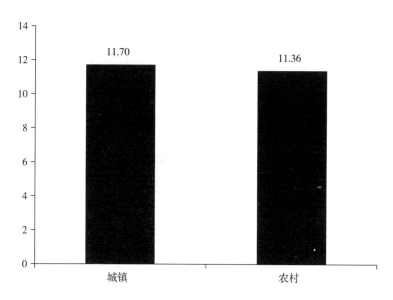

图 8-161 2014 年城乡居民每月工艺美术品支出意愿情况(单位:元/月)

性别方面,2014 年,女性每月工艺美术品的支出意愿较高,为 13.53 元,男性的工艺美术品支出意愿为 9.50 元。在性别与城乡交叉方面,不论是城镇还是农村,女性的工艺美术品支出意愿均比较高,在 13 元以上,男性则在 10 元以下。在性别与年龄交叉方面,17 岁以下的男性和女性以及 66 岁以上男性工艺美术品支出意愿偏低,每月不足 1 元,其他年龄段的男性和女性每月工艺美术品支出均在 10 元以上。在性别与学历交叉中,硕士及以上的男性和女性工艺美术品支出意愿最高,每月在 25 元以上;其次是大学本科的男性和女性,每月工艺美术品支出意愿在 17 元以上。

年龄方面,除 17 岁以下、66 岁以上工艺美术品支出意愿较低外,其他年龄段支出意愿较高,均在 12 元以上。

学历方面,硕士及以上人群的工艺美术品支出意愿最高,每月达 43.33 元;其次是大学本科,每月工艺美术品支出意愿为 17.60 元;第三是高中人群,每月工艺美术品支出意愿为 12.18 元;其他学历人群支出意愿均在 10 元以下。

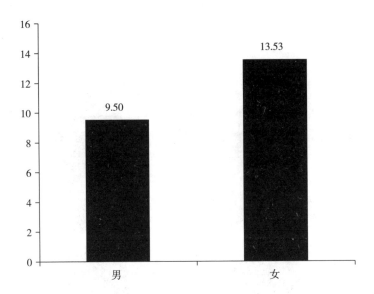

图 8-162　2014 年不同性别居民每月工艺美术品支出意愿情况（单位:元/月）

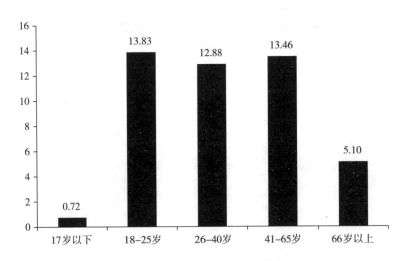

图 8-163　2014 年不同年龄段居民每月工艺美术品支出意愿情况（单位:元/月）

（三）艺术收藏品

1. 消费支出分析

2014 年,受访者居民每年艺术收藏品支出 115.38 元,在十大文化产品中排名第七。城乡方面,2014 年,城镇居民每年艺术收藏品支出 116.61 元,略

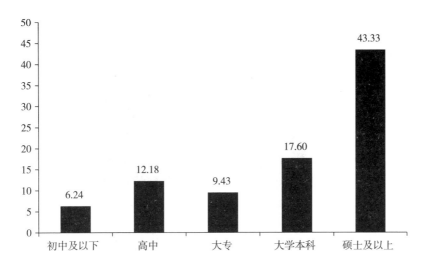

图 8-164　2014 年不同学历人群每月工艺美术品支出意愿情况(单位:元/月)

高于农村(114.20 元)。在城乡与年龄交叉方面,26—40 岁的城镇居民和41—65 岁的农村居民每年艺术收藏品支出较高,在 200 元以上;41—65 岁和66 岁以上的城镇居民每年艺术收藏品支出在 100 元以上;17 岁以下和 66 岁以上的农村居民艺术收藏品支出较低,每年不足 20 元。在城乡与学历交叉方面,硕士及以上的城镇和农村居民每年艺术收藏品支出较高,每年在 300 元以上;其次是大学本科的城乡居民,每年艺术收藏品支出接近 200 元;初中及以下的农村居民每年基本上不存在艺术收藏品支出。

在性别方面,相比男性,女性艺术收藏品支出较高,每年为 151.98 元,男性则每年支出 78.17 元。在城乡与性别交叉方面,不论城镇还是农村,女性的艺术收藏品支出均高于男性,女性每年艺术收藏品支出在 150 元左右,男性艺术收藏品支出在 100 元以下。在性别与年龄交叉方面,26 岁以上女性艺术收藏品支出较高,每年在 100 元以上;26—40 岁和 41—65 岁的男性艺术收藏品支出也比较高,每年接近 100 元;17 岁以下男性和女性以及 66 岁以上的男性居民艺术收藏品支出较低每年不足 30 元。在性别与学历交叉方面,硕士及以上的男性和女性人群艺术收藏品支出远高于其他人群,每年达 700 元以上;大学本科的男性和女性人群艺术收藏品支出也比较高,每年接近 200 元;初中及以下和高中学历的男性人群艺术收藏品支出较低,每年不足 50 元。

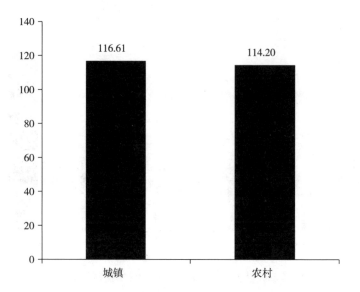

图 8-165　2014 年城乡居民全年艺术收藏品支出情况（单位：元/年）

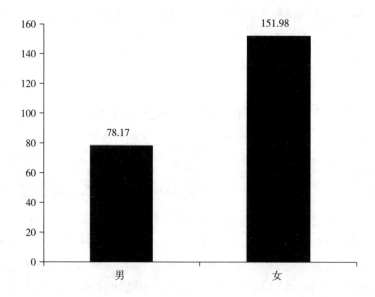

图 8-166　2014 年不同性别居民全年艺术收藏品支出情况（单位：元/年）

　　在年龄方面,2014 年,26—40 岁和 41—65 岁居民每年艺术收藏品支出较高,在 150 元左右;其次是 18—25 岁居民,每年艺术收藏品支出为 69. 51元;17 岁以下人群较低,每年仅为 17. 38 元。

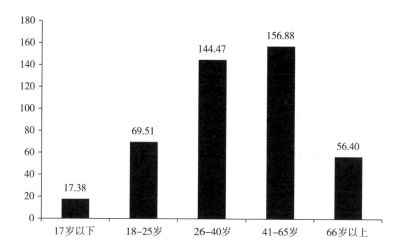

图 8-167   2014 年不同年龄段居民全年艺术收藏品支出情况(单位:元/年)

在学历方面,2014 年,硕士及以上人群艺术收藏品支出最高,每年高达 787.50 元;其次是大学本科人群,每年艺术收藏品支出达到 191.12 元;第三是大专学历人群,每年艺术收藏品支出为 98.83 元,初中及以下人群艺术收藏品支出最低,每年为 42.46 元。

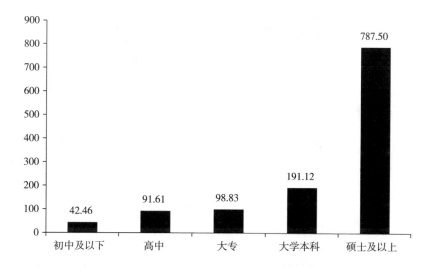

图 8-168   2014 年不同学历居民全年艺术收藏品支出情况(单位:元/年)

2.支出意愿分析

2014 年,受访者每年艺术收藏品支出意愿为 249.22 元。城乡方面,城镇居民每年消费支出意愿为 261.96 元,略高于农村(235.85 元)。在城乡与年龄交叉方面,18—25 岁城镇居民、26—40 岁城镇居民和 41—65 岁农村居民艺术收藏品支出意愿较高,每年在 300 元以上;41—65 岁城镇居民和 26—40 岁农村居民每年的艺术收藏品支出意愿在 200—250 元;17 岁以下的城乡居民的艺术收藏品的支出意愿比较低,每年不足 50 元。在城乡与学历交叉方面,硕士及以上的城乡居民的艺术收藏品需求较为旺盛,每年支出意愿在 500 元以上;大学本科的城乡居民艺术收藏品支出意愿在 400 元左右;初中及以下农村居民艺术收藏品支出意愿较低,每年仅为 26.92 元。

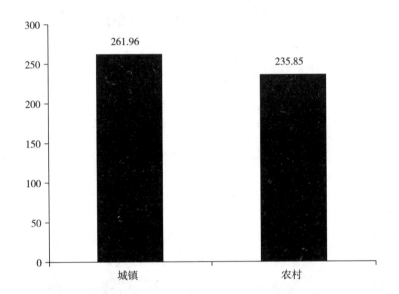

图 8-169　2014 年城乡居民全年艺术收藏品支出意愿情况(单位:元/年)

在性别方面,2014 年,女性每年艺术收藏品支出意愿为 308.67 元,远高于男性(188.79 元)。在性别与城乡交叉方面,城镇女性艺术收藏品支出意愿最高,每年达 348.48 元;城镇男性艺术收藏品支出意愿最低,每年为 173.17 元。在性别与年龄交叉方面,18—25 岁、26—40 岁和 41—65 岁的女性居民艺术收藏品支出意愿较高,每年在 300 元以上;26—40 岁、41—65 岁的男性居民艺术收藏品支出意愿也比较高,每年在 250 元以上;17 岁以下的男性和女性以及 66 岁以上的男性居民的艺术收藏品支出意愿较低,每年不足 50 元。在性别与学历交叉方面,硕士及以上的男性和女性艺术收藏品支出意愿远高于其他人群,每年在 1000 元以上;其次是大学本科女性人群,每年艺术收藏品支出意愿为 420.51 元;初中及以下的女性人群艺术收藏品支出意愿较低,每年仅为 86 元。

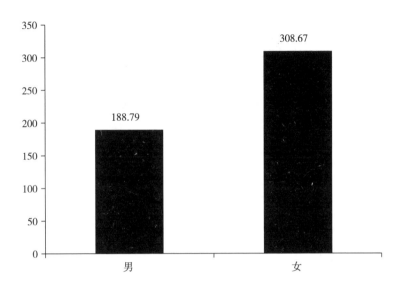

图 8-170　2014 年不同性别居民全年艺术收藏品支出意愿情况(单位:元/年)

在年龄方面,2014 年,41—65 岁居民的艺术收藏品支出意愿最高,每年为 316.04 元;其次是 26—40 岁居民,每年艺术收藏品支出意愿为 298.50 元,第三是 18—25 岁居民,每年艺术收藏品支出意愿为 240.96 元;其他年龄段居民艺术收藏品支出意愿较低,每年不足 100 元。

在学历方面,2014 年,硕士及以上人群艺术收藏品支出意愿较高,每年为 1516.67 元;其次是大学本科学历,每年艺术收藏品支出为 400.26 元;第三是高中学历,每年艺术收藏品支出为 242.62 元;其他学历人群艺术收藏品支出相对较少,每年不到 200 元。

(四)　其他分析

通过调查居民购买工艺美术品及艺术收藏品的途径,有一半以上的居民通过特色古玩店、综合性商场、艺术画廊等场所进行购买。古玩市场是各类艺术品聚集地,是艺术品爱好者经常光顾的地方,比较著名的古玩市场有北京潘家园、上海城隍庙、南京夫子庙以及西安古玩市场等,但古玩市场的艺术品良

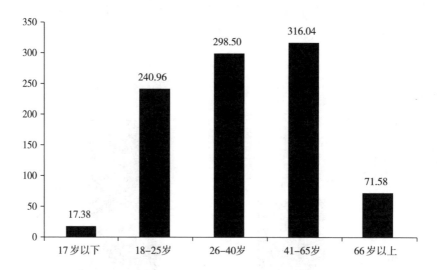

图 8-171　2014 年不同年龄段居民全年艺术收藏品支出意愿情况（单位：元/年）

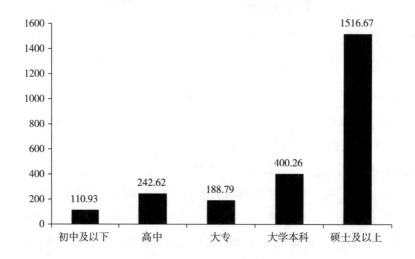

图 8-172　2014 年不同学历居民全年艺术收藏品支出意愿情况（单位：元/年）

莠不齐，且伪多真少、仿多老少，需要具备较高的鉴赏力。

在工艺美术品及艺术收藏品改进方面的调查中发现，品质鉴定首当其冲，其次是销售价格、设计水平、展示推广和销售渠道。对于工艺美术品及艺术收藏品来说，品质鉴定是收藏的关键环节，尤为重要，涉及考古、历史、物理、化学、生物等诸多学科。目前，我国各类收藏品鉴定机构数百，鉴定专家的数量

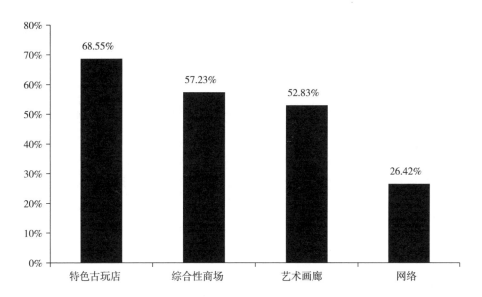

图 8-173　工艺美术品和收藏品购买途径

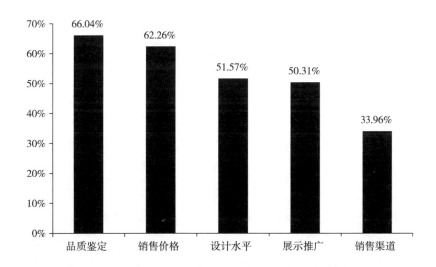

图 8-174　改善工艺美术品和收藏品消费的关键因素

更是庞大,但是众多鉴定机构参差不齐,且无权威的鉴定师资格认证机构①,
关于工艺美术品及艺术收藏品品质鉴定的评估体系亟待规范,此外,艺术品的

---

① 张梦:《谁来"鉴定"艺术品鉴定行业》,《中外文化交流》2013 年第 6 期。

价位由于不受物价部门的监管,完全由销售者自己标价,成本不同、来源渠道不同、对一件艺术品价值认知程度不同,所标出的价位不同,影响了消费者信心。

十一、网络文化活动

在互联网的高速发展的今天,我国网民迅速增加,网民上网的习惯已经逐渐形成,截至 2014 年 12 月,我国网民规模达 6.49 亿,全年共计新增网民 3117 万人。互联网普及率为 47.9%,较 2013 年年底提升了 2.1 个百分点[①]。其中农村网民占比 27.5%,规模达 1.78 亿,较 2013 年年底增加 188 万人[②]。此外,媒体传播技术的变革,使得网民的网络文化活动发生了很多变化,网络音乐、微信、微博、电子阅读等活动形形色色,丰富了居民的网络生活。

(一) 市场受欢迎程度分析

2014 年,有 56.24% 的受访者经常进行网络文化活动,网络文化活动的受欢迎程度仅次于电影和广播电视。

城乡方面,2014 年,网络文化活动在城镇的受欢迎程度略高于农村。从城乡与学历交叉角度看,城镇地区各学历居民对网络文化活动的喜爱程度差异不大,受访者比例均接近 60%,农村地区则差异相对较大。从城乡与年龄交叉角度看,2014 年,除 66 岁以上的农村居民对网络文化活动不太感兴趣外,其他年龄段的城乡居民均有一半的人群喜欢进行网络文化活动。

区域方面,2014 年北京、山西、辽宁、江苏、山东、湖北等地有 60% 以上的受访者经常进行网络文化活动,相比其他省份,受访者比例较高。

性别方面,2013—2014 年,相比男性,女性更喜欢进行网络文化活动,但差异不是很大。从性别与城乡交叉角度看,不论是男性还是女性,与农村相比,网络文化活动在城镇居民中受欢迎程度较高;从性别与学历交叉角度看,网络文化活动在大学本科以上的男性居民中比较受欢迎,受访者比例在 60%

---

① 《CNNIC 第 35 次调查报告》,网民规模与结构 http://tech.sina.com.cn/i/2015 - 02 - 03/doc-iavxeafs0747384.shtml。

② 注:未防止重复计算,网络文化活动不包含观看通过网络观看电影、电视剧、动漫等内容。

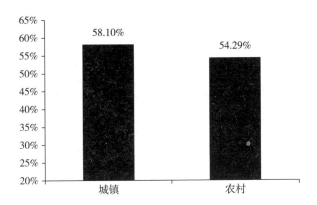

图 8-175　2014 年城乡居民参与网络文化活动人数比例情况

以上,其次是大学本科女性居民,受访者比例为 59.22%。从性别与年龄交叉角度看,网络文化活动在 41—65 岁男性居民中受欢迎程度最高;其次是 26—40 岁女性居民;第三是 18—25 岁女性居民,消费人群比例均在 60%左右。

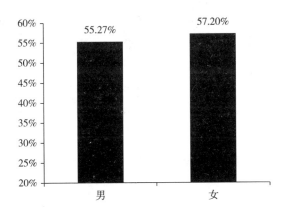

图 8-176　2014 年不同性别居民参与网络文化活动人数比例情况

　　学历方面,2014 年,网络文化活动在大学本科人群中受欢迎程度最高,消费人群比例为 59.72%;其次是大专人群,消费人群比例是 57.52%;第三是硕士及以上人群,消费者人群比例为 56.67%,但各学历之间总体差异不大。

　　年龄方面,2014 年,除 66 岁以上居民外,其他年龄段居民对网络文化活动的热爱程度差异不大,其中,网络文化活动在 41—65 岁居民中最受欢迎,其次是 26—40 岁居民。

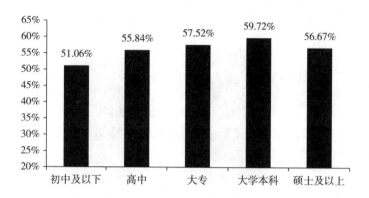

图 8-177   2014 年不同学历居民参与网络文化活动人数比例情况

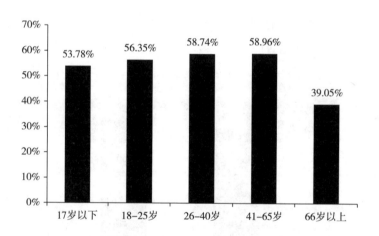

图 8-178   2014 年不同年龄段居民参与网络文化活动人数比例情况

（二）消费支出分析

1.金钱支出分析

2014 年,我国居民平均每月网络文化活动支出为 35.25 元,仅次于文化旅游和电影。

城乡方面,2014 年,城镇居民平均每月网络文化活动支出为 35.87 元,高于农村(34.61 元)。从城乡与学历交叉角度看,硕士及以上的城乡居民网络文化活动支出较高,每月在 40 元以上,高中以下的城乡居民网络文化活动支出较低,每月在 30 元以下。从城乡与年龄交叉角度看,26—40 岁的城乡居民网络文化活动支出较高,在 40 元左右,而 66 岁以上的农村居民网络文化活动支出较低,每月仅为 15.53 元。

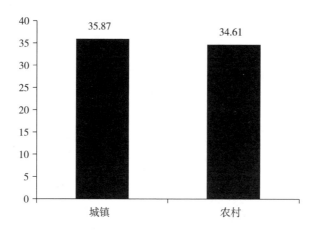

图 8-179 2014 年城乡居民每月网络文化活动支出情况(单位:元/月)

区域方面,广东、江苏、宁夏、上海、北京、甘肃、湖北、山东等地居民平均每月网络文化活动支出较高,均在 40 元以上,相比之下,福建、内蒙古、海南、云南等地居民网络文化活动支出较低,在 30 元以下。

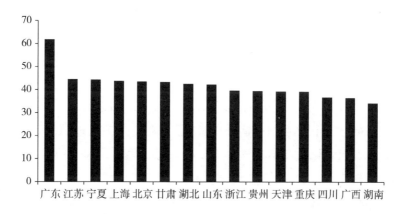

图 8-180 2014 年部分省份居民每月网络文化活动支出情况(单位:元/月)

性别方面,2014 年,女性居民平均每月网络文化活动支出为 36.43 元,高于男性(34.06 元)。从性别与学历交叉角度看,大学本科男性以及硕士及以上的男性和女性居民网络文化活动支出较高,每月在 40 元以上,初中及以下的男性支出较低,每月仅为 28.18 元。从性别与年龄交叉角度看,26—40 岁男性居民网络文化活动支出最高,每月可达 44.76 元;其次是

18—25 岁女性居民,每月网络文化活动支出为 39.60 元;17 岁以下的男性居民,以及 66 岁以上的男性和女性居民网络文化活动支出较低,每月在 30 元以下。

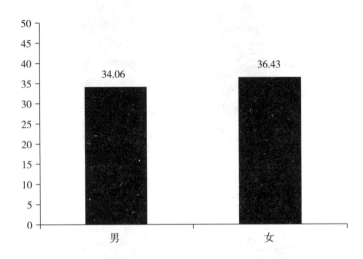

图 8-181　2014 年不同性别居民每月网络文化活动支出情况(单位:元/月)

学历方面,2014 年,学历越高,居民的网络文化活动支出越高,其中,硕士及以上人群网络文化活动支出最高,每月可达 42.08 元;其次是大学本科人群,每月网络文化活动支出 41.41 元;初中及以下人群网络文化活动支出最低,每月仅为 29.72 元。

年龄方面,2014 年,不同年龄段居民网络文化活动支出存在一定的差异,其中,26—40 岁居民网络文化活动支出最高,每月可达 40.95 元;其次是 18—25 岁居民,每月网络文化活动支出为 38.76 元;66 岁以上居民网络文化活动支出最低,每月仅为 22.02 元。

2. 时间支出分析

2014 年,我国居民平均每天网络文化活动时间支出为 0.90 小时。城镇居民平均每天网络文化活动时间支出为 0.93 小时,高于农村 0.05 小时;男性居民平均每天网络文化活动时间支出为 0.91 小时,略高于女性(0.90 小时)。不同学历之间网络文化活动时间支出差异不大;除 66 岁以上居民网络文化活动时间支出为 0.66 小时外,其他年龄段居民网络文化活动时间支出在 0.90 小时左右。

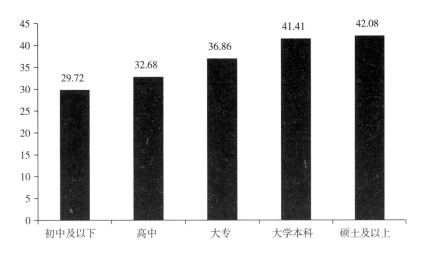

图 8-182　2014 年不同学历人群每月网络文化活动支出情况(单位:元/月)

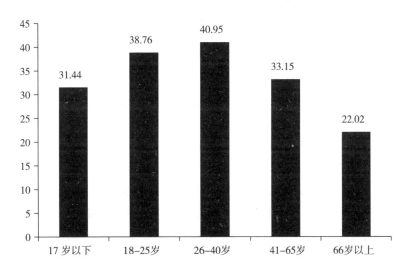

图 8-183　2014 年不同年龄居民每月网络文化活动支出情况(单位:元/月)

（三）支出意愿分析

1.金钱支出意愿分析

2014 年,我国居民平均每月愿意花费 78.60 元参与网络文化活动,与实际支出相比,相差 43.35 元,缺口较大。

城乡方面,2014 年,城镇居民平均每月网络文化活动支出意愿为 81.82 元,高于农村(75.22 元)。从城乡与学历交叉角度看,大学本科城镇居民网络

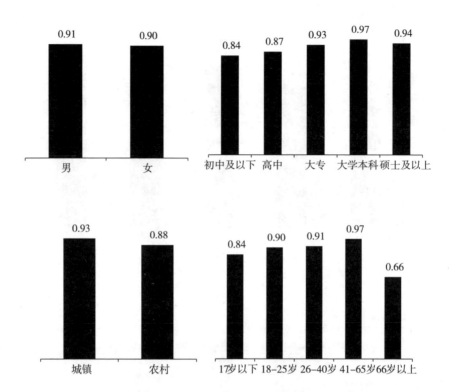

图 8-184　2014 年不同人群居民每天网络文化活动时间支出情况(单位:小时/天)

文化活动支出意愿最高,每月为 88.06 元;其次是硕士及以上城镇居民,每月
网络文化活动支出意愿为 86.59 元;初中及以下农村居民网络文化活动支出
意愿较低,每月为 68.56 元。从城乡与年龄交叉角度看,18—25 岁农村居民
以及 26—40 岁和 41—65 岁城镇居民网络文化活动支出意愿较高,每月在 85
元以上;66 岁以上的农村居民网络文化活动支出意愿较低,每月仅为
40.84 元。

区域方面,四川、甘肃、山东、湖北、广东等地居民网络文化活动支出意愿
较高,每月在 100 元以上;河北、黑龙江、内蒙古、安徽等地居民网络文化活动
支出意愿较低,每月在 40 元以下。

性别方面,2014 年,男性居民平均每月网络文化活动支出意愿为 78.59
元,略低于女性(78.62 元)。从性别与城乡交叉角度看,不论男性还是女性,
城镇居民的网络文化活动支出意愿均高于农村。从性别与学历交叉角度看,
大学本科及以上的女性居民网络文化活动支出意愿较高,每月在 88 元以上;

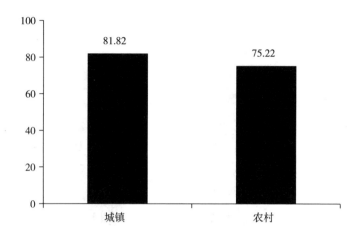

图 8-185 2014 年城乡居民每月网络文化活动支出意愿情况（单位：元/月）

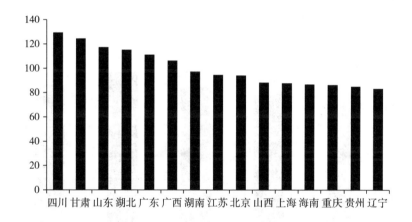

图 8-186 2014 年不同省份居民每月网络文化活动支出意愿情况（单位：元/月）

硕士及以上的男性居民网络文化活动支出意愿较低,每月为 69 元。从性别与年龄交叉角度看,18—25 岁和 26—40 岁的男性和女性居民,以及 41—65 岁男性居民每月网络文化活动支出意愿较高,每月在 80 元以上。

学历方面,2014 年,大学本科人群网络文化活动支出意愿最高,每月达 86.10 元;其次是硕士及以上人群,每月网络文化活动支出意愿为 80.42 元;其他学历人群网络文化活动支出意愿在 70—80 元。

年龄方面,2014 年,18—25 岁和 26—40 岁居民网络文化活动支出意愿较高,每月在 80 元以上;66 岁以上居民网络文化活动支出意愿较低,每月仅为 51.84 元。

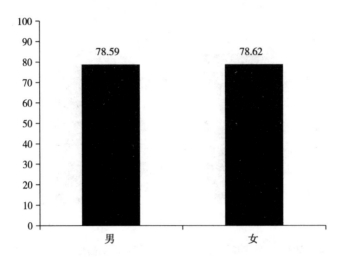

图 8-187　2014 年不同性别居民每月网络文化活动支出意愿情况(单位:元/月)

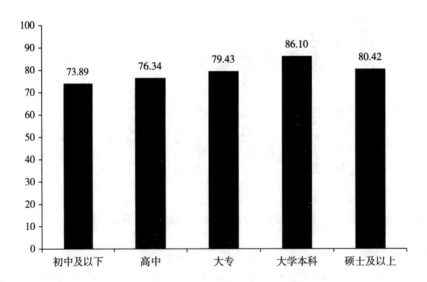

图 8-188　2014 年不同学历人群每月网络文化活动支出意愿情况(单位:元/月)

2. 时间支出意愿分析

2014 年,我国居民每天网络文化活动时间支出意愿为 1. 51 小时。城镇居民平均每天网络文化活动时间支出意愿为 1. 56 小时,略高于农村 0. 1 小时;男性与女性每天的网络文化活动时间支出意愿均为 1. 5 小时;除初中及以下居民的网络文化活动时间意愿为 1. 39 小时外,其他学历人群的网络文化活

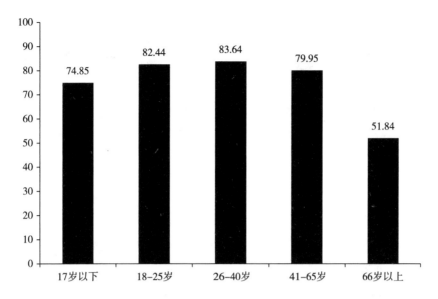

图 8-189　2014 年不同年龄段居民每月网络文化活动支出意愿情况(单位:元/月)

动时间支出意愿均在 1.50 小时以上。41—65 岁居民的网络文化时间意愿最高,每天为 1.65 小时,66 岁以上居民的网络文化活动时间支出意愿较低,每天仅为 1.09 小时。

(四)其他分析

在网络文化活动种类选择方面,有一半以上的受访者经常进行浏览新闻网页、看娱乐小视频、听音乐或者上社交平台,也有接近 50%的受访者选择阅读电子出版物和刷微博等。网络音乐的高效便利,加之网络服务商建立了各类 P2P 软件系统,越来越多的人在网上欣赏音乐、传播音乐作品。此外,社交网络是当前网民相互交流的工具,其中,微信、微博、QQ 作为强大的社交工具,在用户维持人际关系方面发挥了很大作用。

在提升居民的网络文化活动消费体验方面,多数受访者认为内容、网络速度、用户体验和互动性是亟需改善的地方。2014 年中国第三季度平均网速为 3.8Mbps,排名全球第 75 位①,网络速度很大程度制约了人们的网络文化活

---

① Akamai:《2014 年 Q3 全球网速排名中国以 3.8Mbps 排名全球第 75 位》,http://help.3g.163.com/15/0112/22/AFPUG0ST00964KJA.html。

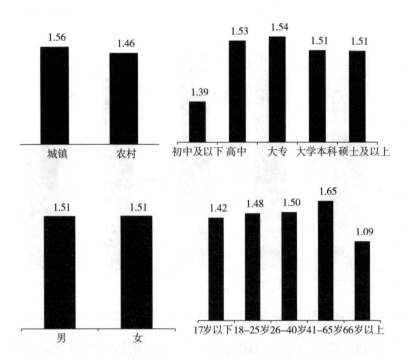

图 8-190   2014 年不同群体居民每天网络文化
活动时间支出意愿情况(单位:小时/天)

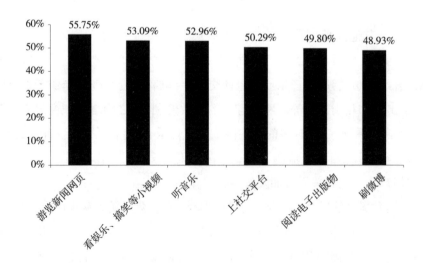

图 8-191   2014 年居民选择网络文化活动类型情况

动。用户体验性和互动性相辅相成,在调查中我们发现仅有 49.54% 的居民

对网络内容比较满意,而有 26.10%的人对此做出了负面评价。与此同时,仅
有 49.26%的居民对网络页面设计持肯定态度,24.45%的受访者持否定态度。
用户体验性和互动性是网络文化活动的点睛之笔,改善这两点,可以使居民更
好地享受社交平台、电子出版物等网络文化活动。

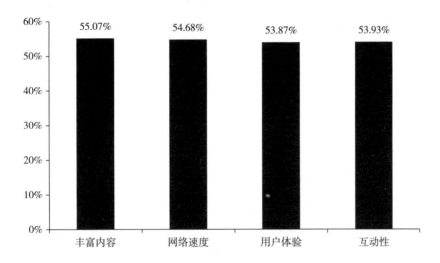

图 8-192 2014 年提升网络文化活动质量的关键因素

附件　中国城乡居民文化消费调查问卷

您好!

随着我国经济社会的发展,图书、电影、电视、文艺演出、动漫、游戏、网络等方面的文化消费已经与我们的生活息息相关,为了解当前我国居民文化消费的整体情况,我们正在进行一项有关城乡居民文化消费的访问,只需耽误您几分钟的时间,您的回答没有对与错,只需要按照您的实际情况进行回答即可。对您的支持表示真诚的感谢!

填写说明:需要填写的请按实际情况认真填写;对于选择题,则只需在相应的选项前打"√"即可。

A 基本信息

A-1 您的性别是?

1.男

2.女

A-2 您生活的省份(或直辖市)是_____?

A-3 您生活的城市是_____?(必须按照地级市或者直辖市下的区或者县填写,不可以填写县级市或者其他的)

A-4 您的年龄是?

1.17 岁以下

2.18—25 岁

3.26—40 岁

4.41—65 岁

5.66 岁以上

A-5 您的户口类型是?

1.城镇

2.农村

A-6 您的受教育程度是?

1.初中及以下

2.高中(含中专、技校)

3.大专

4.大学本科

5.硕士及以上

A-7 您平均每月收入是多少?

1.500 元以下

2.500—1000 元

3.1000—2000 元

4.2000—3000 元

5.3000—5000 元

6.5000—10000 元

7.10000 元及以上

A-8 您平均每月的消费支出是多少?(每月消费支出包括吃饭、买衣服、购买家用电器、生活必须品以及买书、看电影、旅游、看演出等所有支出,不包括房贷、房租等支出)

1.500 元以下

2.500—1000 元

3.1000—2000 元

4.2000—3000 元

5.3000—5000 元

6.5000—10000 元

7.10000 元及以上

A-9 您平均每天的可自由支配时间是多少?(可自由支配时间是指除去上班、上学、睡觉等以外的时间)

1.2 个小时以内

2.2—5 小时

3.5—8 小时

4.8—10 小时

5.10 小时及以上

B 请问您消费的文化产品主要有哪些?（可多选）

1. 购买图书、报纸、期刊（不含漫画）

2. 观看电影（通过 DVD、电视、电影院、网络等方式观看电影,不含动画片）

3. 收看电视和广播节目（其中包括通过电视、网络等方式观看的电视剧,不含动画片）

4. 观看文艺演出（如演唱会、音乐剧、戏曲、歌剧、话剧等）

5. 阅读漫画书、观看动画片

6. 参与娱乐活动（去歌舞厅、KTV、游乐园、室内娱乐活动、公共文化设施等）

7. 玩游戏（网络游戏、手机游戏等）

8. 旅游

9. 购买工艺美术品和收藏品

10. 进行网络活动（如网络音乐、电子小说、浏览新闻、刷微博、上社交平台等,不包括网络游戏和网络购物）

C 消费能力

C-1 您平均每月用于以上文化产品的花费是多少?

1.200 元以下

2.200—500 元

3.500—1000 元

4.1000—2000 元

5.2000—3000 元

6.3000—5000 元

7.5000 元及以上

C-2 在理想的情况下,您希望平均每月用于以上文化产品的最大花费是多少?

1.200 元以下

2.200—500 元

3. 500—800 元

4. 800—1000 元

5. 1000—2000 元

6. 2000—3000 元

7. 3000—5000 元

8. 5000 元及以上

C-3 您平均每天用于以上文化产品消费的时间是多少？

1. 1 个小时以内

2. 1—3 小时

3. 3—5 小时

4. 5—8 小时

5. 8 小时及以上

C-4 在理想的情况下，您希望平均每天用于以上文化产品消费的最长时间是多长？

1. 2 个小时以内

2. 2—5 小时

3. 5—8 小时

4. 8—10 小时

5. 10 小时及以上

D 消费环境及满意度

D-1 您认为您所在地区文化产品的种类丰富性如何？（其中 1 是指非常不丰富，7 是指非常丰富）

1　　2　　3　　4　　5　　6　　7

D-2 您认为您所在地区文化产品消费渠道的便利性如何？（其中 1 是指非常不便利，7 是指非常便利）

1　　2　　3　　4　　5　　6　　7

D-3 您对文化产品种类、质量、文化消费渠道、消费过程中提供的服务等文化消费方方面面的总体质量是否满意？（1 表示非常不满意，7 表示非常满意）

1　　2　　3　　4　　5　　6　　7

D-4 您对文化产品和服务消费的总体性价比是否满意？（1 表示非常不

满意,7 表示非常满意)

　　1　　2　　3　　4　　5　　6　　7

　　D-5 您是否了解相关的政府文化消费惠民措施或者行动?（1 表示完全不了解,7 表示非常了解）

　　1　　2　　3　　4　　5　　6　　7

　　D-6 您是否享受过相关的政府文化消费福利?

　　1.是　　　2.否

　　D-7 您认为政府提供的文化消费福利对您的影响如何?（1 表示没有影响,7 表示影响非常大）

　　1　　2　　3　　4　　5　　6　　7

　　D-8 假如政府提供一些文化消费相关的补贴,你比较倾向于哪种方式?（可多选）

　　1.提供 100—200 元等一定金额的文化消费储值卡

　　2.提供文化消费打折卡,即在购买文化产品和服务时,给与一定的折扣

　　3.提供返利补贴,即在购买文化产品和服务时,给与一定金额的返利补贴

　　D-9 对于政府提供的文化消费补贴,你想花在哪些消费活动上面?（可多选）

　　1.购买图书、报纸、期刊(不含漫画)

　　2.观看电影(通过 DVD、电视、电影院、网络等方式观看电影,不含动画片)

　　3.收看电视和广播节目(其中包括通过电视、网络等方式观看的电视剧,不含动画片)

　　4.观看文艺演出(如演唱会、音乐剧、戏曲、歌剧、话剧等)

　　5.阅读漫画书、观看动画片

　　6.参与娱乐活动(去歌舞厅、KTV、游乐园、室内娱乐活动、公共文化设施等)

　　7.玩游戏(网络游戏、手机游戏等)

　　8.旅游

　　9.购买工艺美术品和收藏品

　　10.进行网络活动(如网络音乐、电子小说、浏览新闻、刷微博、上社交平台等,不包括网络游戏和网络购物)

E 图书、报纸、期刊(不含漫画)

E-1 您平均每月用于图书、报纸、期刊的支出是多少?

1.0—50 元

2.50—100 元

3.100—300 元

4.300—500 元

5.500 元及以上

E-2 您平均每天花多长时间用于阅读图书、报纸、期刊?

1.半个小时以内

2.0.5—1 个小时

3.1—2 个小时

4.2—5 个小时

5.5 个小时及以上

E-3 在理想的情况下,您希望每月用于图书、报纸、期刊的最大支出是多少?

1.0—50 元

2.50—100 元

3.100—300 元

4.300—500 元

5.500 元及以上

E-4 在理想的情况下,您希望平均每天用于阅读图书、报纸、期刊的最长时间是多长?

1.半个小时以内

2.0.5—1 个小时

3.1—2 个小时

4.2—5 个小时

5.5 个小时及以上

E-5 您主要从哪些渠道获得图书、报纸、期刊?(可多选)

1.书店

2.网上购买

3. 图书馆

4. 书摊、报摊

5. 其他_____

E-6 对于当前图书、报纸、期刊的现状,您觉得哪些方面需要改进?(可多选)

1. 提升内容质量

2. 提升印刷质量

3. 提升版面设计水平

4. 拓展销售渠道

5. 降低价格

6. 丰富题材

7. 其他_____

E-7 请根据实际情况选择,其中 1 表示非常不满意,7 表示非常满意

您对当前市场上图书、报纸、期刊的整体内容质量满意度如何?	1 2 3 4 5 6 7
您对当前市场上图书、报纸、期刊的印刷质量整体满意度如何?	1 2 3 4 5 6 7
您对当前图书、报纸、期刊的版面设计满意度如何?	1 2 3 4 5 6 7
您对当前图书、报纸、期刊的性价比满意度如何?	1 2 3 4 5 6 7

F 看电影(不含动画片)

F-1 您平均每月用于看电影的支出是多少?

1. 0—50 元

2. 50—100 元

3. 100—300 元

4. 300—500 元

5. 500 元及以上

F-2 您平均每周用于看电影的时间是多少?

1. 1 个小时以内

2. 1—2 小时

3. 2—3 小时

4. 3—4 小时

5.4—5 小时

6.5 小时及以上

F-3 在理想的情况下,您希望每月用于看电影的最大支出是多少?

1.0—50 元

2.50—100 元

3.100—300 元

4.300—500 元

5.500 元及以上

F-4 在理想的状态下,您希望平均每周用于看电影的最长时间是多少?

1.1 个小时以内

2.1—2 小时

3.2—3 小时

4.3—4 小时

5.4—5 小时

6.5 小时及以上

F-5 您一般通过什么方式看电影?(可多选)

1.电影院

2.电视

3.电脑/PC

4.手机等移动客户端

5.其他_____

F-6 国产影片和国外影片相比,你更倾向于哪种?

1.国产影片

2.国外影片

F-7 您觉得当前我国电影需要改进的方面有哪些?(可多选)

1.内容质量

2.丰富题材

3.视听效果

4.演员演技

5.电影票价

6. 售票渠道

7. 硬件设施

8. 服务水平

9. 其他＿＿＿＿＿＿＿＿

F-8 去电影院看一场电影您觉得多少钱比较合理?

1. 0—10 元

2. 10—30 元

3. 30—50 元

4. 50—70 元

5. 70—80 元

6. 无所谓

F-9 请根据实际情况选择,其中 1 表示非常不满意,7 表示非常满意

您对当前我国电影的内容满意度如何?	1 2 3 4 5 6 7
您对当前我国电影的题材丰富性满意度如何?	1 2 3 4 5 6 7
您对当前我国电影的视听效果满意度如何?	1 2 3 4 5 6 7
您对演员的演技水平满意度如何?	1 2 3 4 5 6 7
您对当前我国电影的性价比满意度如何?	1 2 3 4 5 6 7

G 电视、广播(其中包括通过电视、网络等方式观看的电视剧,不含动画片)

G-1 您平均每月用于看电视和收听广播的支出是多少?

1. 0—10 元

2. 10—30 元

3. 30—50 元

4. 50—100 元

5. 100—200 元

6. 200 元及以上

G-2 您平均每天用于看电视和收听广播的时间是多少?

1. 1 个小时以内

2. 1—3 小时

3. 3—5 小时

4. 5—8 小时

5. 8 小时及以上

G-3 在理想的情况下,您希望每月用于看电视和收听广播的最大支出是多少?

1. 0—10 元

2. 10—30 元

3. 30—50 元

4. 50—100 元

5. 100—200 元

6. 200 元及以上

G-4 在理想的情况下,您希望平均每天用于看电视和收听广播的最长时间是多少?

1. 1 个小时以内

2. 1—3 小时

3. 3—5 小时

4. 5—8 小时

5. 8 小时及以上

G-5 您主要观看哪些类型的电视节目?(可多选)

1. 娱乐类

2. 电视剧

3. 新闻类

4. 教育类

5. 其他_____

G-6 对于当前我国电视、广播的情况,您觉得需要改进的方面有哪些?(可多选)

1. 丰富节目内容

2. 丰富节目种类

3. 减少广告时间和频率

4. 增强创新性

5. 其他_____

G-7 请根据实际情况选择,其中 1 表示非常不满意,7 表示非常满意

您对当前电视或者广播的节目内容的满意度如何?	1　2　3　4　5　6　7
您对当前电视或者广播的节目种类的满意度如何?	1　2　3　4　5　6　7
您对当前电视或者广播的节目时间安排的满意度如何?	1　2　3　4　5　6　7

H 文艺演出(如演唱会、音乐剧、戏曲、话剧、歌剧等)

H-1 您平均每月用于观看文艺演出的支出是多少?

1.0—50 元

2.50—100 元

3.100—200 元

4.200—500 元

5.500 元及以上

H-2 您平均每月用于观看文艺演出的时间是多少?

1.1 个小时以内

2.1—2 小时

3.2—3 小时

4.3—5 小时

5.5 小时及以上

H-3 在理想的情况下,您希望平均每月用于观看文艺演出的最大支出是多少?

1.0—50 元

2.50—100 元

3.100—200 元

4.200—500 元

5.500 元及以上

H-4 在理想的情况下,您希望平均每月用于观看文艺演出的最长时间是多少?

1.1 个小时以内

2.1—2 小时

3.2—3 小时

4. 3—5 小时

5. 5 小时及以上

H-5 您主要观看哪种类型的文艺演出？（可多选）

1. 演唱会或音乐剧

2. 话剧

3. 歌舞剧

4. 戏剧

5. 相声

6. 综合性文艺演出

7. 其他＿＿＿＿＿＿＿＿

H-6 您主要通过哪种渠道购买文艺演出票（可多选）

1. 窗口购票

2. 网络购票

3. 电话订票

4. 其他＿＿＿＿＿＿＿＿

H-7 您觉得文艺演出哪些地方需要改进？（可多选）

1. 内容创新

2. 舞美灯光

3. 演员演技

4. 丰富节目种类

5. 降低票价

6. 拓展售票渠道

7. 其他＿＿＿＿＿＿＿＿

H-8 请根据实际情况选择,其中 1 表示非常不满意,7 表示非常满意

您对文艺演出的节目内容满意度如何？	1　2　3　4　5　6　7
您对文艺演出的舞美灯光满意度如何？	1　2　3　4　5　6　7
您对文艺演出的演员演技水平满意度如何？	1　2　3　4　5　6　7
您对文艺演出的性价比满意度如何？	1　2　3　4　5　6　7

I 动漫产品（含漫画和影视动画）

I-1 您平均每月用于动漫产品消费的支出是多少?

1.0—50元

2.50—100元

3.100—200元

4.200—500元

5.500元及以上

I-2 您平均每周用于动漫产品消费的时间是多少?

1.1个小时以内

2.1—3小时

3.3—5小时

4.5—8小时

5.8小时及以上

I-3 在理想的情况下,您希望平均每月用于动漫产品消费的最大支出是多少?

1.0—50元

2.50—100元

3.100—200元

4.200—500元

5.500元及以上

I-4 在理想的情况下,您希望平均每周用于动漫产品消费的最长时间是多少?

1.1个小时以内

2.1—3小时

3.3—5小时

4.5—8小时

5.8小时及以上

I-5 您主要通过哪种途径观看动漫?

1.图书、杂志、电视等传统途径

2.网络、手机客户端等新兴途径

I-6 您主要消费哪些国家的动漫产品?(可多选)

1. 中国

2. 美国

3. 日本

4. 欧洲

5. 其他_____

I-7 对于当前我国动漫产品的现状,您觉得哪些方面需要改进?(可多选)

1. 动漫内容情节

2. 人物形象

3. 画风、画工

4. 制作技术

5. 题材

6. 其他_____

I-8 请根据实际情况选择,其中1表示非常不满意,7表示非常满意

您对当前我国动漫产品故事情节的满意度如何?	1 2 3 4 5 6 7
您对当前我国动漫产品视听效果的满意度如何?	1 2 3 4 5 6 7
您对当前我国动漫产品的性价比满意度如何?	1 2 3 4 5 6 7

J 娱乐活动(歌舞厅、KTV、游乐园、室内娱乐活动、公共文化娱乐设施等)

J-1 您平均每月用于娱乐活动的支出是多少?

1. 0—50 元

2. 50—100 元

3. 100—300 元

4. 300—500 元

5. 500 元及以上

J-2 您平均每周用于娱乐活动的时间是多少?

1. 1 个小时以内

2. 1—3 小时

3. 3—5 小时

4. 5—8 小时

5. 8 小时及以上

J-3 在理想的情况下,您希望每月用于娱乐活动的最大支出是多少?

1.0—50 元

2.50—100 元

3.100—300 元

4.300—500 元

5.500 元及以上

J-4 在理想的情况下,您希望平均每周用于娱乐活动的最长时间是多少?

1.1 个小时以内

2.1—3 小时

3.3—5 小时

4.5—8 小时

5.8 小时及以上

J-5 根据您了解的所在地区提供的娱乐活动情况,您觉得哪些方面需要改进?（可多选）

1.娱乐场所服务水平

2.娱乐场所硬件设施

3.增加公共文化娱乐设施

4.丰富文化娱乐活动种类

5.降低价格

6.其他_____

J-6 根据您了解的所在地区提供的娱乐活动情况,请填写一下个人看法,
其中 1 表示非常不满意,7 表示非常满意

您对娱乐活动场所的服务满意度如何?	1　2　3　4　5　6　7
您对娱乐活动场所提供的硬件设施满意度如何?	1　2　3　4　5　6　7
您对娱乐活动的性价比满意度如何?	1　2　3　4　5　6　7

K 玩游戏

K-1 您平均每月用于玩游戏的支出是多少?

1.0—50 元

2.50—100 元

3. 100—300 元

4. 300—500 元

5. 500—1000 元

6. 1000 元及以上

K-2 您平均每天用于玩游戏的时间是多少?

1. 1 个小时以内

2. 1—2 小时

3. 2—3 小时

4. 3—4 小时

5. 4—5 小时

6. 5 小时及以上

K-3 在理想的情况下,您希望每月用于玩游戏的最大支出是多少?

1. 0—50 元

2. 50—100 元

3. 100—300 元

4. 300—500 元

5. 500—1000 元

6. 1000 元及以上

K-4 在理想的情况下,您希望平均每天用于玩游戏的最长时间是多少?

1. 1 个小时以内

2. 1—2 小时

3. 2—3 小时

4. 3—4 小时

5. 4—5 小时

6. 5 小时及以上

K-5 您一般通过哪种设备玩游戏?(可多选)

1. 台式机或笔记本

2. IPAD 等平板电脑

3. 手机

4. 其他

K-6 国产原创游戏和国外游戏相比,您更倾向于哪种?

1. 国产游戏

2. 国外游戏

K-7 您觉得国产游戏哪些方面需要改进?(可多选)

1. 游戏内容

2. 游戏画面

3. 音乐音效

4. 操作手感

5. 收费模式

6. 游戏题材

7. 游戏互动性

8. 其他＿＿＿＿＿＿＿＿＿＿＿＿

**K-8 请根据您所接触和了解的国内游戏,对下面问题进行回答,其中 1 表示
非常不满意,7 表示非常满意**

您对游戏的内容满意度如何?	1 2 3 4 5 6 7
您对游戏画面满意度如何?	1 2 3 4 5 6 7
您对游戏的音乐音效满意度如何?	1 2 3 4 5 6 7
您对游戏操作手感满意度如何?	1 2 3 4 5 6 7
您对游戏产品的性价比满意度如何?	1 2 3 4 5 6 7

L 旅游

L-1 您平均每年用于旅游的支出(包括酒店食宿、景区门票、景区游乐项目等,不包括交通费用)是多少?

1. 500 元以内

2. 500—1000 元

3. 1000—3000 元

4. 3000—5000 元

5. 5000 元及以上

L-2 您平均每年用于旅游的时间是多少?

1. 3 天以内

2.3—7 天

3.7—10 天

4.10—15 天

5.15—30 天

6.30 天及以上

L-3 在理想的情况下,您希望平均每年用于旅游的最大支出(包括酒店食宿、景区门票、景区游乐项目等,不包括交通费用)是多少?

1.500 元以内

2.500—1000 元

3.1000—3000 元

4.3000—5000 元

5.5000 元及以上

L-4 在理想的情况下,您希望平均每年用于旅游的最长时间是多少?

1.3 天以内

2.3—7 天

3.7—10 天

4.10—15 天

5.15—30 天

6.30 天及以上

L-5 您一般选择国内游还是国外游?

1.国内

2.国外

3.二者都有

L-6 您一般选择哪种类型的旅游?（可多选）

1.历史人文体验游

2.购物娱乐游

3.自然观光游

4.民族风情游

5.其他_____

L-7 根据您的国内旅游经历,您觉得下面哪些方面需要改进?（可多选）

1. 服务水平

2. 交通便利性

3. 配套服务

4. 文化体验

5. 门票价格

6. 其他＿＿＿＿＿＿＿＿

L-8 根据您的国内旅游经历,请回答下面几个问题,其中 1 表示
非常不满意,7 表示非常满意

您对旅游景区服务水平满意度如何?	1　2　3　4　5　6　7
您对旅游出行交通状况满意度如何?	1　2　3　4　5　6　7
您对旅游景区文化体验满意度如何?	1　2　3　4　5　6　7
您对旅游消费性价比满意度如何?	1　2　3　4　5　6　7

M 购买工艺美术品和收藏品

M-0 请问您主要消费了以下哪些产品?

1. 工艺美术品(包括具有实用价值的民族手工艺品、雕塑、陶瓷、刺绣等产品)

2. 收藏品(包括具有艺术收藏价值的名人字画、珠宝玉器、金属古董等)

3. 两者都有

M-1 您平均每月用于购买工艺美术品(包括具有实用价值的民族手工艺品、雕塑、陶瓷、刺绣等产品)的支出是多少?

1. 0—50 元

2. 50—100 元

3. 100—300 元

4. 300—500 元

5. 500—1000 元

6. 1000 元及以上

M-2 您平均每年用于购买艺术收藏品(包括具有艺术收藏价值的名人字画、珠宝玉器、金属古董等)的支出是多少?

1. 1000 元以内

2.1000—5000 元

3.5000—10000 元

4.10000—20000 元

5.20000—50000 元

6.50000 元及以上

M-3 在理想的情况下,您希望每月用于购买工艺美术品的最大支出是多少?

1.0—50 元

2.50—100 元

3.100—300 元

4.300—500 元

5.500—1000 元

6.1000 元及以上

M-4 在理想的情况下,您希望平均每年用于购买艺术收藏品的最大支出是多少?

1.1000 元以内

2.1000—5000 元

3.5000—10000 元

4.10000—20000 元

5.20000—50000 元

6.50000 元及以上

M-5 您通过哪些途径购买工艺美术品和收藏品?（可多选）

1.综合性商场

2.特色古玩店

3.艺术画廊

4.网络

5.其他＿＿＿＿＿＿＿＿

M-6 您觉得工艺美术品和收藏品哪些方面需要改进?（可多选）

1.设计水平

2.品质鉴定

3. 展示推广

4. 销售价格

5. 销售渠道

6. 其他＿＿＿＿＿＿＿＿

**M-7 根据您对工艺美术品和收藏品的了解,请回答下面几个问题,其中 1 表示
非常不满意,7 表示非常满意**

您对工艺美术品和收藏品的设计满意度如何?	1　2　3　4　5　6　7
您对工艺美术品和收藏品的品质鉴定满意度如何?	1　2　3　4　5　6　7
您对工艺美术品和收藏品的性价比满意度如何?	1　2　3　4　5　6　7

N 进行网络活动(如网络音乐、电子小说、浏览新闻、刷微博、上社交平台
等,不包括网络游戏和网络购物)

N-1 您平均每月用于网络活动的支出是多少?

1. 0—50 元

2. 50—100 元

3. 100—300 元

4. 300—500 元

5. 500 元及以上

N-2 您平均每天用于网络活动的时间是多少?

1. 1 个小时以内

2. 1—2 小时

3. 2—3 小时

4. 3—4 小时

5. 4—5 小时

6. 5 小时及以上

N-3 在理想的情况下,您希望每月用于网络活动的最大支出是多少?

1. 0—50 元

2. 50—100 元

3. 100—300 元

4. 300—500 元

5. 500 元及以上

N-4 在理想的情况下,您希望平均每天用于网络活动的最长时间是多少?

1. 1 个小时以内

2. 1—2 小时

3. 2—3 小时

4. 3—4 小时

5. 4—5 小时

6. 5 小时及以上

N-5 您通过网络主要从事以下哪种文化活动?(可多选)

1. 浏览新闻网页

2. 看娱乐、搞笑等小视频

3. 听音乐

4. 阅读电子出版物

5. 上社交平台

6. 刷微博

7. 其他_____

N-6 您觉得网络文化活动哪些方面需要改进?(可多选)

1. 丰富内容

2. 用户体验

3. 互动性

4. 网络速度

5. 其他_____

N-7 根据您所了解的网络文化产品,请回答下面几个问题,其中 1 表示非常不满意,7 表示非常满意

您对网络产品的内容满意度如何?	1 2 3 4 5 6 7
您对网络产品的页面设计满意度如何?	1 2 3 4 5 6 7

再次感谢您的合作!

参 考 文 献

[1]阿尔文·托夫勒:《第三次浪潮》,中信出版社,2006年。

[2]特里·洛威尔:《文化生产》,译林出版社,2001年。

[3]尹世杰:《消费经济学》,高等教育出版社,2003年。

[4]苏志平、徐淳厚:《消费经济》,中国财政经济出版社,1997年。

[5]曹俊文:《精神文化消费统计指标体系的探讨》,《上海统计》,2002年第4期。

[6]王文成:《消费文化与文化消费》,《消费导刊》2009年第1期。

[7]国家统计局:《2013年我国文化及相关产业增加值超2万亿》,http://www.stats.gov.cn/tjsj/zxfb/201501/t20150123_673036.html。

[8]张中科、杨智、李开:《消费者行为学》,中国人民大学出版社,2011年。

[9]江林:《消费者心理与行为》,中国人民大学出版社,2011年。

[10]贾俊平:《统计学》,中国人民大学出版社,2013年。

[11]杨道田:《公民满意度指数模型研究》,经济管理出版社,2012年。

[12]《中国人文发展指数比较分析》,http://www.stats.gov.cn/tjzs/tjsj/tjcb/dysj/201402/t20140220_513674.html。

[13]《2013年国民经济发展稳中向好》,http://www.stats.gov.cn/tjsj/zxfb/201401/t20140120_502082.html。

[14]《2014公报解读:居民收入保持较快增长》,http://www.stats.gov.cn/tjsj/sjjd/201503/t20150311_692389.html。

[15]《2014年国民经济和社会发展统计公报》,http://www.stats.gov.cn/tjsj/zxfb/201502/t20150226_685799.html。

[16]人民日报:《六十五载奋进路砥砺前行谱华章——庆祝中华人民共和国成立65周年》,http://www.stats.gov.cn/tjgz/tjdt/201409/t20140928_616587.html。

[17]《2013 年我国文化及相关产业增加值超 2 万亿》http://www.stats.gov.cn/tjsj/zxfb/201501/t20150123_673036.html。

[18]《广东对口援疆援藏工作成效明显》http://gd.people.com.cn/n/2014/1224/c123932-23325439.html。

[19]《我国城乡居民收入差距变化的新视角》,http://www.stats.gov.cn/tjzs/tjsj/tjcb/dysj/201505/t20150528_1111158.html。

[20]张慧玲:《女性消费问题研究》,华中师范大学学位论文,2006 年。

[21]王艳丽:《我国居民的消费性别差异分析》,《经济研究导刊》2014 年第 23 期。

[22]中国新闻出版研究院:《2013 年新闻出版业分析报告》。

[23]刘汉文、陆佳佳:《2014 年中国电影产业发展分析报告》,《当代电影》2015 年第 3 期。

[24]《2014 放映市场真相:三线城镇票房首超一线》,http://yule.sohu.com/20150121/n407947331.shtml。

[25]刘晓华:《电影票价成因及定价策略研究》,《电影艺术》2013 年第 17 期。

[26]王丰、施玉海:《我国广播电视产业重点领域科技发展现状与趋势分析》,《广播电视信息》2013 年第 3 期。

[27]文化部:《2014 年文化发展统计分析报告》。

[28]郭丽岩:《理顺演出价格形成机制,扩大文化消费需求》,《中国经贸导刊》2013 年第 3 期。

[29]《2014 年度中国动漫产业发展报告》,http://www.comicyu.com/html2012/145/2015/169903.html。

[30]《我国动漫产业的发展现状好前景探讨》,http://www.chinairn.com/news/20130428/170224636.html。

[31]《2014 年度中国动漫产业发展报告》,http://www.comicyu.com/html2012/145/2015/169903_3.html。

[32]张梦:《谁来"鉴定"艺术品鉴定行业》,《中外文化交流》2013 年第 6 期。

[33]《CNNIC 第 35 次调查报告:网民规模与结构》,http://tech.sina.com.cn/i/2015-02-03/doc-iavxeafs0747384.shtml。

[34]Akamai:《2014 年 Q3 全球网速排名——中国以 3.8Mbps 排名全球第

75 位》,http://help.3g.163.com/15/0112/22/AFPUG0ST00964KJA.html。

[35]祁述裕:《构建现代公共文化服务体系需要研究的七个重点问题》,http://politics.people.com.cn/n/2015/0209/c1001-26531351.html。

[36]郑鈜:《我国文化消费政策的缺失与治理》,《学术论坛》2013 年第9 期。

[37]《2015 年文化发展统计报告》,中国统计出版社,2015 年。

责任编辑:洪 琼

图书在版编目(CIP)数据

中国文化消费指数报告·2016/彭翊主编;中国人民大学创意产业技术研究院
编. —北京:人民出版社,2016.10
ISBN 978－7－01－016458－8

Ⅰ.①中… Ⅱ.①彭… ②中… Ⅲ.①文化生活-消费-研究报告-中国-2016
Ⅳ.①G124

中国版本图书馆 CIP 数据核字(2016)第 163956 号

中国文化消费指数报告·2016

ZHONGGUO WENHUA XIAOFEI ZHISHU BAOGAO 2016

中国人民大学创意产业技术研究院 编

彭 翊 主编

人民出版社 出版发行

(100706 北京市东城区隆福寺街 99 号)

北京汇林印务有限公司印刷 新华书店经销

2016 年 10 月第 1 版 2016 年 10 月北京第 1 次印刷
开本:710 毫米×1000 毫米 1/16 印张:19
字数:300 千字

ISBN 978－7－01－016458－8 定价:68.00 元

邮购地址 100706 北京市东城区隆福寺街 99 号
人民东方图书销售中心 电话 (010)65250042 65289539